中國歷代書目題跋叢書

〔明〕徐𤊹 等撰

馬泰來 整理

吴格 審定

新輯紅雨樓題記

徐氏家藏書目

圖書在版編目(CIP)數據

新輯紅雨樓題記；徐氏家藏書目／（明）徐𤊹等撰；馬泰來整理；吴格審定．—上海：上海古籍出版社，2020.3

（中國歷代書目題跋叢書）
ISBN 978-7-5325-9502-0

Ⅰ.①新…　Ⅱ.①徐…　②馬…　③吴…　Ⅲ.①私人藏書—圖書目録—中國—明代　Ⅳ.①Z842.48

中國版本圖書館 CIP 數據核字(2020)第 039696 號

中國歷代書目題跋叢書

新輯紅雨樓題記　徐氏家藏書目

［明］徐　𤊹　等撰
馬泰來　整理
吴　格　審定
上海古籍出版社出版發行
（上海瑞金二路 272 號　郵政編碼 200020）
（1）網址：www.guji.com.cn
（2）E-mail：guji1@guji.com.cn
（3）易文網網址：www.ewen.co
蘇州越洋印刷有限公司印刷
開本 850×1168　1/32　印張 20.125　插頁 5　字數 410,000
2020 年 3 月第 1 版　2020 年 3 月第 1 次印刷
印數：1—1,500
ISBN 978-7-5325-9502-0
Ⅰ·3463　定價：88.00 元
如有質量問題，請與承印公司聯繫

《中國歷代書目題跋叢書》出版説明

漢代劉向、劉歆父子編撰《别録》《七略》，目録之學自此濫觴，在傳統學術中發揮了重要作用。歷代典籍浩繁龐雜，官私藏書目録依類編次，繩貫珠聯，所謂「類例既分，學術自明」(《通志·校讎略》)，學者自可「即類求書，因書究學」(《校讎通義·互著》)，實爲讀書治學之門户。而我國典籍屢經流散之厄，許多圖書真容難睹，甚至天壤不存，書目題跋所録書名、撰者、卷數、版本、内容即爲訪書求古的重要綫索。至於藏書家於題跋中校訂版本異同、考述版本淵源、判定版本優劣、追述藏弆流傳，更是不乏真知灼見，足以津逮後學。

我社素重書目題跋著作的出版，早在二十世紀五十年代，我社就排印出版了歷代書目題跋著作二十二種，後彙編爲《中國歷代書目題跋叢書》第一輯。此後，我社又與學界通力合作，精選歷代有代表性和影響較大的書目題跋著作，約請專家學者點校整理。至二〇一五年，先後推出《中國歷代書目題跋叢書》第二至四輯，共收書目題跋著作四十六種，加上第一輯的二十二種，計六十八種，極大地普及了版本目録之學。面對廣大讀者的需求，我社將該叢書陸續重版，並訂正所發現的錯誤，以饗讀者。

上海古籍出版社

二〇一八年八月

總　目

新輯紅雨樓題記

新輯紅雨樓群書題記

選堂

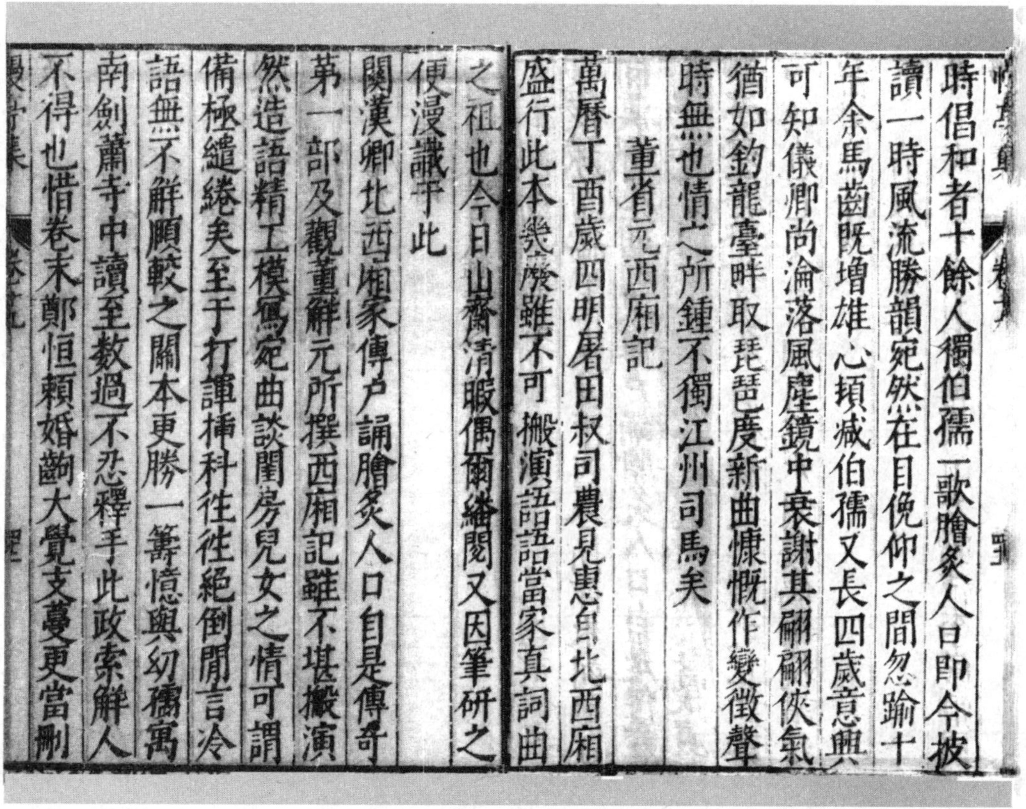
時倡和者十餘人獨伯孺一歌膾炙人口即今披
讀一時風流勝韻宛然在目俛仰之間忽踰十
年余馬齒既增雄心頓減伯孺又長四歲意興
可知儀卿尚淪落風塵鏡中衰謝其翩翩俠氣
猶如鈞龍臺畔取琵琶度新曲慷慨作變徵聲
時無也情之所鍾不獨江州司馬矣
董省元西廂記
萬曆丁酉歲四明屠田叔司農見惠此北西廂
盛行此本幾廢雖不可搬演語語當家真詞曲
之祖也今日山齋清暇偶爾繙閱又因筆研之
便漫識于此
關漢卿北西廂家傳户誦膾炙人口自是傳奇
第一部及觀董解元所撰西廂記雖不堪搬演
然造語精工模寫宛曲談閨房兒女之情可謂
備極繾綣矣至于打諢揷科往往絕倒閒言冷
語無不解頤較之關本更勝一籌憶與幼孺寓
南劍蕭寺中讀至數過不忍釋手此政索解人
不得也惜卷末鄭恒賴婚齣大覺支蔓更當删

前編〇三二《董省元西廂記》　明萬曆徐□家刊本，徐𤏡題記，現藏日本國立公文館

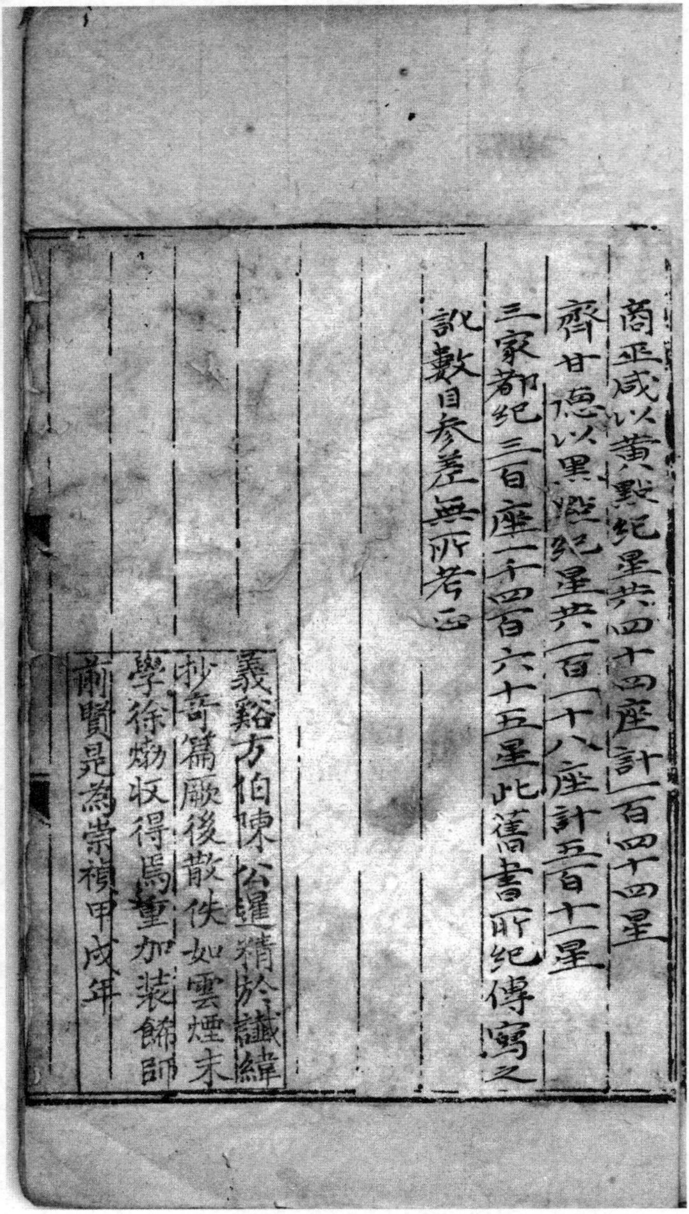
商巫咸以黃點紀星共四十四座計一百四十四星
齊甘德以黑點紀星共一百一十八座計五百十一星
三家都紀三百座一千四百六十五星此舊書所紀傳寫之
訛數目參差無所考正

羲谿方伯陳公暹精於讖緯
抄奇篇厥後散佚如雲煙末
學徐𤊹收得焉重加裝飾師
前賢是為崇禎甲戌年

正編〇三七《步天歌》　明嘉靖陳暹抄本，
有徐𤊹藏讖緯書印記，現藏福建省圖書館

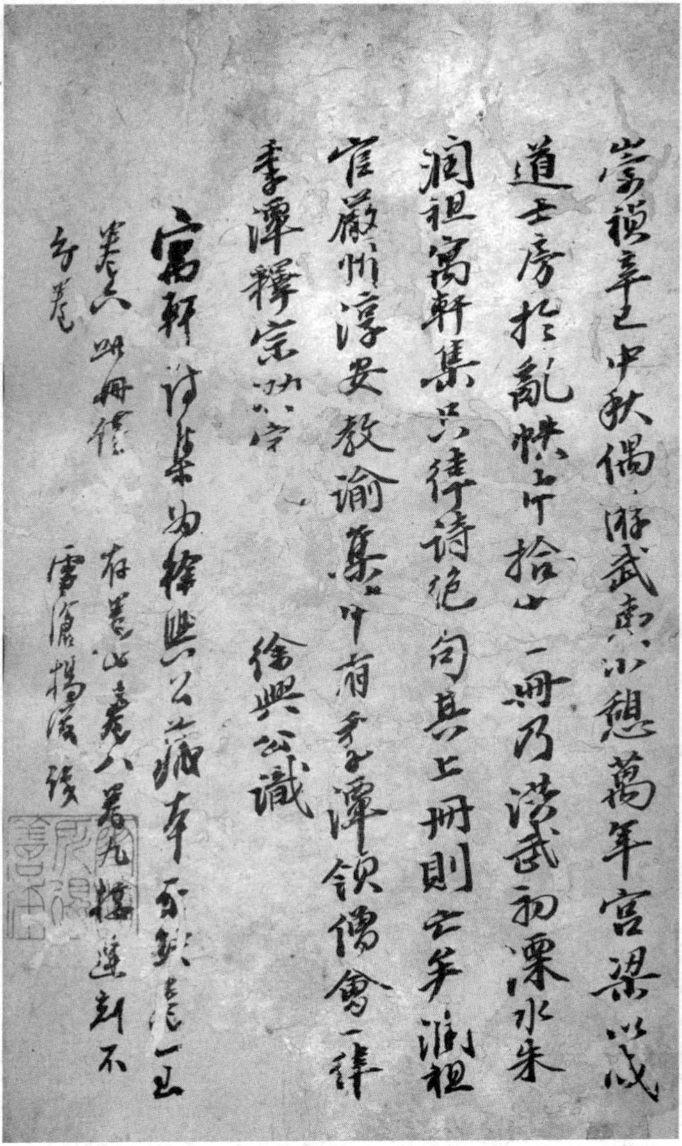

正編一一六《寓軒詩集》　明刊本，
徐𤊹題記，現藏中國國家圖書館

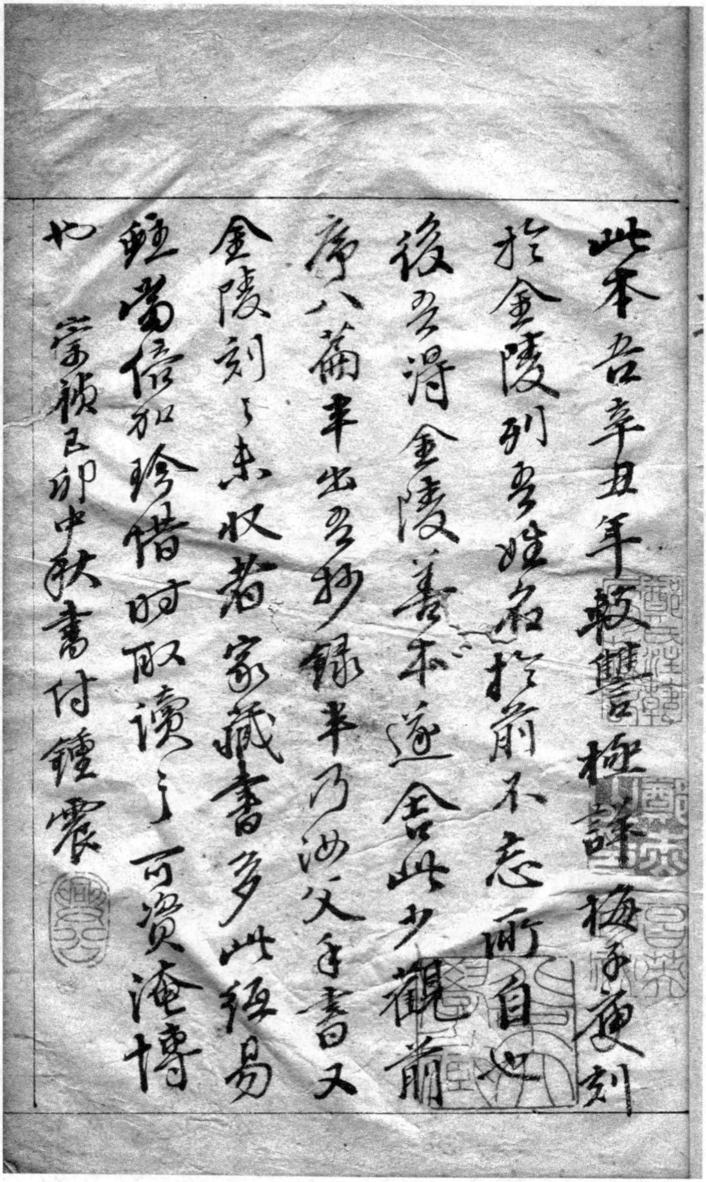
此本吾辛丑年校讐極詳梅子庾刻
於金陵列吾姓名於前不忘所自也
後吾得金陵善本遂合此少觀前
序八篇未出吾抄錄來乃汝父手書又
金陵刻之未收者家藏書多此種易
尤當倍加珍惜時取讀之可資淹博
也
崇禎己卯中秋書付鍾震

正編一五三《文心雕龍》　明嘉靖十九年汪一元私淑軒刊本，
徐𤊹題記，現藏北京大學圖書館

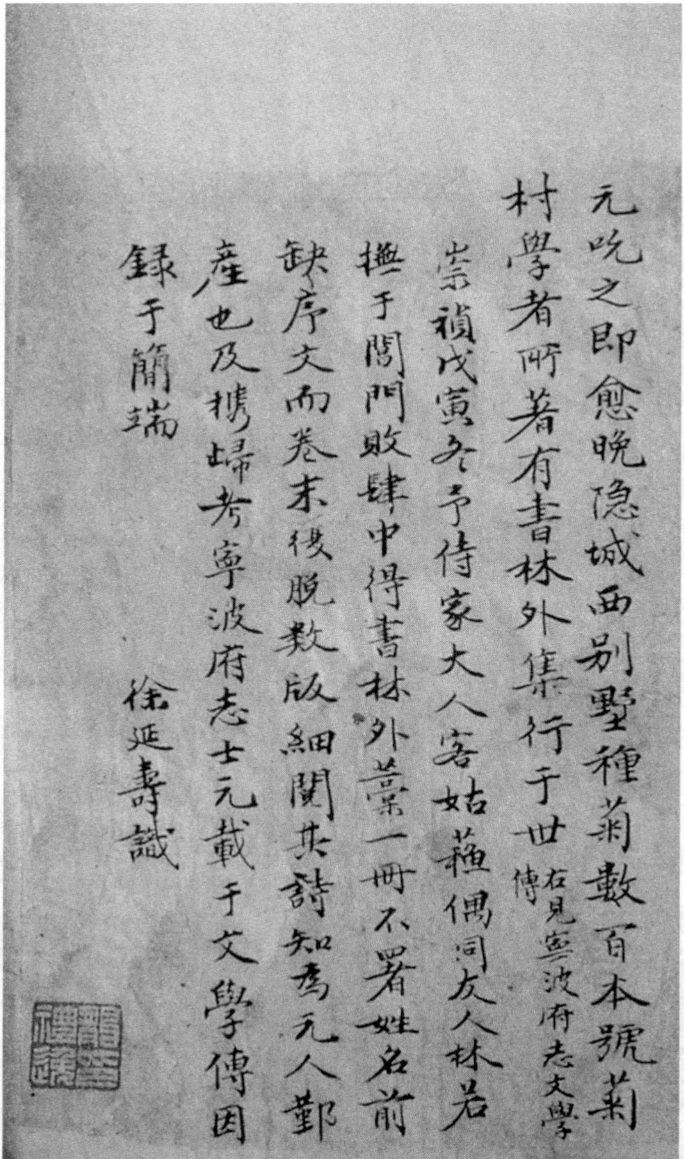
元吮之即愈晚隐城西别墅種菊數百本號菊
村學者所著有書林外集行于世（右見寧波府志文學傳）
崇禎戊寅冬予侍家大人客姑蘓偶同友人林君
撫于閶門敗肆中得書林外藁一冊不署姓名前
缺序文而卷末後脫數版細閲其詩知為元人鄞
產也及携歸考寧波府志士元載于文學傳因
録于簡端
徐延壽識

後編〇〇一《書林外集》　明正統刊本，
徐延壽題記，現藏福建省圖書館

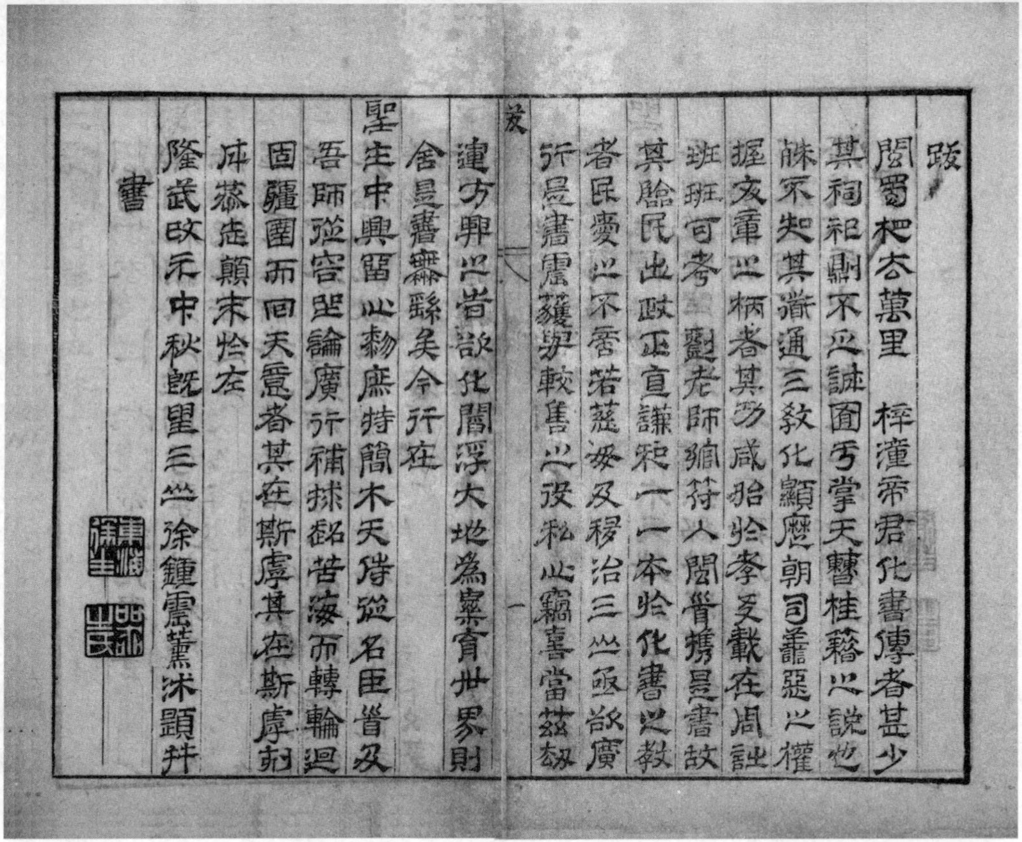
跋

閩蜀祀杳萬里　梓潼帝君化書傳者甚少

其祠祀亦不以誌圖于掌天曹桂籍之說也

鮮不知其貫通三教化顯歷朝司善惡之權

握文章之柄者其功咸始於孝友載在周誥

班班可考　劉老師猶符入閩負携是書故

其臨民也政正直謙和一一本於化書之教

者民愛之不啻若慈母及移治三山亟欲廣

行是書震獲與較讐以竣私心竊喜當茲劫

運方興之旹欲化閻浮大地為槖育世界則

舍是書無繇矣今行在

聖主中興留心勑庶特簡木天偕從名臣晋及

吾師從容與論廣行補捄銘苦海而轉輪迴

固疆圉而回天意者其在斯虖其在斯虖前

用綴顛末於左

隆武改元中秋既望三山徐鍾震薰沐頓首

書

後編〇〇二《文昌化書》　南明隆武元年福州徐鍾震刊本，徐鍾震跋文，現藏美國哈佛燕京圖書館

整理説明

明季藏書家徐𤊹，字惟起，又字興公，福建閩縣（今福州市）人。生於隆慶四年七月初二日（一五七〇年八月三日），卒於崇禎十五年十一月廿五日（一六四三年一月十五日）[一]。父徐㭿（一五一三—一五九一），字子瞻，貢生，兩任教官，以永寧知縣致仕[二]。胞兄徐熥（一五六一—一五九九），字惟和，舉人，未仕卒[三]。異母姊（一五四三—一六三一），爲謝汝韶繼室，謝肇淛（字在杭，一五六七—一六二四）庶母[四]。徐熥、徐𤊹兄弟，皆以詩名世。明代藏書家，多家世豐厚，未仕者少。徐𤊹是一個例外，無任何功名，常寄食四方。和徐𤊹最近似的明代藏書家是錢謙益（一五八二—一六六四），雖然二人社會地位懸殊，但都是詩人、學者，有著作傳世，並有交誼。當然，錢氏學養及文學成就，皆非徐氏所能企及。

徐𤊹生平，見《明史》卷二八六《文苑傳》，頗簡略，但其重要成就皆已提及：詩人、學者、書法家、藏書家。

> 迨萬曆中年，曹學佺、徐𤊹輩繼起，謝肇淛、鄧原岳和之，風雅復振焉。……𤊹，字興公，閩縣人。兄熥，萬曆間舉人。𤊹以布衣終，博聞多識，善草隸書，積書鼇峰書舍，至數萬卷。

《四庫全書》收入徐𤊹筆記《筆精》及徐𤊹詩集《幔亭集》，但未收徐𤊹詩集《鼇峰集》，疑因乏採進本，館臣未見，並非内容違礙〔五〕。徐𤊹編撰之《榕陰新檢》和《閩南唐雅》則列《存目》，今皆存世。

有關徐𤊹的一手史料，種類及數量繁多，遠勝一般藏書家。徐𤊹所作題跋有林佶（一六六〇生）、鄭杰（一八〇〇卒）、繆荃孫（一八四四—一九一九）、沈文倬（一九一七—二〇〇九）四家輯本。徐氏家藏《書目》有分歧頗大的四卷本和七卷本。徐𤊹詩集有《鼇峰集》刊本，文集有《紅雨樓集》手稿殘本。近親亦多有文集傳世，包括徐𤊹編訂之徐熥及謝肇淛遺著《幔亭集》和《小草齋文集》；徐𤊹幼子徐延壽（一六一四—一六六二）詩集《尺木堂集》抄本，及長孫徐鍾震（一六一一—一六六七後）文集《雪樵文集》手稿和詩集《徐器之集》刊本。此外，徐𤊹藏書約有百種分藏各地，今日尚能辨認，其中三十餘種有徐𤊹手書題記，大部分未收入前人輯本。

最早著意徐𤊹題跋的是林佶〔六〕，所輯《紅雨樓題跋》有己亥年（康熙五十八年，一七一九）題記，上距徐𤊹去世僅七十餘年。林氏稱：

吾閩興公《紅雨樓集》未授梓，此題跋一卷是從稿中録出者，尚未備。異日當廣并全集編刻，以永其傳，未知得如吾願與否。興公題跋最精確，惜多散逸，哀之正未易耳。

林佶訪得不少紅雨樓舊藏。其《璞學齋詩稿》補遺，録《庚午（一六九〇）除夕前三日題新得徐興公家藏〈禮經會元〉本》詩，有注：「客有索余書者，余令購此代銀。」仿佛王羲之以書换鵝。林佶嘗一次購得徐燉舊藏二千本，其長子林正青（字洙雲）後又購得徐燉舊藏四十七種。《璞學齋詩稿》卷一有《青兒得鼇峯徐興公遺書五十餘種，録其目與跋寄至京邸，喜而有作並示岍兒》五言長詩一首，内云：「適有宛羽遺，許以十城易。亟脱汝母釧，佐以古玩劇。煌煌二千本，奕奕充余宅。……昨復致二紙，快意説新獲。書是徐氏遺，字是鼇峰迹。圖印識收藏，題跋詳抽繹。四十七種書，百十年間隔。」林正青多篇題記，今日尚可見。如中國科學院圖書館所藏鄭賜《聞一齋詩稿》有林氏題記：「康熙戊戌（一七一八）閏秋得宛羽樓藏書四十七種，多吾閩前輩遺集，如宋長溪趙萬年，明長樂高棅、王恭，並此集，爲之狂喜。而是集抄本，尤可貴重。上《建寧志》一葉係興公先生手抄。九月十六漏下廿刻，洙雲識。」福建省圖書館所藏韓邦靖《韓五泉詩》，亦有題記：「康熙戊戌（一七一八）又八月，偶過潘氏書肆，得舊書四十七種，此其一也。洙雲識。」雖然現存徐燉《紅雨樓集》稿本已佚題跋部分，無法比勘，但林輯《紅雨樓題跋》應録自《紅雨樓集》稿本及林氏父子所收紅雨樓舊藏。康熙五十七年（一七一八），林正青抄録徐燉題跋，寄與其父林佶，越年林佶輯訂《紅雨樓題跋》，時間吻合。可見林輯《紅雨樓題跋》非僅據《紅雨樓集》稿本。

林輯録文二百餘則，包括書籍、碑帖、書畫題記及少量書籍序文。林輯未曾刊印，只有抄本流通，見者甚少。林氏原稿現存山東省圖書館。此外，北京大學圖書館藏李盛鐸（一八五九—一九三四）木犀軒抄本，中國科學院圖書館及天津圖書館亦分藏兩種清抄本〔七〕。

林佶邑人鄭杰亦潛心購覓徐𤊹舊藏[八]，並輯刊《紅雨樓題跋》，但他不知林佶祖鞭先著，雖然二人相隔不及八十年。鄭輯序文署嘉慶三年（一七九八），稱：

> 不佞仰企前人，潛心購覓，幾廢寢食，得徐氏汗竹巢、緑玉齋、宛羽樓、紅雨樓藏本，什有二三……獨是興公先生善聚善讀，用心精勤之處，余欲與天下人共知之，遂搜録題跋若干首，先付梨棗，别爲初編云。

鄭輯録文八十七則，所收書籍、碑帖、書畫題記，多已收入林輯，不見林輯者僅三十則，主要是徐𤊹爲友人詩文集撰寫之應酬序文，但亦包括《紅雨樓書目序》、《藏書屋銘》、《題兒陸書軒》、《題緑玉齋》四篇重要文字。鄭輯主要來源應爲《紅雨樓集》稿本。林、鄭二輯並録者，疑多同出《紅雨樓集》稿本[九]，其他題記疑録自鄭氏所獲紅雨樓舊藏。林、鄭二人藏書並不雷同，雖然林氏藏書不少後歸鄭杰。

至於序文並見稿本及鄭輯而不見於林輯者，當非林佶大意失録，而是林佶認爲該等文字不宜入選。《紅雨樓集》稿本，不少文章有徐𤊹手書或蓋印「選」、「不」及「必删」等字樣，應爲徐氏編訂自己文集之意向。鄭輯所收若干篇徐文，《紅雨樓集》稿本有按語，如《印林》云「必删」；《題印燈》、《曹能始石倉集序》云「不」；《林初文集序》云「不」、「集不刻，必删」等。未明鄭杰何以莫視徐𤊹意旨。

鄭輯有嘉慶三年鄭氏注韓居刊本，流傳未廣。近年影印本先後收入《續修四庫全書》及《國家圖書館藏古籍題跋叢刊》，見者始多。

近人瞭解徐𤊹藏書活動，端賴繆荃孫所編訂《重編紅雨樓題跋》。由於林輯僅有抄本，至爲罕見，鄭輯亦未廣泛流通，繆輯併合林、鄭兩家輯本，雖未爲增補校訂，但流行普及，貢獻實大。繆輯跋撰於光緒丁未（三十三年，一九〇七），輯本至宣統二年（一九一〇）方有趙詒琛（一八六九—一九四八）峭帆樓刊本面世，惜版毁於一九一三年。今僅存甲寅年（一九一四）重刊本及乙丑年（一九二五）重印本，乙丑本較甲寅本多羅振常（一八七五—一九四三）校記及補遺二葉。繆輯手稿現存北京大學圖書館，有影印本。繆跋謂：

順治己亥（十六年，一六五九），林吉人手鈔題跋一百四十餘條，並識緣起，裝成四大册。藏費莫丈文治庵所。荃孫録副藏篋中三十年矣，時時檢閲，奉爲導師。光緒丙午（三十二年，一九〇六）十二月，吾友况君夔生于金陵市中得注韓居刻《紅雨樓題跋》一册。荃孫借校，所刻僅八十七條，鄭君昌英輯而序之。不但與林輯不同，並不知吉人曾鈔行之者。荃孫因取兩册，分類合編，共成上下二卷，二百二十二條，雖非全集，然所藏美富，略見一斑。

繆荃孫輯訂黄丕烈（一七六三—一八二五）題跋，一而再，再而三，力求完善，最後刊佈《蕘圃藏書題識》附《蕘圃刻書題識》。而繆氏《重編紅雨樓題跋》就顯得較爲草率，僅據林、鄭兩家輯本，未謀增補。其實林、鄭二人皆不以所輯爲定本，一謂「異日當廣并全集編刻，以永其傳」，一謂「先付梨棗，别爲初編云」。以繆荃孫聞見之廣，理應可增補不少，可惜繆氏抱殘守缺，無意於此。不過繆氏對林、鄭二輯本内容蕪雜，編序無章的情況作了調整，重分爲「經籍（下分經類、史類、子類、集類），碑帖，書畫」，次序井然。

繆輯最大缺點是校勘不精，甚至失落林、鄭二輯數篇文字。即其跋語亦有重大訛誤。林佶，順治十七年（一六六〇）生，師事汪琬（一六二四—一六九一）及王士禛（一六三四—一七一一），康熙中期後始漸成名。其《紅雨樓題跋》題記所署之己亥年爲康熙五十八年（一七一九），而繆荃孫竟以爲順治十六年（一六五九）。這一甲子之誤，每爲後人盲從，如沈文倬《紅雨樓序跋前言》：「《紅雨樓題跋》不是徐氏自己編定。他死後不久，林佶在順治十六年從徐氏所著《紅雨樓全集》中選輯一百四十多篇，有鈔本傳世。」以爲林輯成於徐𤊹卒後「不久」。林輯罕見，題記數字，大家都引用繆荃孫的説法：一百四十餘則。其實林佶一共收録徐𤊹題記二百零七則，繆荃孫少算六十餘則。翻檢繆荃孫稿本，原作「林吉人手鈔題跋二百四十餘條」，後點改「二」爲「一」，未悉何故。謂「二百四十餘條」或「一百四十餘條」皆誤。

繆輯一九二五年峭帆樓重刊重印本，有羅振常校記二葉，以鄭輯校繆輯一九一四年重刊本，又補入《竹窗小稿》題記一則，附羅氏按語：

原刻此篇列《鏡湖清唱》後。繆藝風先生跋稱得鄭刻與林輯本重編，何以整篇脱去，殊不可解。翻檢繆荃孫稿本，目録有二則下注「無」，一爲《竹窗小稿》，一爲《草澤狂歌》。《草澤狂歌》見林輯。峭帆樓刊本目録删去此二則。大抵繆荃孫抄録林、鄭二輯時，一時失録，待刊刻時發見，不圖補救，僅於目録删去此二則，無異掩耳盜鈴。此外，林輯收入《張文潛文集》題記二則，分别撰於萬曆丁未（三十五年，一六〇七）及戊申（三十六年，一六〇八），繆輯僅録前者而漏後者，亦屬大意之失。

繆輯另一嚴重失誤爲張冠李戴。鄭輯録《古樂府》題記二則，徐𤇍明言《古樂府》編者爲左克明。林輯亦收有此二則題記，此外又收入《擬古樂府》題記一則，該書作者爲李東陽（一四四七—一五一六）。繆輯收入《擬古樂府》題記，而置二則《古樂府》題記於《擬古樂府》題記後，題名作「又」、「又」，是以二書爲一書。此舉之謬，幾若以《世説新語》依附《新世説》、《西遊記》併入《西遊補》。本末倒置，莫甚於此。

繆輯全據林、鄭二輯，而其文字間有不同，凡此皆應爲繆輯抄録不慎。如《高東溪先生文集》，林輯題記末云「戊午（一六一八）秋徐興公題」〔一〇〕，繆輯缺此七字，失誤嚴重。又如《詩韻輯略》題記，林輯作「上海潘汝一，名雲樞，恭定公之孫。以任子官東昌別駕」，繆輯作「……以壬子官東昌別駕」。《李文公集》題記，林輯作「此本首無歐序，而更以玉融何方伯宜序」，繆輯作「此本首無歐序，而更以王融、何方伯宜序」。

《紅雨樓序跋》二卷，沈文倬輯，一九九三年福建人民出版社出版。沈輯底本爲繆輯峭帆樓一九一四年重刊本。沈氏未見林、鄭二輯及繆輯稿本，僅以上海圖書館藏《紅雨樓集》稿本校繆輯。而《紅雨樓集》稿本已殘缺，可校序文僅二十餘篇。沈輯於繆輯亦步亦趨，體例並無更易，内容則僅「拾遺」了十篇無補學術之空泛應酬文字，其中七篇稿本早註明「不」收。沈氏又未悉繆輯有一九二五年重印本，致未能採用羅振常補校成果。總之，沈氏慴於繆氏盛名，未能發現繆輯之誤失，更無論匡正。

《新輯紅雨樓題記》以繆輯《重編紅雨樓題跋》一九二五年重印本爲底本，校以林、鄭兩輯，重新排列，有删有補。編輯仿效繆輯《蕘圃藏書題識》及《蕘圃刻書題識》例，只收舊籍題記，不收徐𤊹爲時人文集所撰序文，亦不收書畫、碑帖題識。初意分爲藏書題記及編刻書題記兩部分，因二者性質不同，前者無意廣大流傳，多僅與子孫；後者每爲長篇論著，意圖影響讀者。《新輯》所補編刻書籍序跋，皆録自原書，但舊編《紅雨樓題跋》收有數篇文字，疑爲書籍序文，因乏確證，無法斷言。兹從吴曉鈴整理《西諦書跋》例，不分文體，略按《四庫》分類排列。所補藏書題記，多據原書徐𤊹手書題記，少數題記録自其他載籍，包括謝肇淛小草齋抄本和海内外各種目録。徐𤊹題記編爲《新輯紅雨樓題記正編》。

紅雨樓藏書，時人或目爲徐𤊹個人藏書，其實不然。紅雨樓爲祖業，始建者爲徐𤊹之父徐棉。徐𤊹長兄徐熥曾撰《緑玉齋記》，謂：

> 余家九仙山之麓，寢室後有樓三楹，顔曰紅雨樓。……歲己丑（一五八九），余下第還山，乃易搆小齋於山之坪……余兄弟讀書其中，無長物，但貯所蓄書數千卷而已。……故名以緑玉齋云〔一一〕。

徐棉未有藏書題記傳世，藏書多賴其印記及徐𤊹題記而知〔一二〕。徐熥故後，徐𤊹沿用緑玉齋名，而其藏書每有二人印記〔一三〕。日本國立公文館藏徐熥《幔亭集》二十卷，明萬曆徐□家刊本。卷一至卷十五爲詩，陳薦夫選，王若編； 卷十六至二十爲文，曹學佺選，鄒時豊編。卷十九有「題跋」四十五篇，包括書畫、碑帖題識，友好著述序文及讀書札記。今據以編爲《新輯紅雨樓題記前編》，有所删補，體例略如《正編》。徐𤊹幼子徐延壽及其嫡孫徐鍾震題記，編爲《新輯紅雨樓題記後編》。紅雨樓徐氏兄弟、祖孫三代藏書，始末具見。

徐𤊹藏書存世者不少，可據書上藏書印記辨認。可惜今日一般圖書館目録多未提供印記訊息。《中國古籍善本書目》及大部分善本書目，皆著録手書題記，頗便按圖索驥。不過偶亦有將别人題記誤置於徐𤊹名下者。如中國社會科學院文學研究所圖書館藏《貢文靖公雲林詩集》六卷，元貢奎撰，明弘治三年（一四九〇）范吉刊本，書上有「徐𤊹之印」、「徐氏惟起」等印記。書末有手書題記：

> 中書滿州德公，與家大人同官相好。托在吾家抄録舊書十種，《雲林集》其一也。余正欲抄録寄與德公，適於舊書肆中得此本，比余家所藏棉紙本尤精，因留此本，而以舊本送與德公。滿州中能知好古聚書，可敬可敬。

《中國古籍善本書目》著録此本有「明徐𤊹跋」，不確。「滿州德公」云云，此跋明出於清人手。又臺北「中央圖書館」藏《歐陽行周文集》十卷，唐歐陽詹撰，明正德刊本。其《善本書志初稿》（一九九九）稱：「首册扉葉有徐惟起墨筆題書名，並手書題記一則（附印記）。……書中鈐有『閩中徐惟起藏書印』朱文長方印、『國立中央圖書館收藏』朱文長方印。」翻檢原書，手書題記稱：

涵芬樓借平湖葛氏明正德本《歐陽行周集》影印行世。所記原書板匡高營造六寸二分，寬三寸八分，字體格式一一相符。原書《本傳》在前，此誤訂在尾。丙寅夏日記。

題記撰於商務印書館《四部叢刊》影印本面世後，丙寅應爲民國十五年（一九二六）。二書著録失誤，皆因書上有徐𤊹藏書印記，著録者不審讀題記本文，遂以爲題記亦出徐𤊹之手。

徐𤊹所撰題記，内容廣泛，或述家事，俾子孫知曉，如《陶靖節集題記》：

此集先君少所披閲，筮仕之後，攜之四方，珍若拱璧，蓋五六十年前，陶集僅有何氏一注爲善，他無别梓也。年來刻本甚多，余獨寶此者，手澤存也，子孫其重之哉。萬曆壬子（一六一二）夏，𤊹書。（《正編》〇七二）

又如《擬古樂府題記》：

先君子極喜西涯先生《擬古樂府》。余童稚時，先君日爲余解説二三首，嘗謂其如老吏斷案，令人箝口咋舌也。邇來雖博覽群籍，年齒既壯，隨覽隨忘，不如少時用志不分耳。此乃二十年前事，思之愴然。今以此本授之陸兒，令其日閲一首，庶幾不爲章句腐儒矣。萬曆丁未（一六〇七）清明前一日，徐仲子興公書。（《正編》一三〇）

或記得書經過，如《南村輟耕録題記》：

余家舊有《輟耕録》，闕首一册，覓之十數載，無從得。友人高景倩偶購雜書中有此書，僅半部，首册可補余之闕，遂捐見惠。在景倩爲無用之物，在余實爲完書，版雖稍異，何傷乎。首册硃筆批點，出先正王雲竹先生之手，尤可寶耳。萬曆甲辰（一六〇四）夏日，興公記。（《正編》〇五三）

又如《藝文類聚題記》：

此書一百卷，余家所藏者缺四册，每有查考，輒恨其摧殘非完書也。數年前偶於官賢坊内小書鋪中見有數册，混入雜書之内，將爲糊壁覆瓿之需，予以數十錢易之，正可補予之缺，然尚欠六十卷至六十六卷也。俟之數年，無從覓補。今歲余偶從南都歸，林志尹乃拾一册見餉，遂成全書。篝燈把玩，喜而不寐，因重加裝訂，收之篋中。曾憶陸儼山先生有云：「殘書亦收，以冀他日之偶全。」正謂此也。八十四卷有「田壽夫印」，不知何許人，尚俟他考。萬曆丙午（一六〇六）臘月六日，徐惟起書。（《正編》〇六五）

題記書於藏書，本無意公開，故多直述所懷，無隱晦之詞，如《全室集題記》：

釋宗泐，洪武中與「來」復見心齊名。余見泐詩，僅諸家所選數首而已。今歲立春，偶客虎林，偕曹能始、林茂之過吴山雲居寺，有僧寮闃寂無人，《全室集》在塵埃中，遂拾而歸。覽其簡末，乃永樂癸卯年（一四二三）抄録者，留寺中二百年，一旦屑越而不之重，良爲可惜，非余拾得之，必入香積作醬瓿覆也。乙巳（一六〇五）臘月立春日，興公書于浙城之旅次。（《正編》一一九）

徐𤊹於雲居寺不問自取，實非雅事。至於《寒山子詩集題記》中對其詩友釋如瀚之評價（一四），亦頗尖鋭，毫不留情：

余他日偶訪瀚上人於平遠臺山房，見案頭有寒山子詩一帙。上人不知愛重，鼠嚙其腦，漸至於中。余曰：「寒山之詩，詩中即偈。師其知寒山之禪機乎。」上人茫然不答。余遂丐歸。上人視之如棄敝屣。山窗無事，手自粘補，重加裝潢。第鼠嚙處（闕深傷）字「闕」、「深」爲可恨也。載觀卷首朱晦翁、陸放翁二札，則明老、南老賢於瀚上人遠矣，識者能不呵呵大笑耶。己亥（一五九九）閏四月，徐惟起跋。（《正編》〇七四）

藏書家多喜珍本罕籍，徐𤊹亦不例外，但他不自秘，每借珍本供同道録副。如《五色綫題記》：

此本余得之鄉先輩高南霍先生所藏者。戊戌（一五九八）之歲，屠田叔借抄一副，意將剞劂，以辰州命下，遂弗果。昭武謝伯元有古書之好，亦借抄一種。二君俱博洽君子，此書俱未嘗經目，想傳之人間尠少也。己亥（一五九九）初夏望後，雨坐山樓，偶爾翻及，漫識其後。（《正編》〇六三）

又如《草澤狂歌題記》：

王安中詩刻《十子》中，《草澤狂歌》又是一部。余向借張海城先生抄本録之，而林志尹爲畢其工。甲辰（一六〇四）秋，高景倩侍親宿州，攜去重録，用綿紙楷書，中復校正。是詩年來又傳二部於人間矣。萬曆丁未（一六〇七）秋，謝在杭借鈔一部，藏於家。徐興公題。（《正編》一二三）

抄本流通不廣，單靠抄本不能保證傳世，徐𤊹認爲需有「好事者再爲録梓」（《嘯臺集題記》語）。爲謀重刊稀見舊籍，徐𤊹不但悉心編校，間亦撰寫長篇序跋。《新輯紅雨樓題記》據諸書刊本，覓得徐序十一篇，其中僅《南唐舊事序》一篇，已收入前人所編《紅雨樓題跋》。可惜「好事者」不易得，徐𤊹所編校古籍並非皆能刊刻面世。

刊書序跋，性質異於藏書題記，篇幅一般較長，可容發揮。或述學術流變，或考作者生平，具見徐𤊹學養。如《北苑別録跋》：

熊克，字子復，蕃之子。弱冠登紹興二十七年（一一五七）進士，授順昌主簿，除鎮江府學教授，秩滿，改知諸暨縣。憲使芮輝表薦之，提轄文思院，召秘書省校書郎，兼國史編修官。時周益公必大參知政事，謂克曰：「《百官志》疏甚，公諳習典故，宜加增損。」旬日纂成，益公稱嘆。復遷秘書郎，權直學士院，知制誥。又遷起居郎，兼直學士院，以論罷。知台州。上《九朝通略》，詔增一秩，召赴行在。部使者劾克縱私鹺不治，報罷。奉祠，知太平州。屬疾告老，未幾卒。所著有《九朝通略》一百六十八卷、《中興曆》一百卷、《官制新典》十卷、《帝王經譜》二十四卷、《諸子精華》六十卷。徐𤊹書。（《正編》〇四九）

宋史專家王德毅《中興小紀題端》認爲徐跋「考其出處著述甚詳，與《宋史》有不盡相同處，多能補史傳之不足……所列的《官制新典》、《帝王經譜》、《諸子精華》及《北苑別録》四種，都爲《宋史・藝文志》所不備。雖徐氏未注明所本，但相信他必是有所根據的」[一五]。評價頗高。

徐𤊹藏書頗多珍罕版本，可惜不少今已散佚，端賴徐氏題記略知一二。兹舉二例：

師古齋刻《華陽國志》十二卷，凡例云：「《先賢志》遺巴郡士女七十八人，故舊逸也。宋李叔廑校刻未曾指出，今闕之。」余閲至此，每以爲恨。今歲偶見古本，而此七十八人具在也，乃借抄之，不勝愉快。但其中訛誤不少，俱已校對詳悉矣。天啟元年（一六二一）仲春，徐惟起識。（《正編》〇一二）

傳世各本《華陽國志》皆缺「巴郡士女七十八人」章節。徐氏抄本及所據「古本」下落不明。又如《瀛涯勝覽題記》云：

《古今説海》有《星槎勝覽》、《歷代小史》亦收之，乃永樂、宣德間費信所著。此曰《瀛涯勝覽》，分上下二卷，乃會稽馬歡永樂間從太監鄭和下西洋，歷諸番，所記天時氣候、地理人物者也。校之《星槎》，尤爲詳備。蓋《星槎》紀四十國，此惟十八國，蓋馬氏經歷僅此耳。斯本向未有傳，余考焦太史《經籍志》亦未有載。偶於秣陵舊肆購之，抄寫精工，二百餘年物也。藏之以俟博雅君子，備彙書之一種耳。萬曆丙午（一六〇六）夏仲，徐惟起書於白下旅次。（《正編》〇二八）

傳世諸本《瀛涯勝覽》皆列二十國，不分卷，惟南京圖書館所藏正德二年（一五〇七）梅純輯《藝海彙編》抄本，上下二卷，列十八國，與徐跋所言同。

我的徐𤊹研究，緣於徐𤊹和馮夢龍及謝肇淛的關係。現存日本之孤本馮夢龍所編撰《壽寧待志》

上，有「徐𤊹之印」及「興公父」印記；　在《紅雨樓集》中有徐致馮二函及徐爲馮詩集所撰序文〔一六〕。謝肇淛的《金瓶梅跋》爲今日所知有關《金瓶梅》的最早專文，而該文全賴徐𤊹獨具隻眼，收入所編謝氏遺集《小草齋集》，方得傳世。

《龍龕手鑑題記》是我見到的第一篇徐𤊹題跋「佚文」。《題記》在《四部叢刊續編》本《龍龕手鑑》卷首，並不罕見。繼而我在《國立中央圖書館善本題跋真跡》看到三篇徐𤊹手書題記書影。其後，翻讀《中國古籍善本書目》數過，按圖索驥，訪書福建省圖書館、福建師範大學圖書館、國家圖書館、北京大學圖書館及上海圖書館〔一七〕。未能身往者，則端賴友好惠寄書影。《中國古籍善本書目》所著録的徐𤊹手書題記，我皆已見原書或書影；　日本所藏徐𤊹手書題記，亦賴友朋惠我書影。

手書題記之重要性，一九二九年傅增湘（一八七二—一九四九）在抄録日本内閣文庫（現稱日本國立公文書館）所藏《金精風月》徐跋後，有感而言，誠不刊之論：

> 徐興公𤊹跋見新刻《紅雨樓題跋》，然詩中「縱步」誤「蹤步」，「幾能」誤「幾時」，「古洞」誤「萬洞」，「永寧令」奪「令」字，微見此墨跡，焉從訂正哉。〔一八〕

中國古籍題跋和書目，數量龐大，雖「上窮碧落下黃泉」，未及翻閲者尚多，不過已有一些發現，兹舉一例。杭世駿（一六九六—一七七二）《黄四如文集跋》，雍正十年（一七三二）撰於福州，内云：

> 右《宋莆田黄四如先生文集》六卷，乃建安徐氏藏書。前有「徐興公」印，又有「徐惟起」圖書。

末幀標云：「萬曆庚子（一六〇〇）夏，買於建州。」距今蓋百三十又五年，縹題完好，古香襲手。予以制錢三百復買於福州市攤，可寶也。〔一九〕

此書現藏南京圖書館，因缺卷五及卷六，並無徐𤊹手書題記〔二〇〕。卷五及卷六在黃裳（原名容鼎昌）的來燕榭，黃氏曾多次撰文介紹，但似不知餘卷在南京圖書館及該書全本曾屬杭世駿。黃云：

此殘卷一册，買于姑蘇。卷尾有徐興公手書一行，飄逸可喜，至堪愛重也。黃裳記，時壬辰（一九五二）九月十五日。……《四如黃先生文稿》，存卷五、六兩卷。……收藏有「閩中徐惟起藏書印」（朱長）。卷尾有徐惟起墨書一行：「萬曆庚子（一六〇〇）夏，買於建州。」〔二一〕

徐𤊹與謝肇淛志同道合，年紀相若，雖然徐是謝庶母的異母弟，比謝高一輩。二人每互易藏書，或借抄以補所缺。復旦大學圖書館藏謝氏小草齋抄本《沈下賢文集》，過録徐氏抄本，包括徐氏題記。此事前賢解説頗詳。〔二二〕我在國家圖書館藏小草齋抄本唐李群玉撰《李文山詩集》卷末，找到一篇未見著録的徐𤊹題記：

唐李群玉詩最佳者，《秣陵懷古》及《黃陵廟》二律，往往見諸詩選，而全集則尠覯也。今歲偶游白門，同社各賦懷古詩，譚及群玉之作。而郭聖僕家藏此本，出以相示。細爲校讀，警句層出，遂令童子録之。群玉，澧州人，版刻澧州，亦甚漫漶，今不知存否耳。萬曆丙午（一六〇六）仲夏，徐興公書于秦淮客舍。（《正編》〇八五）

箋校是《新輯紅雨樓題記》的另一特色。繆輯刊本校勘不精，沈輯未能匡正。羅振常以鄭輯校繆輯，篳路藍縷，但並未參考更重要的林輯。本書校勘主要是採用他校和理校。兹舉二例。

繆輯《左傳》條（沈輯同）：

建安楊讓，字允謙，文敏公之仲子也。少從潛習禮、李時勉游，造詣甚深，所著有《澹庵集》。

按：潛習禮，當作「錢習禮」，生平見《明史》卷一五二。

繆輯《武林舊事》條（沈輯同）：

《武林舊事》六卷，題曰泗水潛夫輯。正德中，浙江巡按御史宋廷珪刻之，跋語云潛夫不知爲誰。

按：此書徐𤊹舊藏，現歸北京大學圖書館，爲明正德十三年（一五一八）宋廷佐刊本。繆輯與手書題記無異，然「宋廷珪」應改正爲「宋廷佐」。徐𤊹筆誤，或因與《海録碎事》作者葉廷珪相淆。

以上二題記，表面文從意順，我因爲箋注其中人名，始發見訛誤。箋注一般而言，闡幽發微，重點是提供與徐𤊹藏書及刊書有關的、但少爲人知的人物訊息，如張蔚然、林志尹。至於謝肇淛、曹學佺輩，人所共曉，箋注從略。

箋注另一特色是補入《徐氏家藏書目》材料。徐𤊹題記所述藏書，大部分亦見《徐氏家藏書目》，而所記每可補題記之不足。如《樵林摘稿題記》：

淮南蔣主孝詩名弗顯，今時選詩諸君子皆遺于掇拾。余得《樵林摘稿》一帙，乃蔣公所自選者，諸體皆有古意，中惟《五王擊球》一首，尤爲沙中之寶。擊球詩，宋元諸公集中多有此題，元張思廉一作，足稱絶唱，蔣君可謂具體而微矣。他作如《大堤曲》、《渭城少年行》、《隴頭吟》，亦不失唐人格調也。（《正編》一二九）

《徐氏家藏書目》（七卷本）記：

《蔣主孝樵林摘稿》一卷。字□□，號樵林。句容人。天順中布衣。父用文，官太醫判，謚恭靖。子誼，成化丙戌（一四六六）進士。主孝所著有《務本集》若干卷，不傳。

又如國家圖書館藏明朱潤祖撰《寓軒詩集》，存卷七至九及拾遺。有徐𤊹手書題記：

崇禎辛巳（一六四一）中秋，偶游武夷，小憇萬年宫梁以成道士房，於亂帙中拾［出］一册，乃洪武初溧水朱潤祖《寓軒集》，只律詩絶句，其上册則亡矣。潤祖官嚴州淳安教諭，集中有《季潭領僧會》一律，季潭，釋宗泐……徐興公識。（《正編》一一六）

《徐氏家藏書目》（七卷本）記：

《朱潤祖寓軒集》十卷，只有律絶，無上卷。字□□。溧水人。洪武官淳安教諭。

《題記》及《書目》所述應爲同一書。徐𤊹於崇禎十四年（一六四一）中秋方得《寓軒詩集》，越年十一月即謝世，而《徐氏家藏書目》收入《寓軒詩集》，可見《徐氏家藏書目》隨時修訂，幾迄于徐氏辭世。

《徐氏家藏書目》（七卷本）惜已佚明代閩人文集部分〔一三〕，兹據徐熥編《晉安風雅》卷首《詩人爵里詳節》補入傳記多篇。

《新輯紅雨樓題記》收徐𤊹題記一百五十九篇，包括新收四十篇，主要録自各地圖書館藏書上徐𤊹手書題記及刊本題記。《紅雨樓題記前編》收徐熥題記三十二篇。《紅雨樓題記後編》收徐延壽題記一篇，徐鍾震題記五篇。《正編》及《前編》，分別收入《閩中詩選序》及《晉安風雅序》二文，前者首見鄭輯，後者見徐熥編《晉安風雅》原刊本，但未收入徐𤊹編訂的徐熥遺集《幔亭集》。二文差異極微，原作者應爲徐𤊹。

康熙五十八年（一七一九）林佶輯録《紅雨樓題跋》，上距徐𤊹去世不過七十六年，但他已認爲「興公題跋最精確，惜多散逸，裒之正未易耳」。今日增補林、鄭二家所未見，殊非易事。但環境亦有勝於前人者。一是全國性普查。苟無《中國古籍善本書目》，《新輯紅雨樓題記》實無法完成。至望他日古籍普查能提供更詳盡訊息，如藏書印記、刊本序跋。二是電子資源。今日有不少可供全文檢索的大型資料庫。網上資源尤多，雖然不一定可靠。鄭杰稱：「興公先生善聚善讀，用心精勤之處，余欲與天下人共知之，遂搜録題跋若干首，先付梨棗，別爲初編云。」《新輯紅雨樓題記》也是初編，至望同仁多所補正，俾成定本。

《新輯紅雨樓題記》之能完成，多蒙友好相助，特別是各地圖書館同仁，或屬多年舊友，或爲新知，每予方便，讓我可以「采銅于山」，不致抱殘守缺，步繆、沈覆轍。文稿承蒙復旦大學圖書館吳格教授審閱，多所匡正，惠我實多。業師饒宗頤教授題署書名，尤爲銘感。近年去世的普林斯頓大學牟復禮教授(Frederick Mote，一九二二—二〇〇五)多年來一直關心並鼓勵我的徐𤊹研究，謹以此書爲獻。

二〇一一年三月十日馬泰來書於普林斯頓大學東亞圖書館，二〇一三年九月二十五日補訂。

注

〔一〕徐鍾震：《先大父行略》，《雪樵文集》稿本。

〔二〕徐熥：《先考永寧府君行狀》，《幔亭集》卷十八。

〔三〕陳价夫：《徐惟和行狀》，《招隱樓稿》稿本(上海圖書館藏)。

〔四〕徐𤊹：《祭謝氏姊文》，《紅雨樓集》稿本(上海圖書館藏)。

〔五〕鄭振鐸跋所藏《幔亭集》，稱「熥爲徐𤊹昆仲。𤊹集是禁書，尤罕見」(《西諦書跋》，吳曉鈴整理，文物出版社，一九九八年版，第二五〇—二五一頁)，非是。《鼇峰集》未見於諸清代禁毀書目。

〔六〕林佶，字吉人，號鹿野，福建侯官(今福州市)人。清初著名書法家及藏書家，康熙三十八年(一六九九)舉人，五十一年(一七一二)進士，授内閣中書。

〔七〕《中國古籍善本書目》未著録山東省圖書館及北京大學圖書館藏本。山東省圖書館藏本現收入《國家珍貴古籍名録》〇八一四〇。

〔八〕鄭杰，一名人杰，字昌英，福建侯官人，乾隆間貢生。生平特好韓愈詩文，有意箋注《昌黎文集》，因名其書室曰「注韓居」。

〔九〕《紅雨樓集》稿本曾歸鄭氏，其上有「注韓居士」藏書印記。

〔一〇〕徐𤊹舊藏《高東溪先生文集》，現存南京圖書館，有徐氏手書題記，文字與林輯同。

〔一一〕徐熥：《幔亭集》，卷十七。

〔一二〕現存紅雨樓舊藏，書上偶有「徐棉私印」、「子瞻」、「徐孺子」、「南州高士孺子之家」、「永寧令印」等印記。

〔一三〕如天津圖書館藏《淮海集》，明嘉靖二十四年（一五四五）刊本，有「徐熥真賞」、「緑玉山房」、「晉安徐興公家藏書」等印記。

〔一四〕釋如瀚，詩僧，《古今禪藻集》録其詩三首。福州詩人若徐氏兄弟、鄧原岳、陳薦夫、陳鳴鶴輩，多有詩與其唱和，如徐𤊹《鼇峰集》卷十《如瀚上人》，鄧原岳《西樓集》卷五《九日同鄧道鳴將軍、如瀚上人、徐唯和孝廉、陳女大、袁無競秀才、王玉生山人集平遠臺，時余將北發》。

〔一五〕趙鐵寒主編：《宋史資料萃編第二輯》，臺北：文海出版社，一九六八。

〔一六〕沈輯《紅雨樓序跋》據《紅雨樓集》「拾遺」十篇毫無特色的序文，而未收入《壽寧馮父母詩序》。

〔一七〕《中國古籍善本書目》間有失誤。如北京大學圖書館藏明私淑軒刊本《文心雕龍》及福建師範大學圖書館藏《（正德）福州府志》，皆爲徐𤊹校本，前者《中國古籍善本書目》未著録，後者無説明。

〔一八〕傅增湘：《藏園群書經眼録》（北京：中華書局，一九八三），第四四一—四四二頁。

〔一九〕杭世駿：《述古堂文集》（光緒十四年［一八八八］刊本，影印本，《續修四庫全書》第一四二六册），卷二十七，葉十二。年數杭氏誤算。

〔二〇〕《中國古籍善本書目》，集部四八二三。

〔二一〕黄裳：《來燕榭書跋》（上海：上海古籍出版社，一九九九），第一六〇頁。

〔二二〕王欣夫：《蛾術軒篋存善本書録》（上海：上海古籍出版社，二〇〇二），第二四二—二四四頁。

〔二三〕馬泰來：《明季藏書家徐𤊹叢考》，《文獻》二〇一〇年第四期，第一三七—一三八頁。

整理凡例

一、本編依四庫分類，提供徐氏收藏及編校古籍活動之原始史料：藏書題記及刊本序跋。不收徐氏爲時人詩文集及印章集所撰序文，亦不收書畫碑帖題記。

二、本編分《前編》、《正編》和《後編》。《前編》爲徐熥所撰題記，《正編》爲徐㶿所撰題記，《後編》爲徐延壽和徐鍾震所撰題記。

三、本編《正編》，以繆荃孫輯《重編紅雨樓題跋》一九二五年（乙丑年）峭帆樓重刊重印本爲底本，重加訂補整合，題記條目次序重排。題記分併與繆輯亦不盡相同，如《伸蒙子》、《聞過齋集》題記，合二爲一；《文心雕龍》題記九則，分隸二本。

四、繆輯合併林佶及鄭杰兩家《紅雨樓題跋》輯本，所收題記最多，亦最常見。此次題記《正編》整理，僅見繆輯及林輯或鄭輯者，據林輯或鄭輯校繆輯。並見三輯者，一般僅以鄭輯校繆輯，蓋繆輯多從鄭輯。

五、徐㶿手書題記，今日可見者尚有三十餘則，本編據徐氏手稿補入繆輯未收者，校正繆輯已收者。

凡附有徐𤊹手書題記之書籍，皆注明現藏館。另據原書刊本補入繆輯未收徐𤊹序跋十篇。刊本序跋如非孤本，一般不列藏館，僅附《中國古籍善本書目》編號。

六、題記題名，據原書、題記本身及其他著録，盡量提供最詳實之版本資料。無法確定者，題名仍從前人輯本。

七、本編「著録」項，記徐氏藏本之下落流播。刊載徐𤊹序跋之刊本，皆附《中國古籍善本書目》書號，以便查檢。除孤本外，一般不注現藏地。

八、本編「書目」項，撮録七卷本《徐氏家藏書目》。

九、本編「箋校」項，主旨爲闡幽顯微，不爲一般典故註釋，而重徐氏友朋資料。地名官名之古稱雅稱，亦多加説明。

十、本編校改以括號爲標識：原文或誤或衍者，加圓括號；增補或校正者，加方括號。繆輯避諱字，如「宏」、「歷」，逕改正復原，不作校記。異體字，一般亦不作校記。

十一、年份加注公元。

十二、本編「附録」爲繆輯目録，加注所據林、鄭二輯及本輯條號，以便比對查檢。

目録

史部

子部

集部

新輯紅雨樓題記前編

徐　熥撰

〇〇一　周易通解六卷　明徐㭿撰

先君子少學《易》于舒侍御雲川先生，韋編幾絶矣。長而以《易》授四方弟子，遂著《周易通解》六卷。當熥髫年，先君課以此編，必成誦而後已。熥之以一經成名者，實籍庭訓焉。古云「父没不能讀父之書，口澤存也」，況出于先君極深研幾，積數年之功，手自撰著者乎。今先君已矣，每一披覽，不勝《蓼莪》之痛。恐其歲久朽蠹，暇日與𤊹、熛二弟重加修訂，傳之子孫，以見先祖父下帷之苦，而知家學之所自也。吾子孫其慎藏之。

【書目】《徐氏周易通解》八卷，先大令著。

【箋校】録自《幔亭集》卷十九。舒汀（一四九八—一五四五），號雲川，福建閩縣人，邃於《易》，嘉靖十四年（一五三五）進士，十六年（一五三七）選山西道監察御史。徐熥《先考永寧府君行狀》謂：「及長，從雲川舒先生受《易》。舒先生門弟子甚衆，先君未辨色即負笈往，有所疑難，論駁蜂起，未嘗不嶽嶽也。」此書疑爲抄本。徐㶿稱「先大令」者，以徐棉曾爲永寧知縣故也。

〇〇二　改併五音類聚四聲篇海十五卷　金韓道昭撰　明萬曆十七年（一五八九）福州開元寺刊本

上古有音無字，出諸口者皆天地之元聲也。自羲皇畫卦，蒼頡制書，形既立矣，音斯附焉。字者，音之形體；音者，字之名稱。類形始於許慎，而慎生於漢世，去古已遠，其所訓釋，不無牽合之病。至於《玉篇》諸書，則祖《説文》而潤色之，惟王與秘之《五音篇海》，分其畫段，則字無遺形。類聲始於沈約，而約産於南服，間操吳音，其所分別，不無割裂之病。至於《廣韻》諸書，則祖唐韻而更置之，惟荆璞之《五音集韻》，隨母取切，則字無遺聲。此形聲之大較也。然篋笥嚴扃，匪鑰不啟，形聲無窮，匪法不通，有司馬公之《指掌圖》、韓彦昭之三十六母、勝國安西劉士明之《切韻指南》、國朝沙門真空之《貫珠集》，挈領提綱，開示門法，求聲音以歸母，考偏傍以入部，字得韻而知，韻得字而顯，則凡大而典墳丘索，經史子集，三藏十二部之文，以至稗虞小説，重譯方言，如恒河沙未可更僕者，無不探賾索隱，鉤深致遠，畫無亥豕，音不聱牙，還天地之元聲，開萬世之聾聵，教闡同文，功靡細矣。此書流傳既久，梨棗漫漶，沙門如巖者，朗質觀空，精嚴戒律，曩朝落迦，得傳斯訣，蒲團之暇，字校音研，與支提寺僧真燦者，發大誓願，期鍥此書，流傳震旦，普濟群品。抄題募化，遍干十方，積之八年，始克竣事，可謂有裨教典而功德無量者矣。爝根器朽鈍，識不反隅，驟加披閲，茫昧難明。巖師矜我愚蒙，詳譯屢譬，匝月之後，漸見一斑，乃令不慧片言弁諸簡首。夫畫前有易，教取先天，有相皆虚，禪宗秘旨。故毘邪杜口，開不二之法門；摩竭斂心，啟無言之津筏。蓋聲音俱屬浮塵，文字同歸理障，惟一切萬法，不離自性，則三藏之文皆如來之幻跡，羲皇一畫實綺語之濫觴，矧辨清濁，審浮沉，出入於口耳之間，精研於指掌之上，與叔重、休文之流炫奇鬥博，其於西來之旨何如也。昔蒼頡書成而鬼爲夜泣，悲渾沌之已鑿，世與道而交喪耳。巖師賞予之言，遂書於篇端，以告夫同志者。萬曆旃蒙協洽（乙未，一五九五）之歲月中無射，閩中徐𤊹譔。

【書目】《五音篇海韻海》三十卷。

【箋校】録自原書。《幔亭集》卷十六作《重刊五音篇韻序》，文字無異，僅删去文末「萬曆旃蒙協洽之歲月中無射，閩中徐𤊹譔」十七字。「無射」指九月。

〇〇三 **文中子** 舊題隋王通撰

老、莊、列、荀、楊諸子，其所著書，不盡合孔子之道，然各立門户，譬之國統，所謂偏安，而非僭竊也。惟《文中子》一書，竊聖人之糟粕，謦欬間動以仲尼自居，置魏徵、薛收諸人于顔、曾之列，吁可怪也。其僭竊之罪，當不在新莽下矣，豈文中夭死，而一二門人僞撰以欺後世歟。不然，何唐初佐命功臣，一一盡出其門乎，此必無之事也。況《隋書》修于魏徵，不爲文中立傳，此乃何也。每繙《中論》，便欲付祖龍之火。

【箋校】録自《幔亭集》卷十九。

〇〇四　**晏子春秋八卷**　明刊本　日本靜嘉堂文庫藏

萬曆戊戌（一五九八）中秋，購于閶門肆中，徐𤊹惟和識。

【著録】《皕宋樓藏書志》卷二十六。《靜嘉堂文庫漢籍分類目録》，頁二六六。

【箋校】《皕宋樓藏書志》作元刊本，此從《靜嘉堂文庫漢籍分類目録》。閶門，指蘇州。

〇〇五　**鶴林玉露**　宋羅大經撰

古今模寫山林丘壑之樂者，以羅景綸《鶴林玉露》「山靜日長」一篇爲最，閒中披玩，真如身在山邊水涯，不復知有人世。談者戲謂此篇但得濁醪數杯，尤爲佳境。不知一涉微醺，便傷清況，不如增入好香一炷，更覺幽絶。

【箋校】録自《幔亭集》卷十九。

〇〇六　**格古要論**　明曹昭撰　明刊本

《格古要論》，余家舊有所藏，字稍漫漶。友人林志尹客長安時得此部，大勝余本，遂以歸余，又重爲裝訂，志尹之意亦勤矣。余舊藏者志尹持去。

【書目】《格古要論》五卷。

【箋校】録自《幔亭集》卷十九。林志尹（一五五六—一六〇九），名應聘，福建侯官人。徐氏紅雨樓和謝氏小草齋藏書不少來自林志尹。謝肇淛《五雜俎》稱：「吾友又有林志尹者，家貧爲掾，不讀書而最耽書，其於四部篇目皆能成誦。每與俱入書肆中，披沙見金，觸目即得，人棄我取，悉中肯綮。興公數年之藏，十七出其目中也。」謝氏後撰《墓誌銘》，復稱：「每令購書，祈寒暑雨，霜朝丙夜，不辭勩也。嗚呼，蓋自志尹死三年，而吾架上牙籤未有增者。」陳价夫《徐惟和行狀》謂：「林從事志尹者，莫逆友也。惟和自玉田病歸，即移外寢，呼志尹與居，悉屏去婦人不令近，獨志尹侍湯藥床笫者月餘。」林志尹子，與徐㶿長子徐陸爲連襟。參題記《正編》〇六五、一二三、一五八。又按長安，指明代京師北京，非陜西西安。

〇〇七 玉壺冰一卷　明都穆撰　明刊本

都玄敬《玉壺冰》一書，山房宜置座右。余友陳履吉《潛穎録》真舌吐雲霞，腸休煙火，可祛倦眼，足快賞心。因一色裝之。

【箋校】録自《幔亭集》卷十九。陳益祥（一五四九—一六〇九），字履吉，福建侯官人，有《采芝堂文集》十六卷傳世。王穉登（一五三五—一六一二）撰《陳履吉墓誌銘》，稱所著已梓行者有《潛穎》一卷、《鹿草集》一卷、《摭星集》一卷。《潛穎録》不見近日各家古籍總目，疑已失傳。

〇〇八 陸士龍文集　晉陸雲撰　抄本

辛卯（一五九一）秋北上，道經吴閶，客張幼于曲水草堂，臨别幼于出此爲贈。今坊間二陸已有善本，但此寫本尤所難得，又爲張君手披之物，誠爲可珍。況是歲余覆舟吕梁，所載書俱爲波臣所得，獨斯集既已溺去，旋撈得之，不至磨滅，尤奇也。并識。

【箋校】録自《幔亭集》卷十九。張獻翼（一六〇四年卒），字幼于，南直隸長洲（今江蘇蘇州）人，張鳳翼（一五二七—一六一三）弟。參題記《正編》〇七一。

〇〇九　陶淵明集　晉陶淵明撰

陶淵明「雖有五男兒，總不好紙筆」。此詞人有托之言，其子未必爾也。臨終一疏，詔以人倫大義，望以聖賢之學，儼等豈真碌碌者哉。後世紈袴之子目不知書者，動以淵明自解，可發一笑。

【箋校】録自《幔亭集》卷十九。

〇一〇　常建詩集　唐常建撰

廬陵楊文貞公同陸伯暘造其師吳孟勤。時孟勤有常建詩一册，文貞與伯暘皆欲得之。孟勤未決所與，笑指門外汲井者曰：「二賢請賦此，先就者持去。」文貞應聲曰：「皎潔如明鏡，銅瓶下愈深。妝成不照影，應恐墜金簪。」遂揖而取之。三人相視大笑，伯暘因不復賦。偶憶楊詩，慢識卷末。

【箋校】録自《幔亭集》卷十九。楊士奇《東里續集》卷十九《常建詩》：「余客武昌時，一日同陸伯陽造吳孟勤先生。時先生初得此詩，以示余兩人。伯陽戲曰：『老師無所用此，宜以惠教後生。』先生可之。余曰：『以教後生，則僕當得。』蓋余少伯陽七歲。先生笑指門外汲井者曰：『二賢請賦此，先就者持去。』余詩先就，曰：『皎潔如明鏡，銅瓶下愈深。妝成不照影，應恐墜金簪。』遂揖而取之。三人相視大笑。伯陽遂不復賦，謂余曰：『宜録一本納我，以謝不悌。』既歸，即録送伯陽。伯陽取謝玄暉詩見報，謝詩亦今所罕見者，後相姪持去失之。此詩余得之二十餘年，伯陽去世十有三年，吳先生捐館亦十年矣。每一披閲，追思當時游從之樂，未嘗不歎息而怊悵也。」陸伯暘（又作陽），名闓，楊士奇知己好友，生平見《東里文集》卷九《跋與友蘭生往復詩後》。

○一一 王右丞集　唐王維撰

王摩詰輞川諸詩，極沖淡有致，至於裴迪所和之詩，真堪伯仲，如「結廬古城下，時登古城上。古城非疇昔，今人自來往」，「迢迢文杏館，躋攀日已屢。南嶺與北湖，前看復迴顧」，「日夕見寒山，便爲獨往客。不獨深林事，但有麏麚跡」，「跂石復臨水，弄波情未極。日下川上寒，浮雲淡無色」數作，清新沖淡，殊無軒輊。當時定爲摩詰所賞，故得並録。後世談詩者，遇王作則極加咏嘆，遇裴作則妄置彈射，如同耳食。二公有知，當爲絶倒。

【箋校】録自《幔亭集》卷十九。

○一二 李翰林集三十卷　唐李白撰　明正德八年（一五一三）鮑松刊本

李太白《姑孰十咏》，蘇東坡怪其語淺，不類太白。孫邈子思以爲李赤之詩，且謂赤詩止此，而以太白自比，則其心疾已久矣，豈厠鬼之罪哉。今觀《十咏》，體格聲調，無可指摘。且中多佳句，如「波翻曉霞影，岸叠春山色」，又「小女棹輕舟，歌聲逐流水」，又「竹裏無人聲，地中虚月白」，又「石甃冷蒼苔，寒泉湛孤月」，又「翠色落波深，虚聲帶寒早」，又「岸映松色寒，石分浪花碎」，此非太白不能辦也。藉令果出赤手，亦自可傳，何至詆爲病狂喪心之語。俗儒吠聲，一至於此。愚又謂唐人譏諷時事，多託爲寓言，如李赤、河間婦，亦烏有先生之類耳，以爲實有其人，似亦憒憒。蘇東坡謂《李太白集》中「笑矣乎」、「悲來乎」及《贈懷素草書》數詩，決非太白作，爲唐末、五代貫休、齊己輩詩。此蘇公望太白過高，非真知太白者。太白豪宕，歌行中率易之句時見筆端，不獨此數詩也。又謂太白或有妄庸假託，子美斷無僞譔。此亦尊杜之過，非確論也。後世學杜者衆矣，豈無一篇相肖，雜於集中而莫辨者耶。

【箋校】録自《幔亭集》卷十九。蘇軾語見《東坡志林》卷二：「過姑孰堂下，讀李白《十咏》，疑其語淺陋，不類太白。孫邈云：聞之王安國，此李赤詩。秘閣下有赤集，此詩在焉，白集中無此。赤見《柳子厚集》，自比李白，故名赤，卒爲厠鬼所惑而死。今觀此詩止如此，而以比太白，則其人心疾已久，非特厠鬼之罪。」李集諸家注本所引多同此（即「孫邈云聞之王安國」云云），獨宋咸淳本及正德八年（一五一三）鮑松仿刻本卷二十作：「孫邈子思曰：吾聞之（上）[王]平甫，此李赤詩也。」徐𤊹所見當爲明仿宋本，而非宋本。王安國，字平甫，王安石弟。《東坡全集》卷八十有《與孫子思書》七首，前人每以孫子思爲誰何，史無明文，難以考究。按孫邈爲孫抗子，孫適弟。適爲王安石高弟，王又嘗謂邈好學能文。孫邈親聞王安國論《姑孰十咏》作者，事亦尋常。「笑矣乎」，指《笑歌行》。「悲來乎」，指《悲歌行》。

〇一三　**杜工部集詩五十卷文二卷**　唐杜甫撰　刊本

杜詩五十卷文二卷，共八册，乃友人王孔振所藏者。壬辰（一五九二）冬孔振將入臨邛，恐扃之篋笥，只以飽蠹，寄余齋中。去年，孔振客死瀘州，且未有子，此即將誰歸乎。尤宜謹藏，以當王君手澤，然每一批閱，不勝存亡之痛矣。

【箋校】録自《幔亭集》卷十九。杜詩習見者多爲二十卷本，惟正德八年（一五一三）鮑松刊《李杜全集》中之《杜工部集》詩文卷數與此相同，疑王孔振藏本爲鮑松刊本。（徐熥有《李杜全集》中之《李翰林集》，見上則。）王孔振事跡，略見二徐詩集。《幔亭集》卷六有《哭王孔振客死瀘州》詩，内云：「路遠訃音緩，家貧吊者稀。」《鼇峰集》卷七有《賦得蜀道難，送王震甫同姪孔振入蜀省刺史兄》，卷十有《聞王孔振客死瀘州詩以哭之》詩，後者撰于萬曆二十五年（一五九七），内云：「五年歌蜀道，聞訃幾番疑。」而陳鳴鶴《泡菴詩選》卷三有《峨眉山歌送王震甫之臨邛省兄太守獻甫》詩。可知萬曆二十年（一五九二）王孔振與其叔王震甫往四川邛州，省其從父知州王獻甫。王孔振留蜀五年，最後客死瀘州。徐熥題記或撰於萬曆二十六年（一五九八）。王孔振，名不詳；王獻甫，應爲王應巡，福建侯官人，萬曆貢生，四川雅州知州。王孔振嘗贈徐𤊹《孟郊集》，見題記《正編》〇七九。

〇一四　長恨歌　唐白居易撰

白樂天《長恨歌》，流麗穠縟，叙事有體，當是古今長篇第一。《竹坡詩話》病其「梨花一枝春帶雨」，氣韻近俗。不知「玉容寂寞」兩句，模寫妃子悲惋之態如畫，雖稍涉纖弱，然在此篇中實爲當家語，何妨千里一曲也。陳幼孺生平論詩，與余極合，但謂《連昌》勝《長恨》，余所未解。

【箋校】録自《幔亭集》卷十九。陳薦夫，字幼孺，二徐好友。

〇一五 **趙清獻集**　宋趙忭撰

趙清獻公知崇安，鑿渠以廣灌溉，壞民居千餘間，百姓嗟怨。公賦詩曰：「撤屋變成河，恩多怨亦多。百年千載後，恩在怨消磨。」至今享其利，呼爲「清獻渠」。此詩公集不載。

【箋校】録自《幔亭集》卷十九。

〇一六 **趙松雪集**　元趙孟頫撰

僧義高，號秋岩，吳航人。早得仙術。元太祖召賜金幣，遇貧者悉分與之。又精于兵機，晉王北征，累命從行。時六月煩熱，王令降雪。乃齋沐飛符，以皂旗麾之，雪旋至。後賜歸，端坐而化。趙子昂有挽詩云：「世祖龍飛正統天，先生聲價重當年。詩袍碎剪宮娥錦，酒債分還御賜錢。虎衛紅雲通玉筍，鳳池明月送金蓮。梁園一去無消息，荒草寒烟思惘然。」此詩《松雪集》不載。

【箋校】録自《幔亭集》卷十九。

〇一七 **高太史缶鳴集十二卷**　明高啟撰　明刊本

國初詩，余最嗜高季迪太史，然見者皆諸家所選，未睹其全。曾借張德南比部所藏者一讀，未幾索還。甲午歲（一五九四），移書吳興司理謝在杭求此種，久不見寄。既而余客秣陵，見孝豐友人吳翁晉遍覓于肆中，遂得此本。初謂翁晉自購之，不知其爲在杭市以寄余也。及在杭緘入閩，余方客燕市，興公弟得之，隨加評品。先是余至武林，别買一部，亦以己意圈點。乙未（一五九五）還山，互出所閲者印證，多有合。今兩部俱藏于家，然此兩部皆《缶鳴集》，惟德南者爲全集，尚俟續購。

【書目】《高啟大全集》二十卷，《鳬藻集》五卷，《扣舷集》一卷，《缶鳴集》十二卷。

【箋校】録自《幔亭集》卷十九。張煒，字德南，福建閩縣人，嘉靖三十四年（一五五五）舉人，南京刑部郎中，於徐熥爲前輩。吴稼竳，字翁晉，浙江孝豐人，貴州巡撫吴維嶽子，詩人，撰有《玄蓋副草》二十卷。秣陵，指南京；武林，杭州雅稱。謝肇淛時爲湖州推官。此則題記可見謝肇淛與其舅二徐皆喜藏書，志同道合，合作無間。

〇一八 高太史鳬藻集五卷附扣舷集一卷 明高啟撰 明刊本

高太史所著有《缶鳴》、《江館》、《鳳臺》、《吹臺》、《槎軒》、《扣舷》、《鳬藻》及《姑蘇雜咏》、《婁江吟稿》、《史要彙抄》諸集。余所藏獨《缶鳴》一種。今日偶于長安市中得《鳬藻集》而《扣舷》附其後。此書梨棗久腐，一旦入余笥中，良可喜也，遂秉燭誌于簡末。

【箋校】録自《幔亭集》卷十九。《鳬藻集》爲文集，《扣舷集》爲詞集。

〇一九 解學士先生集三十卷 明解縉撰 明天順元年（一四五七）黄諫刊本

萬曆戊戌（一五九八）初秋三日，自京師南還，舟次淮陰，登岸謁漂母祠，因入城閒步，偶得此種，雖梨棗漫漶，然篋中不可少者，謹藏之。寳應湖中，幔亭居士徐熥識。

【書目】《解縉學士集》三十卷。

【箋校】録自王文進《文禄堂訪書記》卷五。此書下落不詳。黄諫刊本《解學士先生集》甚罕見，國内僅中國國家圖書館及浙江大學圖書館有藏。

〇二〇 **周祠部詩集**　明周玄撰

國初周玄微之，嘗令蒼頭肩書數千卷，縱游四方。至吴航，止龍門高廷禮家，曰：「吾益友也。」與居十年，後辭去，棄其書，曰：「在吾胸中矣。」

【箋校】録自《幔亭集》卷十九。題記《正編》一二六，徐𤊹稱「微之與龍門高廷禮善，令蒼頭肩書數千卷，止廷禮家讀之。無何别去，盡棄其書，曰：已在吾胸中矣。」一謂「與居十年後辭去」，一謂「無何别去」，二説大異，疑以徐𤊹所言爲是。十年光景，讀書數千，事亦尋常。然不請自來，客居十載，不合人情，恐無其事。

〇二一 **沈石田集**　明沈周撰

沈石田詩，高者入晚唐，卑者入趙宋。然句多奇險，不落常調。沉着痛快處，往往令人擊節，觀者當得于驪牡之外，未可輕置雌黄。

【箋校】録自《幔亭集》卷十九。

〇二二 **少谷山房雜著不分卷** 明鄭善夫撰 明崇禎抄本 上海圖書館藏

一日偶於市肆见廢書數册，皆蟲鼠之餘，余欲索觀，其人謂將用覆瓿，不足觀也。强之，始得觀，則此編在焉。出鄭吏部手書無疑。然以印章考之，知爲高宗吕家所藏。首《易論河圖洛書》，次《洪範論》及《洪範數補叙》，次《田制論》，次《九章乘除法》，次《演禽法》，次《奇門遁甲法》，終以衣、冠、車之制，皆探賾索隱，鈎深致遠，非世儒所能窺測者。先生於學可謂博而精矣。先生殁且七十餘年，其書片楮數行，人皆珍惜，况此編(繩)〔蠅〕頭萬計，又關理數之微，尤可寶也。然不糜爛于醢雞者如綫哉，因重加補葺，秘之帳中。時萬曆丁酉歲(一五九七)四月十八日，後學徐𤊹惟和題。

【著録】《中國古籍善本書目》，集七六七二。

【箋校】録自原書，抄手重抄，非徐𤊹手書。亦見《幔亭集》卷十九，文字大致相同，僅末段有所補訂，並删去撰寫年份：「因重加補輯，秘之帳中。其《洪範補叙》一篇，非先生真跡，並存之。」參題記《正編》一三二——一三四。

〇二三 **升庵詩集九卷(存卷一至五)** 明楊慎撰 明嘉靖三十六年(一五五七)刊本 福建省圖書館藏

萬曆戊戌(一五九八)清和月八日，市于長安肆中，徐𤊹識。

【著録】《中國古籍善本書目》，集七七六〇。《國家珍貴古籍名録》〇六〇三一。《册府擷英：福建省圖書館藏珍品集萃》，頁六七。

【箋校】録自原書。此書徐𤊹後以之與文集十二卷合訂，時卷六至九未佚，見題記《正編》一三八。清和月是四月。

〇二四 **文太史詩集** 明文徵明撰

文待詔徵仲書畫伯仲趙承旨，但待詔詩蕭散俊逸，得物外之趣，似非承旨所及。若論生平大節，更覺霄壤。

古今詩人得閒適之趣者，晉陶靖節、唐白樂天、宋蘇子瞻、國朝文徵仲四公，皆意得境中，神游象外。每一吟咏，覺胸次悠然。

【箋校】録自《幔亭集》卷十九。

〇二五 **文選纂注** 明張鳳翼纂注

張伯起《文選纂注》，芟繁就簡，極便覽閲。其謂《十九首》中「東城高且長」與「燕趙多佳人」當作二首，亦獨創之見。此但可備註疏，不當遽爾割裂，似乏闕疑之義。

【箋校】録自《幔亭集》卷十九。此書後歸徐𤊹，見題記《正編》一四一。

〇二六 **赤牘清裁十一卷** 明楊慎輯　明嘉靖陳暹刊本

近世所傳《赤牘清裁》，多王長公益本，楊用修元本絶不復睹。架頭缺此，每以爲恨。去歲偶于坊肆亂書中得之，楮善而刻精，又爲義溪陳閤窗方伯公所梓行者，尤不易得。二孺覽此，當更寶愛耳。

【書目】《赤牘清裁》十一卷，楊慎。

【箋校】録自《幔亭集》卷十九。王長公益本，指王世貞（一五二六—一五九〇）增補二十八卷本。二孺，指二徐好友，陳暹從孫陳价夫，字伯孺，及陳薦夫，字幼孺。參題記《正編》〇三七—〇三九。

〇二七 **唐詩正聲二十二卷** 明高棅編　明胡纘宗校刊本

諸家選唐詩者，以吾鄉高廷禮先生爲正，此本乃胡可泉公所校訂者，大勝今刻。又吾鄉黄尚書鎬、郭民部波二序，皆諸本所無。至于述廷禮出宋張鎮尚書之後，冒姓高，此又郡乘所不載者。戊戌歲（一五九八）見于燕市，遂購以歸。

【書目】《唐詩正聲》二十二卷。

【箋校】録自《幔亭集》卷十九。高棅（一三五〇—一四二三），一名廷禮，福建長樂人，明初詩人，《明史》卷二八六《文苑傳》謂：「其所選《唐詩品彙》、《唐詩正聲》，終明之世，館閣宗之。」《〔正德〕福州府志》卷二八《人物志》：「起先張姓，以祖隆後高氏，因姓焉。」徐𤊹謂「郡乘所不載」，疑指舊志未標張鎮名。及至萬曆四十年（一六一二）《福州府志》卷六二《人文志》始明言：「本宋尚書張鎮後也，祖麟繼於高，遂氏焉。」胡纘宗（一四八〇—一五六〇），號可泉，陝西秦安人，正德三年（一五〇八）進士，河南巡撫。黄鎬，福建侯官人，正統十年（一四四五）進士，仕至南京户部尚書。郭波，福建閩縣人，正德十二年

（一五一七）進士，户部主事。

〇二八 **皇明詩抄** 明楊慎輯

楊用修太史選《皇明詩抄》，收劉子高詩，中有《寄萬德躬》「日暮山風吹女蘿」首、《寄范實夫》「細雨柴門生遠愁」首，乃唐人戴叔倫詩，豈子高嘗書二詩，後人誤入遺稿，而用修不及詳考耶。「林花落處頻中酒，海燕飛時獨倚樓」二句，亟爲王元美所稱賞，則元美亦不知其爲唐詩也。余向舉以質胡元瑞，元瑞亦不知爲叔倫作。三人最號武庫，而誤至此，信乎博洽之難也。盧子明選《明詩正聲》，《萬德躬》首刻作王懌，蓋用修《詩抄》王懌之後繼以子高，盧君遂誤爲懌作，尤紕漏可笑。至於劉子高《廣州雜咏》四首中三首，談粤東土俗甚備。其第四首云：「峭壁崩崖溪水邊，深山日暮見人烟。滄波杳杳連山峽，寒草青青自一川。」此首絶非廣州風景，且體格與三作不類，疑賦蜀中山川耳。

元末饒介之，自號醉樵，求詩歌于一時名士，以張仲簡爲第一，高季迪次之，贈仲簡黄金十兩，贈季迪白金三斤。二歌具在，季迪模寫醉樵，無毫髮遺憾。仲簡雖氣魄豪宕，稍乏淘洗，何當時品第乃爾。豈季迪單題醉樵，仲簡「管樂」、「松喬」之比，雖爲類句，反爲介之所喜耶。尚當以質高明。

【箋校】録自《幔亭集》卷十九。「管樂」指管仲及樂毅，「松喬」指赤松子及王子喬。張簡詩：「管樂本是王霸才，松喬自有烟霞具。」

〇二九　**花間集**　後蜀趙崇祚輯

萬曆戊戌（一五九八）得此集于長安，既而買舟南還，時作曼聲以歌，用消旅況。然孤客岑寂，讀此艷詞，益重仳離之感。正當扃之篋笥，俟對輕紅淺黛，然後可歌數闋耳。六月廿日，識于濟州舟次。

【書目】《花間集》四卷。

【箋校】録自《幔亭集》卷十九。

〇三〇　**晉安風雅十二卷**　明徐熥輯　明萬曆刊本

《晉安風雅》序，郡人徐熥惟和撰。

閩中僻在海濱，周秦始入職方。風雅之道，唐代始聞，然詩人不少概見。趙宋尊崇儒術，理學風隆，吾鄉多譚性命，稍溺比興之旨。元季毋論已。明興二百餘年，八體四聲，物色昭代，郁郁彬彬，猗歟盛矣。高廟之時，林膳部鴻，崛起草昧，一洗元習，陶鈞六義，復還正始，懸標樹幟，騷雅所宗。門有二玄，實爲入室，屬詞比事，具體而微。高待詔棅、王典籍恭、王檢討偁、唐觀察泰，追述古則，私淑閫奥，各成一家，十子之名，播于宇内。同時賢才輩出，羅布衣泰、林學士誌，切磋彌篤，藝苑聿興。又有鄭迪、趙迪、林敏、鄧定，賁于丘園，鋭志詞賦，取裁爾雅，斐然成章矣。成、弘以降，林文安父子、陳方伯群從，秩位惟崇，對揚廊廟，而風人之致，溢于言外。林司空、許黄門，贊揚詞旨，海内騰聲，賡歌太平，於斯爲盛。正、嘉之際，作者雲集，鄭吏部善夫實執牛耳，虎視中原，而高、傅二山人，左提右挈，閩中雅道，遂曰中興。時有郭户部波、林太守春澤、林通政炫、張尚書經、龔祭酒用卿、劉給舍世揚爲輔，斯蓋不世之才，粲然可觀者也。世宗中歲，先達君子，沿習遺風，斯道孔振。袁舍人表、馬參軍熒，區別體裁，精研格律，金相玉振，質有其文。迨於今日，家懷黑槧，户操紅鉛，朝諷夕吟，先風後雅，非藻繪菁華不譚，非驚人絶代不語，抱玉者聯肩，握珠者踵武，開壇結社，馳騁藝林，可謂超軼前朝、縱横當代者矣。伊余不慧，忝際盛時，目想心游，竊有志。屏居之暇，采輯遺編，蒐羅逸刻，得梨棗朽壞之餘，起桑梓敬恭之念，摛爲一十二卷，總二百六十人有奇，上而格合漢魏、六朝，下而體宗貞元、大曆，調有偏長，詞必兼善者，不論窮達顯晦，皆因詩采拾，以彰吾郡文物之美。燃脂瞑寫，弄墨晨書，蓋慮作者之苦心，而没世不稱，良可痛悼也。至於野狐外道，格律稍畔者，雖有梁、竇之權，不敢濫廁片語，爲雅道蟊賊。然挂一漏萬，耳目未周，尚賴同志補續。若曰有南威之容，乃可論淑媛，有龍淵之利，乃可議斷割，則不慧安所避咎乎。凡我同盟，宜協心揚推，肆力旁求，以俟觀風者采擇焉。是爲序。萬曆丁酉（一五九七）暮春六日，書于風雅堂。

【箋校】録自原書。文字與徐熥所撰《閩中詩選序》，差異甚少。原作者應爲徐熥。此序文未收入徐熥爲其兄編刊之遺著《幔亭集》，並非徐熥有意盜取長兄遺文。《晉安風雅序》及《閩中詩選序》文字思維，與徐熥其他文章雷同。如序稱「林膳部鴻崛起草昧，一洗元習，陶鈞六義，復還正始……藝苑聿興」，徐熥《鳴秋集序》：「吾郡洗勝國之餘習，詩教聿興。福清林膳部子羽崛起草昧，復置正始。」《鄭少谷先生全集序》：「吾郡自洪、永間十子稱詩，崛起草昧，力追正始。」三文作者應爲同一人。《筆精》卷七《進稽古録表》謂：「司馬温公撰《稽古録》成，黄魯直爲作《進表》。今黄集刻之，司馬集删之，可見古人文字無所假借，亦不掩爲己有也。」可知徐𤊹不介意代作，但重視其最終是否收入别集。參題記《正編》一五二。

〇三一　**詩藪**　明胡應麟撰

宋元以來談詩者，既乏朗鑒，又執成心，近代尤甚，重漢魏則薄齊梁，尚開元則卑大曆，遇宋詩則概目爲庸常，遇元詩則均訾爲纖弱。一倡百和，曾無定衡。獨胡元瑞《詩藪》，以虚心而濟以卓識，當意則收，不拘時代，六朝、晚唐、宋元佳句，爲其拈出殆盡，可一洗舊聞之陋。

【箋校】録自《幔亭集》卷十九。

〇三二　**董省元西廂記**

萬曆丁酉歲（一五九七），四明屠田叔司農見惠。自《北西廂》盛行，此本幾廢，雖不可搬演，語語當家，真詞曲之祖也。今日山齋清暇，偶爾繙閲，又因筆研之便，漫識于此。關漢卿《北西廂》家傳户誦，膾炙人口，自是傳奇第一部。及觀董解元所撰《西廂記》，雖不堪搬演，然造語精工，模寫宛曲，談閨房兒女之情，可謂備極繾綣矣。至于打諢插科，往往絶倒，閒言冷語，無不解頤，較之關本，更勝一籌。憶與幼孺寓南劍蕭寺中，讀至數過，不忍釋手。此政索解人不得也。惜卷末鄭恒賴婚齣，大覺支蔓，更當删竄。

【書目】《董解元（吉）［古］西廂記》。

【箋校】録自《幔亭集》卷十九。屠本畯（一五四二年生），字田叔，浙江鄞縣人，南京兵部侍郎屠大山（一五〇〇—一五七九）子。司農，一般指户部官員，但屠本畯未嘗任職户部，此指屠本畯時爲福建運鹽同知。又按《幔亭集》卷九，《屠田叔使君往過兼惠藏書賦謝》詩：「藝苑相聞十載餘，應知名下定無虛。不拘世路尋常禮，還贈人間未有書。」「人間未有書」或指《董省元西廂記》。幼孺，二徐好友陳薦夫。《西廂記諸宫調》明人專論甚少，徐𤊹此題記未見徵引。

新輯紅雨樓題記正編

徐𤊹撰

經部

〇〇一 周易本義啟蒙翼傳四卷 宋胡一桂撰

此書辛丑年（一六〇一）置之寧波書肆，原欠外（編）［篇］一卷。癸卯年（一六〇三），杭州張維誠來閩，借抄一部。不知此版刻在何方。上篇列揲［蓍］卦位十翼之説，中篇述古易傳授傳注之源，下篇舉理數筮驗辨疑之緒，絶無宋儒迂腐長談。博而［約］，精（孅）而微《矣》，學《易》者玩索而有得焉，於《易》道思過半矣。甲辰（一六〇四）秋日，讀易園主人徐興公記。

【書目】《周易翼》四卷，宋胡一桂。

【箋校】見林、繆二輯，題名作《胡雙湖易翼》。校正據林輯。張蔚然，字維誠，又作維成，浙江仁和（今杭州）人。萬曆二十五年（一五九七）順天鄉試舉人，徐𤊹好友曹學佺所取士，多次借抄徐氏藏書。

參題記《正編》〇〇四。

〇〇二 周易象三卷

明朱寔昌撰　明嘉靖蘇州胡纘宗刊本

此《費氏易》也。今《易》悉遵王弼，不免割裂全經，古《易》遂幾亡矣。斯本天水胡纘宗所梓，可謂好古，但未知費氏之傳，二跋俱未分明，於《易》原委亦似憒憒，且名曰《周易象》，何取義，宜改作「費氏易」則善矣。庚子（一六〇〇）夏，徐惟起書。

【書目】《古易象》三卷，費直定本。

【箋校】見林、繆二輯，題名作《費氏易》。據徐氏題記，書名實爲《周易象》。胡纘宗（一四八〇—一五六〇）《木蘭堂集》卷下有《周易象跋》，稱是書乃「鶴坡朱公」所録，又云朱「按歷姑蘇，考校諸士子」。按明代有二朱鶴坡，其一朱奎，仕至大理寺卿，爲今日所知《清明上河圖》明代最早之私人藏主，成化二十三年（一四八七）致仕；另一爲朱寔昌，字士元，江西高安人，正德三年（一五〇八）進士，胡纘宗同年，《[康熙]高安縣志》卷八有傳。嘉靖初，朱寔昌因「大禮議」事遭廷杖，後「歷按蘇松」。朱奎，年代不合，亦未嘗爲巡按。此「鶴坡朱公」當爲朱寔昌。嘉靖二年至五年（一五二三—一五二六）胡纘宗爲蘇州知府。胡跋云：「諸士子請刻之學宫，於是纘宗與黄生省曾、王生寵校而托之梓，與諸學《易》者共焉。」黄省曾（一四九六—一五四六）和王寵（一四九四—一五三三），時俱爲儒學生員。

〇〇三 春秋經傳集解三十卷 晉杜預撰 明覆刻宋淳熙三年（一一七六）閩山阮氏種德堂刊本

建安楊讓，字允謙，文敏公之仲子也。少從（潛）［錢］習禮、李時勉遊，造詣甚深，所著有《澹庵集》。此書前有印章「謙卦」，余得之建州書肆，知爲讓家所存也。腦後有「丙戌」字，當是（時）成化二年（一四六六）［也］。卷末題曰「淳熙柔兆涒灘閩山阮氏種德堂刊」，當是宋孝宗淳熙三年丙申（一一七六）也。古本書不易得，卷首又有《春秋諸國地理圖》、《世次圖》、《名號歸一圖》、《傳授次序圖》，皆古本所無者也。天啟乙丑（一六二五）初秋，送南中丞公至建州，購於開元寺，書以誌喜。東海徐興公識。

【書目】《春秋左傳杜注》三十卷。

【箋校】見林、繆二輯，題名作《左傳》。「時」字，據林輯刪；「也」字，據林輯補。文敏，楊榮（一三七一—一四四〇）謚號。錢習禮（一三七三—一四六一），名幹，以字行，江西吉水人，傳見《明史》卷一五二。建州，福建建寧府。南中丞爲南居益，天啟三年（一六二三）任福建巡撫，五年（一六二五）升工部右侍郎。此本疑爲明嘉靖五年（一五二六）宗問堂覆刻宋淳熙三年（一一七六）閩山阮氏種德堂刊本。書腦後之「丙戌」爲嘉靖五年，而非成化二年。若是，則書不可能爲楊讓舊藏。説見顧永新《淳熙小字本〈春秋經傳集解〉版本考》，刊《中國經學》第十一輯（二〇一三年）。

〇〇四 從野堂論語講義二卷 明張蔚然撰

錢塘張君維成，余友曹能始京闈所取士也。維成居常教授弟子甚衆，講論心性之學，不專習爲功令。

余於丙午(一六〇六)元日訪維成之廬，見其諸弟子頫首投拜雲集，維成款余園林，稍稍謝諸弟子之拜。談論移日，皆出入經史，旁求山川，無一俚言。因出《從野堂論語講義》相示，蓋與諸弟子日所講究，輯著成編者[也]。維成善積書，見異本即抄録，與余癖合。噫，今之孝廉科如維成者鮮矣。

【書目】《論語講義》二卷，張蔚然。

【箋校】見林、繆二輯。「也」字，據林輯補。張蔚然，字維誠，又作維成，浙江仁和人。萬曆二十五年(一五九七)順天鄉試舉人。先後任浙江平湖教諭、福建福安知縣、湖廣漢陽府通判。徐𤊹《鼇峰集》卷十九有《得張維誠平湖書兼惠〈讀易齋講義〉且云藏書已滿七萬卷又當計偕上春官賦此寄懷》詩。曹學佺《靖藩長史長溪郭公墓誌銘》稱：「公之縣父母師爲武林張維成，維成固不佞萬曆丁酉歲(一五九七)畿闈所取士也。」又顧與沐等編《顧端文公年譜》，萬曆三十七年(一六〇九)：「九月，會東林。……浙中人士請《虎林書院記》，隨草授張孝廉蔚然。張亦素爲公所賞。」事見顧憲成《涇皋藏稿》卷十一《虎林書院記》：「張孝廉赴東林之盟，予詢虎林消息，具言講堂之上濟濟彬彬，聲氣之孚，日昌日熾。」張爲顧憲成所知，非一般舉人。至於「見異本即抄録」，參題記《正編》〇〇一、〇九一、一〇一。

〇〇五　**大學述一卷答問一卷附大學古本一卷**　明許孚遠撰　明萬曆福建刊本　原北平圖書館舊藏(現寄存臺北故宮博物院)

敬菴許公開府閩中日，梓《大學古本》而述其旨，加惠後學。末附《答問》、《支言》、《雜著》三種。斯本初行者，故缺焉。他本則爲全書也。《支言》、《雜著》更有三十葉尚俟抄補。崇貞丁丑（一六三七）仲春，徐興公書。

【著録】王重民《中國善本書提要》，頁三九。《標點善本題跋集録》，頁三三。

【書目】《大學述》二卷，許孚遠。

【箋校】録自原書。許孚遠（一五三五—一六〇四），萬曆二十年（一五九二）任福建巡撫，二十二年（一五九四）升南京大理寺卿。

〇〇六 龍龕手鑑四卷 遼釋行均撰 南宋紹興刊本 傅增湘舊藏

《夢溪筆談》云：「幽州僧行均集佛書中字爲切韻訓詁，凡十六萬字，分四卷，號《龍龕手鏡》。燕僧智光爲之序，甚有詞辨。契丹重熙二年（一〇三三）集。契丹書禁甚嚴，傳入中國者，法皆死。熙寧（一〇六八—一〇七七）中有人自虜中得之，入傅欽之家，蒲傳正帥浙西，取以鏤版。其序末舊云重熙二年五月序，蒲公削去之。觀其字音韻次序，皆有理法，後世殆不以其爲燕人也。」右《夢溪筆談》如此。𤊟四十年前讀之。偶於萬曆己酉（一六〇九）過杭州，購得此書，乃高深甫家所藏宋版宋紙也，深甫有印記。前序有統和十五年（九九七）丁酉，乃宋太宗至道三年也。實契丹原本，非蒲帥重梓于浙西者。計今七百餘年，卷帙完好。《夢溪》云重熙二年者，又後統和三十餘年。予考其序，總有一十八萬九千六百餘字也。行均，字廣濟。智光，字法炬。《夢溪》未詳矣。崇禎戊寅（一六三八）元夕徐𤊟興公識。

【著録】王文進《文禄堂訪書記》，卷一。傅增湘《藏園群書題記》，頁一〇一八—一〇一九。

【書目】《龍龕手鑑》四卷，契丹。

【箋校】録自原書影印本。原本下落不明。影印本收入《續古逸叢書》及《四部叢刊續編》。前者偶有殘缺，後者皆已補全。是書避宋諱至高宗（卷二「豹」字），非契丹原本也。高濂，字深甫，浙江錢塘（今杭州）人，精於鑒别版本。所著《遵生八箋》第六箋有《論藏書》章。高氏亦爲戲曲作家，著有《玉簪記》等。

〇〇七　**六書正義一卷**　明吴元滿撰　明萬曆三十三年（一六〇五）刊本

萬曆乙巳歲（一六〇五）十月，客遊新安，訪吴敬甫於溪南書閣，因談六書之學。敬甫自言揣摩四十餘年，始窺其妙，其所指點不佞者，諄諄不倦，鑿鑿可聽，不佞願爲下拜焉。敬甫亦以不佞可與語，遂出《六書總要》、《楷隸正譌》、《萬籟中聲》、《諧聲指南》數種見餉，而此本曰《六書正義》者，特綱領耳。刻初脱稿，并以相遺。所著《正義》方在殺青未竟，更許明年以全書爲寄。敬甫之視不佞，可謂相知之深者矣。溪南吴氏，以錢刀相尚，視詩書若冰炭。敬甫留心覽古，自是不朽人物，同鄉惟謝少連知之，他皆目爲迂爲痴也。鄭翰卿流寓溪南，極尊敬甫，不佞之所以識敬甫者，翰卿爲之介也。徐惟起識。

【書目】《六書正義》一卷，吴元滿。

【箋校】見林、鄭、繆三輯，題名作《六書正義綱領》，非原書名，觀題記可知。《六書正義》全書十二卷，徐藏本非全書也。謝陛，字少連，南直隸歙縣（今屬安徽）人，嘗撰《季漢書》六十卷，李維楨《大泌山房集》卷七十有《謝少連家傳》。鄭琰，字翰卿，福建閩縣人，生平見錢謙益《列朝詩集小傳・丁集中》「鄭布衣琰」。

〇〇八 **詩韻輯略五卷** 明潘恩撰 明隆慶上海潘恩家刊本

上海潘汝一，名雲樞，恭定公之孫。以（壬）[任]子官東昌別駕，謫閩按察經歷。萬曆丁未（一六〇七）至閩，與余訂交，往還甚密。《詩韻輯略》，汝一所貽也。後以大計去，不久而卒，後昆斬然，惜哉。天啟甲子（一六二四）夏日，興公識。

【書目】《詩韻集略》五卷，上海潘恩刻。

【箋校】見林、繆二輯。校正據林輯。潘雲樞，祖潘恩（一四九六—一五八二），左都御史，謚恭定。父允哲，潘恩長子，初例蔭，後成進士，以雲樞補蔭。《[嘉慶]東昌府志》卷十五《職官・通判》：「潘雲樞，上海官生，[萬曆]三十年（一六〇二）任。」

〇〇九 **袖韻要釋五卷** 明沈伯咸撰 明嘉靖十六年（一五三七）福州胡有恒刊本

先君少即能詩，雖爲諸生，不廢吟咏。時吾郡守胡公有恒方刻《（詩）[袖]韻要釋》於一峰書院，先君遂置此本，自青衿以至挂冠，必攜以隨，未嘗更閱他本也。先君歿又二十餘年，恐[其]蠹蝕，重加修葺。杜甫云「詩是吾家事」，後之人（豈）[其]可廢詩乎哉。壬子（一六一二）仲秋，徐興公書。

【書目】《(詩)[袖]韻要釋》五卷，沈伯(成)[咸]。

【箋校】見林、繆二輯，題名作《詩韻要釋》。現書名據原書更正。二「其」字，據林輯校改。胡伯咸，浙江秀水人，嘉靖十一年(一五三二)進士。胡有恒，南直隸山陽(今江蘇淮安)人，嘉靖二年(一五二三)進士，刊書時爲福州知府。

史部

〇一〇　司馬温公稽古録二十卷　宋司馬光撰

温公《進稽古録表》，黄魯直代筆也。黄刻集中而司馬集不收，足見古人虚懷處。然兩公文名俱重，亦不嫌其假手耳。今士夫往往求人代作而復諱言，或者掩爲己有，收入集中，胥不古人若也。觀此亦可破時俗之弊。萬曆庚戌(一六一〇)末夏，書以示兒子，俾知昔賢無隱諱之事也。興公(識)。

【箋校】見林、繆二輯。「識」字，據林輯删。文中之兒子爲徐𤊹長子徐陸，是年幼子徐延壽尚未出生。此文要旨亦見《筆精》卷七《進稽古録表》：「司馬温公撰《稽古録》成，黄魯直爲作《進表》。今黄集刻之，司馬集删之，可見古人文字無所假借，亦不掩爲己有也。」《稽古録》有近人點校本兩種，王亦令本(一九八七)指出《進稽古録表》爲黄庭堅代筆，吉書時本(一九八八)則未提出作者問題。黄庭堅代筆事，未廣爲人知。

〇二一 **晉文春秋一卷**

胡元瑞《四部正僞》謂，吾衍雜取《左》、《國》、《説苑》中論文、莊二伯事，節約略成篇者，並《晉乘》、《楚檮杌》，皆疑衍作。余謂前代無其目，而突出於元季，宋景濂、胡元瑞博洽冠世，其言足徵也。丙午（一六〇六）冬日，徐（𤏡）〔惟起〕題。

【書目】《晉文春秋》一卷。

【箋校】見林、繆二輯。校正據林輯。繆氏臆改林輯文字，此又一例，想無深意，純出不經意，不敬業。宋景濂及胡元瑞，分指宋濂（一三一〇—一三八一）及胡應麟（一五五一—一六〇二）。

〇二二 **華陽國志十二卷** 晉常璩撰　明天啟徐氏抄本

師古齋刻《華陽國志》十二卷，凡例云：「《先賢志》遺巴郡士女七十八人，故舊逸也。宋李叔廛校刻未曾指出，今闕之。」余閲至此，每以爲恨。今歲偶見古本，而此七十八人具在也，乃借抄之，不勝愉快。但其中訛誤不少，俱已校對詳悉矣。天啟元年（一六二一）仲春，徐惟起識。

【書目】《華陽國志》十二卷。

【箋校】見林、繆二輯。徐氏所見古本及其抄本，下落不明。現傳世各本《華陽國志》，皆仍缺此七十八人。又按林輯《華陽國志》條兩見，其一有注：「重出宜删。」疑當日紅雨樓抄本尚存，林氏抄録題記時重抄。

〇一三　皇明傳信録六卷　明抄本

此書不著作者名氏，題曰《皇明傳信録》，共六卷。《國史經籍志》亦無此目，大都洪、永之間最顯著事無不紀也。但有一段云：宣宗乃建文君之子，文皇幼養宮中，後爲皇太孫監國。諸史所不載，獨此談之甚詳，不能無疑。名曰《傳信》，恐未必信耳。此本爲吾郡故家抄藏者，每一段以其字爲發端，又書法之所未見者也。萬曆甲辰（一六〇四）春日，徐仲子題於汗竹巢。

【書目】《皇明傳信録》一卷。

【箋校】見林、繆二輯。

〇一四　國史補遺六卷　明孫交撰

建文事（集）［跡］，近秀水屠叔方著《朝野彙編》，極爲詳悉，然亦有遺漏處。此名《國史補遺》，題曰「九峰迂儒孫交撰」，在嘉靖丙戌（一五二六）之歲，而采摭皆張芹《補遺録》、黄佐《革除遺事》之後，中多屠侍御收羅而不及者，第不知交爲何許人耳。甚矣，著書立名，須實著地理官爵，俾後人有所考鏡也。此本補遺，尤爲建文諸臣闡幽，使起屠侍御於九原，當百拜而受之矣。天啟三年（一六二三）購於三山舊肆，喜而不寐。鼇峰徐惟起興公識。

【書目】《國史補遺》六卷，孫交。

【箋校】見林、繆二輯。「跡」字，據林輯校正。三山，福州雅稱。

○一五 革除編年一卷 明袁祥撰 明抄本

《革除編年》一册，抄本，不載姓氏。按《袁氏叢書》：袁祥，吳郡嘉善人，字文瑞，怡（性）［杏］其別號也。念建文五年不修實録，謂高皇帝禮義德澤入人甚深，故諸臣感奮，視死如歸，竟拘於時諱，而使我明完節之臣泯泯無傳，非所以揚國美而勵人心耳。遂往留都，博詢遺事。諸部院殘文舊案，靡不翻閲，下至軍司之册、教坊之籍，亦旁求而筆記之。逾二年而歸，勒成三書，一曰《建文遺事》，二曰《革除編年》，三曰《忠臣録》。且曰：季氏實逐昭公，《春秋》書曰「公孫如齊」。晉文實召周天子，《春秋》書曰「天王狩於河陽」。爲尊者諱也。詳閲之，盡明備矣。

【書目】《革除編年》一卷，吳郡袁祥著。

【箋校】見林、繆二輯。「杏」字，據林輯校改。留都，指南京。

○一六 致身録一卷 明史仲彬撰 明天啟徐氏荔奴軒抄本 福建省圖書館藏

《致身録跋》：予少時便喜積書。讀《革除遺事》及《革除編年》、《遜國記》等書，每嘆死節諸臣多亡其姓名爵里，無從考證。萬曆中，秀水屠侍御叔方著《建文朝野彙編》二十卷，搜括壁書野史殆盡，雖革朝去今二百餘載，而公論之在人心，凜凜猶有生氣。焦太史乃於茅山道士房中拾得史仲彬《致身録》，危失矣，旋復得之。即爲史氏後裔亦所不及知，至今日始傳布人間，豈忠義之氣，亘古不磨，遂不終于散失耶。蓋齊、黄、方、練，建文君所信任，有社稷之寄者也。主上有難，以身殉之，誰曰不宜。至於史公，官不過侍書、王府賓輔，秩至卑散也，乃間關萬死，三至滇南，衛其故主，而同事諸臣，如楊、如程、如葉，四方流落，始終不渝，較之一死，不尤難哉。顧文皇諱禁森嚴，當年隱閟不傳之事何限。即吾郡之葉給事福守金川門，首犯燕鋒死之；林御史英聞國祚已移，遂自經死，而妻宋氏亦自經。吾郡傳之，而《革除》諸史所不及載。始知遜國之時，就死地者如騖，而名湮没不稱者多矣。斯録爲葉師相冢孫君錫所藏，予從鄭［汝］交處得睹，遂借而録之，以備革朝遺事之一種云。天啟癸亥（一六二三）閏十月二十六日，三山徐燉興公識。

【著録】《中國古籍善本書目》，史二八〇八。《册府擷英：福建省圖書館藏珍品集萃》，頁一〇三。

【箋校】録自原書。此書收入《學海類編》，附徐跋。「汝」字，原書殘缺，據《學海類編》本補。《徐氏家藏書目》著録另一刊本：「《致身録》一卷，史仲彬著。記建文出亡事。王昌允刻。」明季錢謙益以降，多目《致身録》爲僞書，認爲焦竑（焦太史）並未於茅山道士房中拾得該書。但《致身録》即使爲僞書，無礙徐跋爲真，及抄本確録自葉家。葉師相爲葉向高，其長孫益蕃，字君錫。曹學佺《石倉三稿》文卷八有《祭葉君錫文》。葉爲耶穌會士艾儒略（Giulio Aleni，一五八二—一六四九）友好，《幾何要法》（Euclidis Elementorum Libri XV）原本題署：「艾儒略口述，瞿式穀筆受，葉益蕃參校。」鄭邦泰，字與交，又字汝交，福建福清人，葉益蕃縣人。萬曆四十六年（一六一八）舉人，天啟六年（一六二六）任廣西鬱林知州。

著有《寥園集》四卷。明季福州詩人雅集，徐、鄭二人每同時參與，見《寥園集》卷四、曹學佺《夜光堂近稿》、陳一元《漱石山房集》卷五、茅元儀《石民横塘集》卷一、曾異撰《紡授堂集》卷二十二等。甚或二人共主，如商梅《那菴詩選》卷二十四，有《徐興公鄭汝交招集埜意亭雨後見月》詩。

〇一七 蔡端明别紀十二卷　明徐𤊹輯　明萬曆武林吴寓賁刊本

《蔡端明别紀序》：蘇、黄、米、蔡，宋稱四名家者也，遺言佳事，傳播後世，未可僂指。王長公有《東坡外紀》矣，范長康有《襄陽志林》矣，端明之德行與夫書法之工，政事之異，名與三公雁行，但恨遺稿散逸，不得其傳。予生同桑梓，夙負恭敬之念，乃蒐厥陳言，彙爲《别紀》，自世系、本傳以及《荔譜》、《茶録》，分門别類，爲卷十二，公之生平，悉其大都。至與六一先生侃侃立朝，號「慶曆四諫」，其風稜凜乎不可犯，千載猶有生氣，《别紀》瑣屑，又不足以盡公萬一也。近聞亦有作《黄豫章志林》者，余之《别紀》其可已乎。若曰端明藎臣，則吾豈敢。萬曆己酉（一六〇九）春日，後學徐𤊹興公題。

【著録】《中國古籍善本書目》，史五一七九。

【書目】《蔡端明别紀》十二卷，徐𤊹。

【箋校】録自原書。王世貞（一五二六—一五九〇）有《蘇長公外紀》十二卷；范明泰（一六〇〇年舉人）有《米襄陽志林》十三卷；陳之伸《黄豫章外紀》十二卷最後出，崇禎元年（一六二八）方面世。陳氏後又拼四書爲《宋四家外紀》。

〇一八 蔡忠惠年譜一卷　明徐𤊹撰

𤊹以萬曆丁酉(一五九七)取忠惠[之]《荔枝譜》而續之，時屠田叔爲閩轉運，通其譜而授諸梓。戊申歲(一六〇八)，閑居寡歡，安意接拾公之遺事作《外紀》，新安吴太學(寓)[寓]貲刻之武林。然公所著文集，求之海内三十多年矣，不能得。稽之《館閣書目》，亦亡失久矣。竊歎如公之忠魂正氣，自不泯滅，其文章爲生前精神所寄，豈終没於人間耶。辛亥(一六一一)移書豫章喻秀才叔虞，廣搜於藏書之家，叔虞偶一詢訪，便獲故家抄本，正乾道(年間)[中]王龜齡所編三十六卷者。時莆陽盧貞常方爲江右(副憲)[憲副]，叔虞以公集上之，命工繕寫兩部，還其原本。值吾鄉謝工部在杭過豫章，(副憲)[憲副]出其一予在杭校定。篋而藏之，未遑也。叔虞慮孤余之托，又函原本附曹觀察能始至閩，以了宿諾。啟函讀之，喜而忘寐，不能釋手。然中間錯簡訛字，不一而足，稍稍爲之更定。歲甲寅(一六一四)，友人陳侍御(秦)[泰]始乘驄江右，余堅投以公集，侍御納之皁囊中去。下車即請王孫朱(爵)[鬱]儀、秀才李克家嚴加讎校，并《外紀》載之梨棗。甫一周而吴興蔡侯伯達來守泉郡，以公同姓同官又同地也，於是從盧(副憲)[憲副]求録本，[屬]張廣文啟睿訂正，鏤板以傳。嗚呼，當其未得也，求之四方，如赤水之索玄珠，無有應者。及其既得也，侍御、郡伯後先授劂。忠惠公在天之靈，不欺後世有相知定吾文者乎。余得二方善本，反覆潛玩，有契於心，更採公生平官爵著述，編爲年譜，歷歷有徵，庶後之覽者有所考鏡，因述所繇如此。萬曆丁巳(一六一七)仲夏，閩邑後學徐𤊹興公謹跋。

【書目】《蔡忠惠年譜》一卷，徐（渤）［𤊹］。

【箋校】見林、繆二輯。補正據林輯。《明史》卷九十九《藝文志》列「徐（渤）［𤊹］《蔡忠惠年譜》一卷」，似曾刊佈。屠本畯（一五四二年生），字田叔，浙江鄞縣人，時爲福建運鹽同知。屠本畯所編《閩中荔支通譜》收入蔡襄及徐𤊹二人所編撰《荔枝譜》。初版《蔡端明别紀》題署「鄉後學徐𤊹編纂，新安吳寓責校正」。喻應益，字叔虞，江西新建人，與其兄喻應夔（字宣仲）皆爲徐氏好友。盧廷選，字貞常，福建莆田人，萬曆二十年（一五九二）進士，時爲江西參政。陳一元（一五七三—一六四二），字泰始（按：林、繆二輯皆誤作「秦始」），福建侯官人，萬曆二十九年（一六〇一）進士，時爲御史，巡按江西。陳一元刊本，各卷末題「萬曆乙卯（一六一五）仲夏，南州朱謀瑋、李克家重校」。朱謀瑋（一六二四年卒），字鬱儀，明宗室，學問精深廣博。蔡善繼，字伯達，浙江烏程人，萬曆二十九年（一六〇一）進士，與陳一元同年，時爲福建泉州知府；《四庫提要·蔡忠惠集》作興化知府，誤。

〇一九　蔡氏宗譜

按宗支圖自晉至宋，代有支派，宜其一覽而指諸掌也。兹譜紊亂扭捏，牽合扳援，如蔡齊建寧人，蔡襄興化人，蔡元定建陽人，三姓原非一族明甚，今乃合而一之，一僞也。五代宋初名臣蔡興宗，名見史册，今誤書「與宗」；蔡襄長子名匀，見歐陽墓志，今誤書「勾」；襄次子旬，娶福州劉異判官之女，生子傳，官朝奉郎，今誤作第三子旻之子，又不知其官爵，二僞也。黄庭堅所作蔡襄傳，全抄歐陽修墓志中語，無一句改頭換面，且字法全不似山谷，而山谷文集不載此文，三僞也。蔡襄敕一道，蔡洸敕一道，洸係襄之曾孫，一在慶曆三年（一〇四三），一在紹興六年（一一三六），相去一百二十餘年，敕紙一式，無分毫之別，四僞也。其中印章，陰文者或以木石刻印之，而陽文者皆硃［油］描［摹］，全不類古人印式，間有作意糊塗，令人莫辨，五僞也。卷首託朱文公「家寶」二字，毫不似文公筆法，六僞也。余曾見王氏一譜，贋造與此無異，七僞也。後歐陽玄一跋，與王氏譜書出一手而文相同，八僞也。但從來已遠，非可輕棄，存之以備披閱，非傳家珍玩也。達卿丈出此相示，（余）因駁其大略如此。己酉（一六〇九）仲春日，徐惟起識。

【箋校】見林、繆二輯。補正據林輯。達卿，姓蔡，名不詳。徐𤊹《鼇峰集》卷十九有《何舅悌自武夷歸過集汗竹巢同蔡達卿分賦》詩，卷二十有《送蔡達卿鄭章甫北上》詩。

〇二〇 **三山志四十二卷** 宋梁克家撰　明萬曆四十一年（一六一三）福州林材刊本

宋《三山志》四十二卷，林都諫先生捐資授梓，閱歲告成。數百年不絶如綫，一旦翻摹，傳之來禩，甚盛心也。又恐秘之家塾，傳弗能廣，乃徙置法海禪寺，令主僧守之，以便好事者印行。昔白樂天以生平所著，散布東林、香山、善聖、南禪諸寺，與僧爲約，不出寺門，不借外客，以叢林中善保守也。今都諫既置版于寺，且能公諸人，其視白公，廣狹又何如哉。萬曆癸丑（一六一三）臘月，徐𤊹題。

【書目】《淳熙三山志》四十二卷，宋梁克家。

【箋校】見林、繆二輯，題名作《刻淳熙三山志後跋》。萬曆四十一年（一六一三），福州知府喻政重修府志，總裁邑人南京工部尚書林烴、吏科都給事中林材，而主事者實爲林材。事竣，林材與同修府志之謝肇淛、王宇、徐𤊹等人校訂《淳熙三山志》，並以修志之羨餘付梓。版初存法海寺，後復歸林氏家塾，並多散佚。崇禎十一年（一六三八），林材子林弘衍「再爲考訂，重付梓人，以補殘闕」。萬曆本今已失佚，崇禎本現存臺北「中央」圖書館，有林氏父子新舊二序，惟無徐跋。書有「晉安徐興公家藏書」印記，蓋徐𤊹藏書，惜徐氏未爲題記。又「中央」圖書館藏小草齋抄本《三山志》，徐𤊹手校，極精詳，惜亦無題記。

〇二一 ［正德］福州府志四十卷　明葉溥修　張孟敬纂　明正德福州刊本

舊府志十二册，先君向所儲也。萬曆丁酉（一五九七），古田令劉君欲考本邑事，𤊹向先兄借二册去。越三載，先兄殁，劉令亦不以見還。余屢托古田丞李君元若轉索，僅得其一，而第十册竟無有也。蹉跎十載，未遑抄補，今歲因纂修之便，乃補一帙，復成完書。此志刻在正德庚辰（一五二〇），未及百年，故家鮮有藏者。自今以往，愈不可得矣。子孫其慎重之哉。壬子（一六一二）仲夏，徐興公書。

【書目】《福州正德志》四十卷，林廷㭿。

【箋校】見林、繆二輯，題名作《福州舊志》。徐家舊藏之《正德府志》，現存福建師範大學圖書館，卷三十一至三十四，爲萬曆補抄之第十册，惜復失落卷一至十五，及徐氏題記。題記之「先君」指徐𤊹父徐㭿，「先兄」爲徐熥。借書不還之「古田令劉君」爲劉曰暘，萬曆二十八年（一六〇〇）首修《古田縣志》。

李元若，廣東茂名人。《徐氏家藏書目》卷七：「李元若，《小山稿》三卷。字惟順，一迪之子。萬曆中選貢，古田縣丞、龍南知縣。年八十卒。」《［正德］福州府志》有林廷榻序，但林廷榻與該府志之修纂無關。萬曆四十一年（一六一三），福州知府喻政重修府志，總裁林烴、林材，纂修謝肇淛、王宇，分纂八人，徐𤊹居一。

〇二二 **武林舊事六卷** 宋周密撰　明正德十三年（一五一八）宋廷佐刊本　北京大學圖書館藏

《武林舊事》六卷，題曰泗水潛夫輯。正德中，浙江巡按御史宋廷（珪）［佐］刻之，跋語云潛夫不知爲誰。偶閲《七修（彙）［類］稿》，載元人周密字公謹，居齊作《齊東野語》，居杭癸辛街作《癸辛雜志》。自號泗水潛夫；又嘗居華不注，號弁陽老人；以周子窗草不除，號草窗。《類稿》不言其作《舊事》，予謂泗水潛夫即密也，當是居杭日所著耳。此本得之武林肆中，版頗漫漶，然一覽而南渡繁華之盛可想見矣。萬曆甲辰（一六〇四）春，徐惟起書。

【著録】《中國古籍善本書目》，史一〇九四〇。《北京大學圖書館藏古籍善本書目》，頁一六一。

【書目】《武林舊事》六卷，宋泗水潛夫周密。

【箋校】録自原書。又見林、鄭、繆三輯。輯本誤「佐」字與手書同。

〇二三 **下雉纂一卷** 明馬歘撰　明天啟四年（一六二四）徐𤊹抄本　福建省圖書館藏

「……有《下雉纂》一卷，宦囊在是矣。他人席捲地方之皮，吾則紀述地方之山水古跡。他人困載地方之物産，吾則評騭地方之人物風俗。他人貧而吾實富矣，君何哂爲。」予受而讀之，宛然身遊滄浪煙雨間，聽口歌聲與江流互答也。因序其簡端，庶幾爲子雲解嘲。天啟甲子（一六二四）歲季夏友人徐𤊹興公撰。

天啟甲子（一六二四）孟秋藏緑玉山齋。

【著録】《中國古籍善本書目》，史一一〇二〇。《册府掇英：福建省圖書館藏珍品集萃》，頁八九。

【書目】《下雉纂》一卷，馬欻。

【箋校】録自原書。題記首有缺文。馬欻，福建侯官人，户部尚書馬森子，萬曆中選貢，任湖廣興國州（今湖北陽新）判官，《下雉纂》乃其所撰當地志書。按謝國楨（一九〇一—一九八二）《明代社會經濟史料選編》引用書目，有「明末刻本」《下雉纂》；武新立《明清稀見史籍叙録》，有「近人據明天啟四年刻本抄録」之《下雉纂》抄本。未知該刊本今在何處。

〇二四 **鼓山志** 明黄用中編　明萬曆徐氏抄本

余自丁亥歲（一五八七）遊鼓山，迄今十五載，凡二十餘度。每欲纂集遊山詩文，苦無舊志可稽，只於老禪庵閣見舊版數十片，知其殘缺，心甚恨之。今年四月，偕曹能始復往遊焉，仍議纂修山志，廣詢積書之家，俱弗獲覩。最後借一本於通家黄君，如得拱璧，遂抄録一副，藏之笥中，舊本仍歸主人也。黄君尊人名用中，號鼓山，與先子莫逆。睹前序因知用心之勤，後之覽者，得無仰前輩之博洽乎。辛丑（一六〇一）五月二十三日書。

【箋校】見林、鄭、繆三輯。《徐氏家藏書目》卷二著録「《鼓山志》十二卷，謝肇淛；《鼓山續志》八卷，徐𤊹」，未記黄用中舊志。黄用中序署嘉靖乙巳（一五四五），收入《［乾隆］鼓山志》。

〇二五　**金精風月二卷**　元蘇天一輯　明嘉靖葉天與刊本　日本國立公文書館藏

先君向有《金精山志》，藏之篋笥，時取披覽。及爲茂名學博，在癸酉（一五七三）之歲，時學憲邵某試合郡教官文，又有詩，詩乃《登金精山》爲題。諸教官不知金精山何地，茫然不解。先子曾覽是志，頗知其中事蹟，乃賦詩曰：「縱步遨遊江上台，卻憐塵世幾能來。千層古洞衝雲起，百道鳴泉繞澗迴。仙子棋聲驚白鶴，道人屐齒印蒼苔。相看已有登臨興，愧乏當年作賦才。」邵見詩大稱賞，拔置第一，因爲延譽甚力。次年巡按御史張某復試《迎春詩》，先子復置第一。丙子（一五七六），遂擢永寧令，皆二詩之力也。杜甫云「詩是吾家事」，子孫安可弗知詩哉。壬子（一六一二）冬至日，惟起書。

【著録】傅增湘《藏園群書經眼録》，頁四四一—四四二。《改訂内閣文庫漢籍分類目録》，頁一二七。

【書目】《金精山志》二卷。

【箋校】録自原書。林、繆二輯題名作《金精山志》，頗多訛字。

〇二六　**牛首山志二卷**　明盛時泰撰　明萬曆七年（一五七九）刊後人增補本　臺北「中央」圖書館藏

金陵天闕山，其名肇自晉王丞相。盛仲交輯《山志》二卷，但採近代詩文，而先朝著作概未及收。至于仲交自言，國初袁景文、高季迪、劉子高皆有刻集，亦不見傳，又楊東里、解春雨、吳匏庵集俱不能獲。是知仲交家鮮藏書，草草據目前所見者而録之，譬之三家村設賽［廟］大會，動輒弗備。甚矣，著書必資於博雅，□必資於載籍耳。予兒有書癖，行經吳市，見而購之，正在除夕之前，客邸闃寂，細爲按閲，漫識。崇禎戊寅（一六三九年二月），七十翁徐興公書。

【著録】《國家圖書館善本書志初稿·史部》，册二，頁一六四。《標點善本題跋集録》，頁一六六。沈津《中國珍稀古籍善本書録》，頁一三九—一四〇。

【書目】《金陵牛首山志》二卷，盛時泰。

【箋校】録自原書。「予兒」爲徐𤊹幼子徐延壽，長子徐陸已去世多年。盛時泰，萬曆六年（一五七八）卒，書定稿出其子盛敏耕手。

〇二七　**金陵梵刹志五十三卷**　明葛寅亮撰　明萬曆三十五年（一六〇七）南京僧録司刊本

余至洪都，舍喻宣仲齋中旬日，臨别出此爲饋。攜出章江舟次，日坐篷底覽之，行至臨川，則覽終卷矣。回想金陵之遊，又歷四寒暑，無緣再至，翻讀文字，不覺身在四百八十寺間也。己酉（一六〇九）長至日，徐興公記。

【書目】《金陵梵刹志》五十三卷，葛寅亮。

【箋校】見林、繆二輯。洪都，江西南昌。喻應夔，字宣仲，江西新建人。萬曆時喻氏爲諸生，崇禎初選貢，任湖廣興山（今屬湖北）知縣。喻應夔爲喻應益兄長，參題記《正編》〇一八。

〇二八　**瀛涯勝覽二卷**　明馬歡撰　明初抄本

《古今説海》有《星槎勝覽》、《歷代小史》亦收之，乃永樂、宣德間費信所著。此曰《瀛涯勝覽》，分上下二卷，乃會稽馬歡永樂間從太監鄭和下西洋，歷諸番，所記天時氣候、地理人物者也。校之《星槎》，尤爲詳備。蓋《星槎》紀四十國，此惟十八國，蓋馬氏經歷僅此耳。斯本向未有傳，余考焦太史《經籍志》亦未有載。偶於秣陵舊肆購之，抄寫精工，二百餘年物也。藏之以俟博雅君子，備彙書之一種耳。萬曆丙午（一六〇六）夏仲，徐惟起書於白下旅次。

【書目】《瀛涯勝覽》二卷，馬歡。

【箋校】見林、鄭、繆三輯。焦太史《經籍志》，指焦竑（一五四〇—一六二〇）《國史經籍志》。秣陵、白下，皆指南京。現存諸本《瀛涯勝覽》皆列二十國，不分卷，唯一例外是南京圖書館所藏正德二年（一五〇七）梅純輯《藝海彙編》抄本，上下二卷，列十八國，與徐跋所言同。據近人萬明《明鈔本〈瀛涯勝覽〉校註》（北京：海洋出版社，二〇〇五）考證，二卷本乃正統年間（一四三六—一四四九）郭崇禮所編訂。

〇二九　**金石録三十卷**　宋趙明誠撰　明萬曆徐氏抄本

趙明誠《金石録》三十卷，世無刻本。余嘗於陸儼山《别集》及胡元瑞《筆叢》中，見其引摘厥妻李易安跋語，始知明誠收藏之富，古今希覯，又遭兵亂水火之厄，爲之興嘆久之。然《金石》全録竟未寓目也。亦嘗蒐訪積書家，皆未能得。是歲薄（暮）游秣陵，聞焦弱侯太史向於秘府抄出全本，因托新安汪仲嘉借以抄録。披覽之餘，真神遊上古，與詞人墨客相晤對也。嗟夫，文章勒於金石，以爲金石能固耳。聿觀斯録，古今山劖石刻，湮没者何限，明誠距今且五百餘歲，其湮没者又何限，況不如金石之固者，能久視於世間耶。明誠好古士也，其人與骨安在，其二千卷之藏安在，而今所傳者但有斯録，信乎所重在此而不在彼矣。萬曆丙午（一六〇六）仲夏，晉安徐惟起書於秦淮客舍。

【書目】《金石録》三十卷，趙明誠。

【箋校】見林、鄭、繆三輯。「暮」字據林、鄭二輯删。汪道會（一五四四—一六一三），字仲嘉，汪道昆從弟，終生未仕。生平見李維楨《大泌山房集》卷一一四《文學汪次公行狀》。

〇三〇　**宋紀受終考三卷**　明程敏政撰　明崇禎徐氏緑玉齋抄本　韋力芷蘭齋藏

崇禎癸酉年（一六三三）陽月緑玉齋抄録。

【著録】傅增湘《藏園群書經眼録》卷四。韋力《芷蘭齋書跋初集》，頁一三五。

【書目】《宋紀受終考》三卷，程敏政。

【箋校】録自原書。

〇三一　**言史慎餘二卷**　明楊樞撰　王應山批點本

偶過王粹夫，見案上《言史慎餘》二卷，乃華亭楊樞所作，而粹夫尊人懋宣先生所批點也。中有數條，立論超卓，可備論史家一種，粹夫遂以授余。余喜蓄書，又喜前輩人批點，以發吾覆。懋宣以先子同筆硯三十年，先子所畏，品可知矣。萬曆戊申（一六〇八）春日，𤊹識。

【書目】《言史慎餘》二卷，華亭楊樞。

【箋校】見林、繆二輯。王應山，字懋宣，福建侯官人，著述以《閩大記》及《閩都記》二書最有名。二書之成，皆賴其子毓德（字粹夫）補訂。錢謙益《列朝詩集小傳·丁集下》「王布衣毓德傳」，謂王應山「以《春秋》爲士師，教授武夷、烏石間，著《閩大記》應史法，閩中文獻歸焉」。亦一藏書家也。

子部

〇三二　**孔子家語八卷**　明何孟春注　明嘉靖二年（一五二三）高應禎刊本　中國國家圖書館藏

此書乃余于西惠先君子者。「甲辰冬」以下九字余公之筆。萬曆丁酉（一五九七）徐𤊹記。

【著録】《中國古籍善本書目》，子八五。謝國楨《江浙訪書記》，頁三一四。《北京圖書館古籍善本書目》，頁一一七九。

【書目】《孔子家語》，何孟春注八卷。

【箋校】録自原書。徐氏題記旁有「甲辰（一五四四）冬仲七日嵩雲惠」九字。

〇三三　仲蒙子三卷　唐林慎思撰

唐林慎思作《仲蒙子》三卷、《續孟子》三卷，《崇文書目》、鄭夾漈、馬貴與書目有之，即吾鄉睹其書者亦鮮矣。余近得一本於故家所藏。《續孟子》十四篇無甚高論，而《仲蒙子》有岦嵲洳湁硦砤弦攷麹檅麆瓶等字，各有解説，謂不忘水山，方事戈甲，起家於耒耜，「自」隱于陶之意。亦吾閩千載不朽之高士也。黄巢寇長安，逼以僞官，不受，服孟氏「舍生取義」之旨，罵賊不屈，遂遇害。今稠岩讀書石室遺址尚存。夫《太玄》擬《易》，卒致美新，《仲蒙》續《孟》，終成死節。百世而下，不能不爲子雲惜也。萬曆辛丑（一六〇一）夏，三山後學徐𤊹題。

林慎思故居在長樂縣東二十五里，兄弟五人俱登第，邑大夫名其鄉曰「芳桂」。慎思又中宏詞科，名其里曰「大宏」。墓在十四都仲蒙祠後。水部次子徵，亦第進士，居渡橋，在梯雲里。明廉憲恕，其裔也。𤊹幼從平野先生學，見其家譜甚詳。平野名庸勳，廉憲母弟也。閩郡世家，必首樂邑林氏云。徐𤊹又書。

【書目】《仲蒙子》二卷，林慎思。

【箋校】見林、繆二輯。「自」字，據林輯補。林恕，嘉靖四十四年（一五六五）進士，仕至雲南按察使，因稱「廉憲」。

〇三四　省心録一卷　舊題宋林逋撰

和靖《省心銓要》，宋景濂嘗考《朱子語録》第四十卷云「《省心録》乃沈道原作，非林和靖也」。天順間景隆序，正德間黄清跋，二公爲縉紳鉅公，俱未嘗考定其人，遞相沿襲，則道原之名幾晦矣。朱子闡之於前，宋公辯之於後，若揭日月。後［有］梓者，當録朱子、宋公之言於簡末，庶幾不泯作者之意耳。丁未（一六〇七）暮春，徐𤊹題。

【書目】《省心録》一卷，林逋。有跋辯。

【箋校】見林、繆二輯，題名作《省心銓要》。「有」字，據林輯補。《徐氏家藏書目》所謂「有跋辯」，當指此題記。徐𤊹《筆精》卷六重述題記所言：「世傳林和靖《省心録》，《朱子語録》第四十卷，云是沈道原作，非和靖也。宋景濂文集嘗引之爲證。天順、正德間刻本，俱沿襲和靖，未之深考。近日陳眉公《續秘笈》亦作和靖著，道原之名幾晦矣。朱子闡之於前，景濂辯之於後，畢竟傳訛，奈之何哉。」

〇三五　性理群書句解　宋熊節輯　熊剛大集解　元刊本

余己酉（一六〇九）仲秋客遊衢州，旅寓祥符寺鶴松都綱房。暇扣佛殿，見佛座後敗簏數十，訝之。鶴松曰：此古藏經，散失僅存惟此耳。余亟遣人移翻，皆宋嘉祐（一〇五六—一〇六三）中所印經，紙墨精好，盈數百軸，多半鼠嚙蟲蛀。余擇其完整者十數軸，請爲珍玩。簏中又拾《性理群書句解》一册，視之，元版也。卷前有像有贊，字畫不類本朝。余所藏元版書，紙墨多類此。遂募工裝潢，實若拱璧。佛藏中得儒書，亦一奇也，因識之。徐惟起題。

【箋校】見林、繆二輯。僅一册，疑不全。《徐氏家藏書目》有「《性理群書》二十三卷，宋儒熊節編，熊剛大集解」，則應爲全書。

〇三六　**蜂經**　宋佚名撰

養蜂古無經，馬、鄭書目俱不載。此本分四十(□)篇，極爲詳備，但立題迂腐，造語俚俗，必老農老圃之流信口寫出，非作手也。初閱之，疑近代所著。讀至第八篇云咸淳四年(一二六八)，第二十一篇云咸淳五年(一二六九)。此書當是南宋之末村學究而爲之者。且有「南臺」等語，又知其爲吾鄉人所作也。俟有閑暇，以其所論養法另著一種，以資農圃之一，不使《種魚經》、《養蠶書》獨擅千古耳。俟陳汝翔歸自晉陵，出此商之，餘子未可與論也。甲辰(一六〇四)冬初，徐惟起題。

【箋校】見林、鄭、繆三輯。鄭、繆二輯，皆作「此本分四十□篇」，林輯則無缺字。南臺爲福州勝景，梁克家《三山志》卷四云：南臺，「城南有越王釣龍臺，故名」。又稱大廟山。非今日福州市倉山區所在的南臺島。《徐氏家藏書目》別有「《蜂經疏》二卷，徐㶿」。陳鳴鶴，字汝翔，又作女翔，福建侯官人，徐氏好友。謝肇淛《蜂經序》云：「吾友陳女翔，耳目歲時，咨諏長老，(匹)[匠]心運意，體要成經。舅氏徐興公蒐晪谷之方言，擷場圃之瑣録，節分支演，比詞爲疏。」陳、徐二人，後果「以其所論養法另著一種」蜂經。

〇三七　步天歌一卷　唐王希明注　明嘉靖陳暹抄本　福建省圖書館藏

按《文獻通考》：「《步天歌》一卷，未詳撰人，二十八宿歌也。《三垣頌》、《五星凌犯賦》附于後。或云唐王希明撰，自號丹元子。又按鄭夾漈《天文略》曰：隋有丹元子，隱者之流也，不知名氏，作《步天歌》，見者可以觀象焉。王希明纂《漢》、《晉志》以釋之，《唐書》誤以爲王希明也。天文籍圖不籍書，然書經百傳，不復訛謬，縱有訛謬，易爲考正。圖一再傳，便成顛錯，一錯愈錯，不可復尋，所以信圖難得，故學者不復識星。向嘗盡求其書，不得其象，又盡求其圖，不得其信。一日得《步天歌》而誦之，時素秋無月，清天如水，誦一句，凝目一星，不三數夜，一天星斗盡在胸中矣。此本只傳靈臺，不傳人間，術家秘之，名曰《鬼料竅》。世有數本，不勝其訛。今則取之仰觀，以從稽定。然《步天歌》之言，不過《漢》、《晉》諸志之言也。《漢》、《晉志》不可以得天文者，謂所載名數失詳，叢雜難舉故也。《步天歌》句中有圖，言下見象，或約或豐，無餘無失，又[不]言休咎，是深知天者。今之所作，以是爲本。舊於歌前亦有星形，然流傳易訛，所當削去。惟於歌之前，采諸家之言，以備其書云。」余此本得之義溪陳閭窗方伯家所藏者，與夾漈所言《步天歌》無異，似亦人間罕傳者。第天文微妙，不能如鄭公一凝目盡在胸中也。此册乃陳方伯手録并記。萬曆廿九年（一六〇一）正月，徐𤊹書。

夏日齋居，偶王永啟持一天文書來，名曰《鬼料竅》，即此書也。前序采《通志》全篇，後附十二度，次并州郡纏次、七曜五行雜占，皆《通志》中所有者，不載可矣。第兩本訛舛甚多，尚未暇校定，俟他時頗窺斯學一班，當參靈臺秘苑，精研校勘也。辛丑（一六〇一）六月伏日，惟起記。

【著録】《中國古籍善本書目》，子二六五一。《册府擷英：福建省圖書館藏珍品集萃》，頁九一。

【書目】《步天歌》一卷。

【箋校】録自原書。又見鄭、繆二輯。「又〔不〕言休咎」，「不」字據《文獻通考》卷二一九引《通志》原文補。《中國古籍善本書目》置《步天歌》於「子部天文算法類天文」，《鬼料竅》於「子部術數類數學」，誤一分爲二。是書頗爲中國天文學史家重視，有數種校本，見潘鼐《中國恒星觀測史》（一九八九）、周曉陸《步天歌研究》（二〇〇四），惜皆未參考引用此抄本。陳暹（一五〇三—一五六六），字德輝，號闇窗，福建閩縣人，嘉靖十四年（一五三五）進士，仕至廣東布政（方伯）。王宇，字永啟，福建閩縣人，時未入仕，萬曆三十二年（一六〇四）與徐𤊹僞託《陳金鳳外傳》，萬曆三十四年（一六〇六）舉人，萬曆三十八年（一六一〇）進士。參題記《正編》〇六四。

〇三八　徐𤊹藏讖緯書印記

義谿方伯陳公暹，精於讖緯抄奇篇。厥後散佚如雲煙，末學徐𤊹收得焉。重加裝飾師前賢，是爲崇禎甲戌年（一六三四）。

【箋校】録自《步天歌》朱文印記。徐𤊹收得陳暹讖緯書不少，故特制藏書印章。羅振常（一八七五—一九四三）《善本書所見録》卷三，提到《新印六壬總要》書上亦有此印記。萬曆二十九年（一六〇一），徐𤊹收得《步天歌》，至崇禎七年（一六三四）重爲裝訂，相距三十三年。

〇三九　**萬物數二卷**　明嘉靖陳暹刊本

義溪陳方伯闇窗公極精數學，嘗與馬恭敏公各處訪術數之書，互相抄録。方伯預知死期，其驗如響。是書乃方伯所梓，且序例甚詳。方伯殁後，斯書莫傳，惟有從孫价夫者能憶數例。余兄惟和偶得此本，乃從价夫受其要訣，晝夜推算，亦多應驗。其中闕者補之，訛者正之，未備者注之，用心（固）亦勤矣。惜天不假之以年，中道而殞，覽斯篇不勝感痛也。甲辰（一六〇四）暮春望前記。

【書目】《萬物數》二卷。

【箋校】見林、鄭、繆三輯。「固」字，據林輯删。馬森（一五〇六—一五八〇），字孔養，福建懷安（今屬福州）人，嘉靖十四年（一五三五）進士，陳暹同年，仕至户部尚書，謚恭敏。徐𤊹與森子馬欻善，嘗爲其《下雉纂》撰序，又手録全書。陳价夫（一五五七—一六一四），名薦，以字行，福建閩縣人。祖陳達（一四八二—一五五四），陳暹兒，仕至山西巡撫。陳价夫與徐𤊹爲兒女親，徐長子陸娶陳幼女懷佩。徐熥藏書，身後多歸徐𤊹，此又一例。

〇四〇　**重刻革象新書二卷**　元趙友欽撰　明王禕删定　明正德刊本　日本静嘉堂文庫藏

宋學士作《革象新書序》曰：趙緣督先生所著也。先生鄱陽人，隱遯自晦，不知其名若字，或曰名敬，字子恭，或曰友欽其名，弗能詳也。王待制字子充，校正其書，序曰：先生名友某，字子公，其先於宋爲屬籍云。予家蓄是書久矣，輒因二公之言而疑先生之名字。近見一雜書，先生名友欽，字敬夫，饒之德興人，則知名敬字子恭及子公者，皆非也。右見吳郡都卬《三餘贅筆》。卬，弘、正間隱君子，稱博雅云。崇禎甲戌（一六三四）季夏之望，徐興公識。

【著録】《皕宋樓藏書志》，卷四十八。《靜嘉堂文庫漢籍分類目録》，頁四五五。

【書目】《革象新書》二卷，德清趙友欽。

【箋校】録自原書。又見鄭、繆二輯。都卬，都穆父。上海圖書館藏明抄本、《續知不足齋叢書》本《三餘贅筆》，皆無上引文字。

〇四一 潛虛二卷 宋司馬光撰

《通考》云：「《潛虛》一卷，司馬光擬《太玄》撰。此書以五行爲本，五行相乘爲二十五，兩之得五十。首有氣、體、性、名、行、變、解七圖，然其詞有闕者，蓋未成也。其手寫稿一通，今在子建侄房。又考朱子《書張氏所刻潛虛圖後》曰：『范仲彪炳文家多藏司馬公遺墨，嘗示余《潛虛》別本，則其所闕之文甚多。問之，云温公晚注此書，未竟而薨，所傳止此。嘗以手稿屬晁景迂補之，而晁謝不敢也。近見泉州所刻，乃無一字之闕，始復驚疑，然讀數行，乃釋然曰此贋本也。』陳氏曰：『萬物皆祖於虛，玄以準易，虛以準玄也。』」今《通考》更載《潛虛發微》一卷，監察御史張敦實撰，凡十篇。《考索》載張行成作《潛虛衍義》十六卷。今《發微》已附卷末，《衍義》不可復得矣。萬曆丁酉（一五九七）春三月，徐惟起識。

【書目】《潛虛》二卷，司馬光。

【箋校】見林、繆二輯。

〇四二 **靈棋經一卷** 明萬曆雲南薛夢雷刊本

萬曆庚子（一六〇〇），余遊建陽，得《靈棋經》一册，刻版頗善，而中多脱落。友人薛晦叔家藏，乃其叔父滇中所梓者，校刊無誤，紙白如繭，余甚愛之，晦叔遂以見惠。但前删去《序卦》及舊序二篇，不無少恨耳。辛丑（一六〇一）花朝記。

【書目】《靈棋經》一卷。

【箋校】見林、鄭、繆三輯。薛夢雷，福建福清人，萬曆二十六年（一五九八）任雲南按察使，三十年（一六〇二）升布政使。薛夢雷爲薛晦叔叔父，見題記《正編》一五三。參《後編》〇〇三徐鍾震跋。

〇四三 **焦氏易林十六卷** 漢焦延壽撰

愚按商瞿受《易》於孔子，至田何以後，皆有次第。宋世諸儒，如程、如朱，俱祖田、費之學，而卜筮咸用《啟蒙》之例。獨焦貢作《易林》，分六十卦更直日用事，班固、孟康談之甚詳。若一概用《啟蒙》之例揲之，雖以爻變牽合推斷，遂與《漢書》直日之言相舛。班氏去焦氏，代不甚遠，豈謬爲之傳耶。蓋《易》學田何、焦貢、費直分爲三派。朱子派出田何，以此派之義例，占彼派之吉凶，必不然矣。又按儲咏論代著之法，以錢擲爻，古者以有字爲陰，無字爲陽，至紫陽始反而用之，故建安諸賢悉主其説。兹揲蓍既不用

《啟蒙》之儀，則擲錢焉可依紫陽之記乎。學者欲求焦氏作《易》之旨，須用古擲錢法，折衷直日之論，庶幾近之矣。皇明萬曆辛丑（一六〇一）春正月書。

【書目】《焦氏易林》十六卷，焦延壽著。

【箋校】見林、鄭、繆三輯。林輯文字稍異，此從鄭、繆輯本。

〇四四 京氏易傳二卷 漢京房撰

房學《易》於焦延壽，其説長於災變，分六十四卦直日用事，以風雨寒温爲候，房用之猶精。今觀《易傳》，又非分卦直日之書，蓋京氏所著《易》凡三種，此其一也。《晁氏讀書記》論之詳矣。此本乃古田鄭山人鐸見貽者，山人未幾下世，於《易》理誠不可推矣。萬曆乙巳（一六〇五）春日，竹窗病叟徐興公跋。

【書目】《京房易傳》二卷，吳鬱林太守陸（續）〔績〕注，明兵部侍郎范欽訂。

【箋校】見林、繆二輯。鄭鐸，字子警，號黄花主人。見《〔乾隆〕古田縣志》卷七《文苑》。

〇四五 圖南易數二卷 舊題宋陳摶撰

此書不載作者姓氏。近見友人處有《圖南河圖真數》一種，後自「乾」至「未濟」，卦各解釋，與此本同，但章末無詩，乃圖南之真本也。此本詩極鄙俗，決非圖南之筆，乃後人增之耳。圖南易理奥妙，安得作此兒戲語耶。《河圖真數》另有抄本。此又不與《真數》相蒙，分之爲是。萬曆己酉（一六〇九）花朝，徐惟起題於汗竹（軒）〔齋〕。

【書目】《陳摶易數》二卷。

【箋校】見林、繆二輯。書目另載《圖南真數》。「齋」字據林輯改。陳摶，字圖南。

〇四六　**麻衣先生易髓二卷**　抄本

《麻衣正易心法》一卷，馬、鄭諸家載之，四明范司馬刻而傳之。此本題曰《麻衣先生易髓》，分上下二卷，列六十四卦，各有論説，不及《繫辭》，而「彖象」之後，加以納甲、正副本命、功名富貴，不知何義。且馬、鄭諸家及焦太史《國史經籍志》俱無此目，豈山岩屋壁之［藏］，金匱所未（藏）睹耶。余乙未（一五九五）冬得之杭州肆中，抄寫精善，爲故家所藏者。按麻衣五代周時人，歷數百年而人不知有《易髓》之傳於人間，信乎《三墳》、《汲冢》之出於後代也。萬曆戊申（一六〇八）季夏二十一日，閩三山徐𤊹惟起。

【書目】《麻衣道者易（隨）［髓］》八卷。

【箋校】見林、繆二輯。校正據林輯。「四明范司馬」指范欽（一五〇六—一五八五）。

〇四七　**奇門遁甲五總龜三卷**　宋郭子晟撰　抄本

按《文獻通考·經籍》「五行類」有《遁甲經》一卷，唐胡乾撰，乃九天玄女術，推九星、八門、三奇、六儀之法。又有《陰陽二遁圈局》一卷并《雜訣》，不著撰人名氏。此書分上中下三卷，正用九星、八門、三奇、六儀之法，而陰陽二遁圈局俱全，當是後人合遁甲數種彙成一部者。前布局起例，井然有條，一覽可見。然《通考》不載此書之目者，蓋端臨作《通考》止於寧宗朝，而此本郭子晟之序題曰淳祐辛丑（一二四一），則在端平（一二三四—一二三六）之後矣。第選日之法，無逾於此書之備。余購之陳閶窗方伯所遺者，繕寫精密，寶若拱璧，什襲珍藏，以傳孫子。仲春五日記。

【書目】《（滑古）［涓吉］奇門五總龜》四卷，宋郭子晟。

【箋校】見林、鄭、繆三輯。陳閶窗方伯爲陳暹，參題記《正編》〇三七—〇三九。

〇四八 **宣和北苑貢茶録一卷** 宋熊蕃撰 明萬曆四十年（一六一二）刊明喻政編《茶書》本

熊蕃，字叔茂，建陽人，唐建州刺史博九世孫。善屬文，長於吟咏，不復應舉。築堂名獨善，號「獨善先生」。嘗著《茶録》，鼇別品第高下，最爲精當。又有《製茶十咏》及文稿三卷行世。徐𤊹書。

【書目】《北苑貢茶録》一卷，熊（番）［蕃］。

【箋校】録自原書。謝肇淛《茶書序》云：「吾郡侯喻正之先生……復命徐興公裒鴻漸以下《茶經》、《水品》諸編，合而訂之，命曰《茶書》。」喻政《茶書》自序亦稱：「爰與徐興公廣羅古今之精於譚茶若隸事及之者，合十餘種爲《茶書》。」《茶書》之編訂，徐𤊹與有力焉。喻政，江西南昌人，萬曆二十三年（一五九五）進士，時爲福州知府。

〇四九 **北苑别録一卷** 宋熊克撰 明萬曆四十年（一六一二）刊明喻政編《茶書》本

熊克，字子復，蕃之子。弱冠登紹興二十七年（一一五七）進士，授順昌主簿，除鎮江府學教授。秩滿，改知諸暨縣。憲使芮輝表薦之，提轄文思院，召秘書省校書郎，兼國史編修官。時周益公必大參知政事，謂克曰：「《百官志》疏甚，公談習典故，宜加增損。」旬日纂成，益公稱嘆。復遷秘書郎，權直學士院，知制誥。又遷起居郎，兼直學士院，以論罷。知台州。上《九朝通略》，詔增一秩，召赴行在。部使者劾克縱私鹺不治，報罷。奉祠，知太平州。屬疾告老，未幾卒。所著有《九朝通略》一百六十八卷、《中興曆》一百卷、《官制新典》十卷、《帝王經譜》二十四卷、《諸子精華》六十卷。徐𤊹書。

【書目】《北苑别録》一卷，熊(客)[克]。

【箋校】録自原書。熊克著述，以《中興小紀》最有名，或即《中興曆》。

〇五〇 **品茶要録一卷**　宋黄儒撰　明萬曆四十年(一六一二)刊明喻政編《茶書》本

黄儒，事跡無考。按《文獻通考》：「陳振孫曰：《品茶要録》一卷，元祐中東坡嘗跋其後。」今蘇集不載此跋，而陳氏之言必有所據，豈蘇文尚有遺耶。然則儒與蘇公同時人也。徐𤊹識。

【書目】《品茶要録》一卷，黄儒。

【箋校】録自原書。《四庫提要》謂：「儒字道輔。陳振孫《書録解題》作道父者，誤也。建安人，熙寧六年(一〇七三)進士。……有蘇軾《書後》一篇，稱儒博學能文，不幸早亡云。其文見閣本《東坡外集》。上元焦竑因録附其後，然《東坡外集》實僞本，則此文亦在疑信間也。」

〇五一 **避暑録話十卷**　宋葉夢得撰　明正德楊旦抄本

此亦建安楊氏抄本也。與《春秋繁露》、《野客叢書》一式繕寫，吏部公家藏者。天啟丙寅(一六二六）夏日，徐惟起。

【書目】《避暑録話》十卷，宋葉夢得。

【箋校】見林、繆二輯。吏部公爲楊旦，参題記《正編》〇五八。

〇五二 捫虱新話十五卷 宋陳善撰

羅源陳善，登紹興庚辰（一一六〇）梁克家榜進士，官終太學録。郡縣志自古未有爲之立傳，亦不談及《捫虱新話》，可知古人湮没者多矣。余於己酉年（一六〇九）見南州喻季布有此書，今年再遊南州，季布出此見贈。然多舛錯，尚俟請正博雅讎校，殺青行世，毋終泯泯耳。己未（一六一九）花朝，徐惟起識。

【書目】《捫虱新話》十五卷，宋陳善。

【箋校】見林、繆二輯。南州即南昌。喻季布，名不詳，疑爲喻應夔（字宣仲）及喻應益（字叔虞）二人幼弟。《鼇峰集》卷二十一有《元夕履直宗侯招宴賞燈同宣仲叔虞季布鬱儀幼晉幼明安仁共限風字》詩。

〇五三 南村輟耕録三十卷 明陶宗儀撰

余家舊有《輟耕録》，闕首一册，覓之十數載，無從得。友人高景倩偶購雜書中有此書，僅半部，首册可補余之闕，遂捐見惠。在景倩爲無用之物，在余實爲完書，版雖稍異，何傷乎。首册硃筆批點，出先正王雲竹先生之手，尤可寳耳。萬曆甲辰（一六〇四）夏日，興公記。

【書目】《南村輟耕録》三十卷。

【箋校】見林、繆二輯。高景，字景倩，著有《木山齋集》。王應鍾，字懋復，號雲竹，福建侯官人，嘉靖二十年（一五四一）進士，仕至山東參政。弟應山，徐𤊹友人王毓德之父，參題記《正編》〇三一。

〇五四　**謝先生雜記不分卷**　明謝啟元輯　稿本　中國國家圖書館藏

此乃嘉靖甲午（一五三四）科舉人謝啟元所抄録者。啟元爲黄門謝蕡之子，中有一段正德丙子（一五一六）祈夢事可證也。又有一段云從祖瀚官户部主事，又一證也。崇禎丙子（一六三六）仲春，借林懋禮此本細閱，漫記。徐惟起興公書。

啟元乃謝蒙亨之父，利仁之祖。見賢書「六世科甲」。

【著録】《中國古籍善本書目》，子六四九三。《北京圖書館古籍善本書目》，頁一四一八。

【箋校】録自原書。《晉安風雅》卷首《詩人爵里詳節》：「謝啟元，字本貞，閩縣人。嘉靖十三年（一五三四）鄉貢。以子蒙亨贈工部司務。」林叔學，字懋禮，著有《蒹葭集》。

〇五五　**菊徑漫談十四卷**　明石磐撰　明萬曆十九年（一五九一）刊本　河南圖書館藏

石公《漫談》，乃熟二十一朝之史，而事事翻案立論，有（稗）［裨］於史學者也。近修郡志，列公於「循良傳」，不談及公淹博，似未盡公之生平。且此書傳于世甚少，惜哉。崇禎丙子（一六三六）夏，後學徐𤊹識。

【著録】《中國古籍善本書目》，子六五〇七。王文進《文禄堂訪書記》，卷三。

【書目】《菊徑漫談》十四卷，石磐。
【箋校】録自原書。本書署「閩長樂董溪石磐著」，王文進誤以董溪爲作者，張慧劍《明清江蘇文人年表》從之。

〇五六 **偶記二卷** 明佘翹撰 明抄本 中國國家圖書館藏

□□□□［夏］寓金陵，林茂之見惠。天啟癸亥（一六二三）冬十月重裝，興公識。

【著録】《中國古籍善本書目》，子六六四一。《北京圖書館古籍善本書目》，頁一四二六。
【書目】《偶記》二卷，明池州佘翹。
【箋校】録自原書。「夏」字，原件殘缺，以意補。林古度（一五八〇—一六六五），字茂之，福建福清人，久客南京。明清之際詩人，交遊甚廣。

〇五七 **程氏演繁露二十二卷** 宋程大昌撰 明抄本

《程氏演繁露》包羅名物，博極群書。余久知其書，每以未見爲恨。丙午（一六〇六）客遊金陵，見謝在杭案上有此本，詢之，乃曹能始得之山陰張浙門，張得之焦漪園，蓋抄之秘閣者也。未幾能始索歸，在杭不無怏怏。余適主能始署中，遂以授余。余舉以質陳賓門大理，陳云其家有刻本，於中訛舛，可藉而校之也。丁未（一六〇七）秋日，徐興公題於汗竹軒。

【書目】《程氏演繁露》二十二卷，大昌。

【箋校】見林、繆二輯。漪園，焦竑（一五四〇—一六二〇）號。陳基虞（一五六五—一六四三），字志華，號賓門，福建同安（今屬金門）人，萬曆十七年（一五八九）進士，焦竑同年。謝肇淛、曹學佺及陳基虞時皆官南京，曹爲南户部郎中，陳爲南刑部郎中，謝先後爲南刑部及兵部主事。山陰張淅門，或爲曹學佺同年張汝霖（張岱祖父），惜無確證。

〇五八　**野客叢書十二卷**　宋王楙撰　明正德楊旦抄本

建安楊文敏公曾孫名旦，官南京吏部尚書致仕，家多藏書。斯本購之建安，末有「少宗伯」印，又有「楊氏家藏之書」印，乃吏部公爲少宗伯時所抄者也。公操履方正，不事華靡，居家坦然自適，不知其位至通顯。觀其積書之富，已覘其所尚矣。余購此已［三］十年，前後經過，得楊氏本頗多，萬曆己酉（一六〇九），大水浸城，楊氏之書不復得矣。天啟丙寅（一六二六）夏日，三山徐惟起。

【書目】《野客叢書》十二卷，宋王楙。

【箋校】見林、繆二輯。「三」字，據林輯補。楊旦，楊榮（一三七一—一四四〇）曾孫。參題記《正編》〇五一。又按臧懋循《負苞堂集》卷四《答曹能始書》云：「向見徐興公云：建寧楊氏有諸寫本，未盡散失。擬於明歲過貴省訪之。」曹時任職四川（一六〇九—一六一三），臧引徐言，疑指水浸前情況。

〇五九　**南唐近事二卷**　宋鄭文寶撰　明萬曆黄槐開刊本

《南唐近事序》：南唐李氏僭僞建國，祖孫相繼，垂四十年。宋主龍興，典章亡失，舊帙漸湮，史失求野。鄭仲賢先生《江表志》、《南唐近事》所繇作也。二書世遠尠傳。先是，吴君希堯得余家抄本《江表志》，梓之家塾，而《南唐近事》則黄司理子虛嗣得而合刻之。仲賢事後主，以文學知名，授校書郎。後主歸順，南唐故臣皆録用，獨仲賢肥遁弗仕，有首陽採薇之操。披蓑荷笠，詭形以謁故主。迹其行事，其亦周之義士歟。説者謂仲賢尋仕宋，拜殿中丞、兵部員外郎，撫綏邊郡有聲，豈非朝秦暮燕者倫乎。予曰否否，蓋李氏偏安金陵，非正統，實閏位耳。仲賢職不過掌書記，未有節鉞民社之寄。且後主不免屈身事大，願受册命，摇尾乞憐，求延宗祀，卒膺隴西郡公之封。而仲賢落魄梁楚間，及故主云亡，始釋褐受爵，是直新朝之舉子，非亡國之老臣也，此足爲仲賢解嘲矣。史稱仲賢能詩，善篆書，工鼓琴，有集二十卷，《譚苑》二十卷，皆軼弗傳。惟此二書幸不終絶，二君先後授剞，廣布宇内。《詩》云：「維桑與梓，必恭敬止。」況先輩精神所寄，備一代之典章者乎。仲賢，汀之寧化人。陸游《南唐書》及《宋史》俱作福州人，相沿之誤也。萬曆戊午（一六一八）秋日，三山徐𤊹興公撰。

【書目】《南唐近事》二卷。

【箋校】録自原書，南京圖書館藏孤本，《中國古籍善本書目》及《中國古籍總目》俱未著録。又見鄭、繆二輯。黄槐開，字子虛，福建寧化人。萬曆二十二年（一五九四）舉人，山東青州推官，傳見李世熊《寒支初集》卷六。子虛，鄭、繆二輯誤作「子應」。又普林斯頓大學圖書館藏李本緯選輯《古今詩話纂》，題署「臨汀黄槐開子虛父校刊」。

〇六〇　**何氏語林三十卷**　明何良俊撰

余少年時讀《世説新語補》，便知有《何氏語林》，然無從購求，亦無從借覽。甲午（一五九四）之冬，王元直自秣陵歸，得一部，闕首二册，遂以贈余。既閲歲，偶過陳淳夫，齋頭見有《語林》半部，淳夫曰：「向爲人陸續持去，今亦不全矣。」余從淳夫求首二册，足成全部。（首）［前］二册有「戊辰進士」、「筆山子」印章，乃淳夫尊人憲副公也。後十册有「撝謙」、「常與堂」印章，乃晉陵吴公撝謙也。卷册微有大小蹉跎。又十七年庚戌（一六一〇）之冬，建溪蕭生飛卿善裝潢，爲余合訂之，始成完書。偶爾披閲，因記始末，俾後之人知余好書之癖、積書之難，不至屑越以供蟲蠹耳。癸酉（一六三三）初夏，徐興公書於緑玉山齋。

【書目】《何氏語林》三十卷，何元朗。

【箋校】見林、繆二輯。「前」字，據林輯校改。「戊辰」爲隆慶二年（一五六八），是年福建陳姓進士二人：漳平陳九仞，莆田陳祖堯。陳祖堯仕至雲南副使，當即「淳夫尊人」。陳淳夫，名不詳，僅知爲南京太學生。

〇六一　**鼂采館清課一卷**　明費元禄撰　明萬曆刊本　中國國家圖書館藏

萬曆辛丑（一六〇一）長至後，過鉛山，謁費學卿，出此示教。是夜風雪寒甚，宿鼂采館中，圍爐達旦，遂閲終卷。徐惟起識。

【著録】《中國古籍善本書目》，子八〇二八。《北京圖書館古籍善本書目》，頁一四七三。

【書目】《鼂采清課》二卷，費元禄。

【箋校】録自原書。此次雪夜圍爐，徐㶿印象甚深，《紅雨樓集》手稿有《復費學卿》云：「自從奉扣園居，飛觴對雪，促膝圍爐，一臂偶交，遂成莫逆。隙駒易駛，匆匆十年。……向在虎林書肆，見新梓《甲秀園集》，誦往歲雪中見贈之作，知門下不忘故人甚也。」費詩《雪中徐興公過訪出〈荔枝譜〉相視賦》，見《甲秀園集》卷十五。

〇六二　**瑯嬛記三卷**　元伊世珍撰

《瑯嬛》一書，仿《雲仙雜記》而作，所引書名皆僞撰者，亦猶《雲仙》之所引也。只可資談笑，備詞曲。近時友人多采入詩，殊爲可笑。有所撰作，輒用「瑯嬛」，何見之不廣也。然中間有（絶妙）詩句［絶妙］，又非今人之所能到耳。徐興公書。

【書目】《（瑯環）［瑯嬛］記》三卷，元伊世珍。

【箋校】見林、繆二輯。校正據林輯。

〇六三　**五色綫三卷**

此本余得之鄉先輩高南霍先生所藏者。戊戌（一五九八）之歲，屠田叔借抄一副，意將剞劂，以辰州命下，遂弗果。昭武謝伯元有古書之好，亦借抄一種。二君俱博洽君子，此書俱未嘗經目，想傳之人間尠少也。己亥（一五九九）初夏望後，雨坐山樓，偶爾翻及，漫識其後。

【書目】《五色綫》三卷。

【箋校】見林、鄭、繆三輯。高南霍，名孝忠。屠本畯（一五四二—一六二二），字田叔，浙江鄞縣人，任福建運鹽同知時與徐氏兄弟論交，甚相得。徐𤊹補疏屠著《閩中海錯疏》，而屠本畯於所編《閩中荔枝通譜》收入徐撰《荔枝譜》。萬曆二十六年（一五九八）屠升任辰州知府。謝兆申《謝耳伯先生初集》卷三有《送轉運屠田叔先生遷辰州守序》。謝兆申，字伯元，號耳伯，福建建寧（今建甌）人。徐𤊹《筆精》卷七云：「予友邵武謝兆申好書，盡罄家資而買墳籍。兀坐一室，四面皆書，僅容一身。……予與謝君極稱臭味交。謝君藏蓄幾盈五六萬卷，又多秘册，合八郡一州，未有能勝之者。」八郡一州，指福建省。

〇六四　陳金鳳外傳　明王宇撰　明萬曆徐氏抄本

王永啟既得《陳后傳》於農家，予借録一本。反覆考核，其姓名事迹、歲月地理，與史乘符合者勿論，中有少異者。史謂審知節儉，府舍卑陋，何至築離宮自娱。然西湖水晶宫之名，古志有之，豈立國拜王之後，遊觀所不廢乎。《五代史》、《南唐書》俱謂延鈞妻早卒，繼娶金氏。《通鑑紀事本末》謂延鈞兩娶劉氏，《傳》稱初娶漢主劉巖女，繼選劉氏、金氏。豈歐、馬二公未備載乎。史謂繼鵬因陳后請春燕於延鈞，延鈞與之。《傳》稱延鈞怒，欲殺繼鵬。豈陳后曾請之，延鈞未之許乎。史謂林興教繼鵬造三清臺，《傳》

稱出於譚紫霄。豈妖巫之黨，史不一一書乎，抑紫霄實主其謀乎。史謂延翰爲審知養子延稟所殺，《傳》稱出於周彦琛，而《資治通鑑》謂延鈞誅延稟，隨復其姓名。豈史姑從其舊乎。李倣怒金鳳而進春燕，匡勝怒繼鵬而白其姦，雖無可證，然可殷譖李倣於閩主，匡勝無禮於福王，史之所載明甚，豈盡影響乎。金鳳爲陳巘之女，春燕爲李倣之妹，縱無可考，然陳巘奪人之位，而妻子爲人所淫，或亦天道。而李倣不難弑君，何難獻其妹以要寵。豈史氏以其曖昧淫穢而略之乎。他若韓偓《大酺樂》詩，向疑與樂府題不切，乃今知其有指，《傳》之言似不誣也。偓與李洵、崔道融等官爵姓氏，雖史氏不載，乃於偓本傳及唐黄滔集中見之。豈當時諸公來依審知，至延鈞時猶在乎。蓮花山閩王時陵寢甚多，惠陵、康陵想亦在其左右。而梧桐嶺、桑溪，宋《三山志》俱有載。胭脂山之名，《閩都記》謂審知女洗妝水所染，《傳》稱金鳳、春燕鮮血所漬，此皆好事者爲之也。徐𤊹題。

【箋校】見林、鄭、繆三輯。《外傳》全文見徐𤊹編《榕陰新檢》卷十五，作《金鳳外傳》；又見劉士鏻選輯，天啟元年（一六二一）閔元衢朱墨套印本《文致》不分卷，作《陳金鳳外傳》。二書皆附王宇跋，稱：「予居高蓋山中，有農家掘地……啟視有抄書一帙，爲《陳后金鳳傳》，不著姓名，楮墨漫滅，而字跡猶可句讀，農家弗能省。予聞亟往索歸，參之史乘諸書，始末多不異，因與友人徐𤊹訂正之。……萬曆甲辰（一六〇四）夏五閩邑王宇識。」鄭杰《藥爐集舊》（稿本，北京大學圖書館藏）卷二亦抄録《外傳》全文，並附王宇、徐𤊹及陳价夫三人題記。疑鄭氏所見《金鳳外傳》附此三題記。王宇，字永啟，福建閩縣人，萬曆三十四年(一六〇六)舉人,萬曆三十八年(一六一〇)進士。周亮工《閩小紀》卷二《金鳳傳》謂:「予在閩,徐存永爲余言,《陳金鳳外傳》是其伯孝廉幔亭氏所爲。」徐存永即徐𤊹幼子徐延壽,幔亭氏則爲徐𤊹長兄徐熥。徐熥去世時,徐延壽尚未出生。徐延壽之言,未必全可信。質之常理,作僞者應爲王宇,而徐氏兄弟或參與其事。別有《刪補古今文致》十卷,題「虎林劉士鏻越石原選,閩中王宇永啓增刪」,有萬曆四十年(一六一二)劉序,及天啟三年(一六二三)王序,該書未收入《陳金鳳外傳》。意王宇悔其未仕前少作,刪去該篇。又上引王宇題記,《文致》本未署年月。

〇六五 藝文類聚一百卷　唐歐陽詢輯

此書一百卷,余家所藏者缺四册,每有查考,輒恨其攉殘非完書也。數年前偶於官賢坊内小書舖中見有數册,混入雜書之内,將爲糊壁覆瓿之需,予以數十錢易之,正可補予之缺,然尚欠六十卷至六十六卷也。俟之數年,無從覓補。今歲余偶從南都歸,林志尹乃拾一册見餉,遂成全書。篝燈把玩,喜而不寐,因重加裝訂,收之篋中。曾憶陸儼山先生有云:「殘書亦收,以冀他日之偶全。」正謂此也。八十四卷有「田壽夫印」,不知何許人,尚俟他考。萬曆丙午(一六〇六)臘月六日,徐惟起書。

【書目】《藝文類聚》一百卷。

【箋校】見林、鄭、繆三輯。林志尹(一五五六—一六〇九)名應聘,福建侯官人。徐𤊹《鼇峰集》卷十五有《送林志尹之吳越販書》詩。謝肇淛《五雜俎》卷十三謂:「吾友又有林志尹者,家貧爲掾,不讀書而最耽書，其於四部篇目皆能成誦。每與俱入書肆中，披沙見金，觸目即得，人棄我取，悉中肯綮。興公數年之藏，十七出其目中也。」生平見謝肇淛《小草齋文集》卷十八《林志尹墓誌銘》。徐𤊹長子徐陸和林志尹次子林兆基（或作兆期）爲連襟，分娶陳介夫二女。林志尹每貽徐𤊹書籍，參題記《正編》一〇六，一二三，一三五，一五八及《前編》〇〇六。又案陸心源《皕宋樓藏書志》卷五十九，著録元宗文堂刊本《藝文類聚》，上有「徐氏興公」白文方印，未言有題記，當爲徐氏後得别本。

〇六六 **龍筋鳳髓判二卷** 唐張鷟撰

張鷟，字文成，唐調露（六七九）中進士，自號浮休子。唐史稱其早慧絶倫，以文章瑞朝廷，屬文章筆下輒成。唐以書判拔萃科選士，此書自省寺臺監百司，下及州縣，類事屬辭，凡一百首，蓋待選預備之具也。鷟爲張薦之祖，事見薦傳，所著書有《朝野僉載》、《龍筋鳳髓判》。洪景盧謂，《僉載》紀事，瑣尾摘裂，且多媟語。百判純是當時文格，全類俳體，但知堆垛故事，而於蔽罪議法處不能深切，無一篇可讀、一聯可采。如白樂天《甲乙判》則讀之愈多，使人不厭也。愚謂此書全重詞藻駢麗，故實飽滿，不重蔽罪議法，蓋判與律不同。如容齋之論，則律也，非判也。因考其事跡，漫題於後。萬曆丙午（一六〇六）初秋二日，書於金陵曹能始户部公署。

【箋校】見林、鄭、繆三輯。曹學佺時爲南京户部郎中。參題記《後編》〇〇四徐鍾震跋。

〇六七 **事物紀原集類十卷** 宋高承輯　明成化八年（一四七二）李果刊本　福建省圖書館藏

此書國朝正統（一四三六—一四四九）間，趙祭酒始傳之，門人南昌閻敬梓而行之，逸作者姓氏。予細覽玩，篇中述事至宋仁宗而止，仁宗之後，殿閣原始不載，乃有神宗熙寧太一宫，則熙寧（一〇六八—一〇七七）中人所著也。崇禎庚辰（一六四〇）仲夏，七十一翁興公書。

【著録】《中國古籍善本書目》，子九三六四。

【書目】《事物紀原》十卷，亡名氏。

【箋校】録自原書。又見鄭、繆二輯。輯本末句作「七十一翁興公書於緑玉齋」。

〇六八 **姬侍類偶一卷** 宋周守忠輯　明萬曆抄本

余從謝伯元處借得此書，翻閲一過，惟恐未盡，欲抄録備覽，性懶未能。友人葉振父偶爾相過，知余此志，請爲余書之。不出旬日，彙訂成帙。書以志喜，且不忘葉君筆札之勞也。萬曆戊戌（一五九八）菊月初四日，徐㶿興公題於緑玉齋。

【書目】《姬侍類偶》一卷，周守忠。

【箋校】見林、鄭、繆三輯。謝伯元，參題記《正編》〇六三。菊月爲九月。

〇六九 **清庵先生中和集六卷** 元李道純撰　明謝朝元抄本　北京大學圖書館藏

謝朝元乃先正貴溪令謝賓之子也。朝元號三橋，爲予之母姨丈，無子。此集乃其手抄，爲婿陳泰弼所藏。陳亦予舅之子，萬曆壬午歲（一五八二）持以贈予。謹識之。興公書。

【著録】《北京大學圖書館藏古籍善本書目》，頁三五八。

【書目】《李清庵中和集》七卷。

【箋校】録自原書。徐熥《先考永寧府君行狀》提及徐㭿二妻，陳氏，生女一，適謝肇淛父汝韶；林氏，生徐熥兄弟三人。陳泰弼，當爲陳氏兄弟之子。

○七○ 蜀中畫苑四卷　明曹學佺撰　明萬曆曹學佺四川刊本

能始宦蜀中四年，初寄余《蜀草》，再寄余《［遊］峨眉記》，三寄余《蜀中詩話》，最後寄余《畫苑》，凡於蜀中之佳事佳話，收拾殆盡矣。古之畫記、畫録等書甚夥，皆記繪畫之人，與夫位置設色之法，未有若此書之錯雜成文，取則尤新也。但本朝名公集中尚多題吟，而宋元集亦有可採者，恨未盡録耳。俟能始過家，以此質之。壬子（一六一二）閏月，興公識。

【書目】《蜀中畫苑》四卷，曹學佺。

【箋校】見林、繆二輯。「遊」字，據林輯補。曹學佺有關四川之著述，後收入《蜀中廣記》，《詩話》在卷一百一至一百四，《畫苑》在卷一百五至一百八。

集部

〇七一　**陸士龍文集十卷**　晉陸雲撰　明正德十四年（一五一九）陸元大刊本

張幼于曾以小陸抄本貽先兄，繕寫明朗。此乃都玄敬與吴士陸元大校刻者，卷末乃留宋人名字，依宋版也。讎對無差，勝今坊間所梓者多矣。萬曆丙午（一六〇六）冬杪，徐興公識。

【箋校】見林、繆二輯。張獻翼（一六〇四年卒），字幼于，南直隸長洲（今江蘇蘇州）人，張鳳翼（一五二七—一六一三）弟。張獻翼贈徐熥《陸雲集》抄本，見《前編》〇〇八。

〇七二　**陶靖節集十卷**　晉陶淵明撰　明何孟春注　明嘉靖六年（一五二七）羅輅刊本　廈門大學圖書館藏

此集先君少所披閲，筮仕之後，攜之四方，珍若拱璧，蓋五六十年前，陶集僅有何氏一注爲善，他無别梓也。年來刻本甚多，余獨寶此者，手澤存也，子孫其重之哉。萬曆壬子（一六一二）夏，㶿書。

【著録】《中國古籍善本書目》，集三七〇。江澄波《古刻名抄經眼録》，頁一七〇—一七一。

【書目】陶潛集，何孟春注，十卷。

【箋校】録自原書。

〇七三　常建詩集三卷　唐常建撰

萬曆戊子歲（一五八八）夏六月，偶與陳平（之）［夫］、鄭性之過陳女大于山草堂，女大出此見贈。後余以其漫漶，手録一册，置之笥中數年，友人陳惟秦常愛此詩，又謂出余手録者，遂丐以去。余只留此本也。余家藏《百家唐詩》，中有常建一卷，較此本十只六七，又多訛誤。玆雖蛀羨，然校讎無差，又爲社長所贈，尤當珍惜也。己亥（一五九九）春仲，惟起書。

【書目】《常建詩》三卷。

【箋校】見林、繆二輯。「夫」字，據林輯校正。陳女大又作陳汝大。徐熥編《晉安風雅》，卷首「詩人爵里詳節」：「陳椿，字女大，閩縣人。……萬曆中庠生，卒年六十六，有《景于樓集》八卷。……陳仲溱，字惟秦，懷安人。萬曆中布衣，有《陳惟秦詩》。……陳邦注，字平夫，閩縣人。……萬曆中布衣，有《釣磯集》。」謝肇淛《小草齋集》卷二十，有《得徐興公書聞陳汝大陳子卿鄭性之相繼物故》及《再哭惟和汝大諸子》二詩，徐熥卒於萬曆二十七年（一五九九），陳汝大、鄭性之應在此前後謝世。又按《晉安風雅》所録詩人，時皆物故，三陳應較徐熥早卒。《唐百家詩》一百七十一卷，明朱警編，嘉靖十九年（一五四〇）刊。

〇七四　寒山子詩集　唐釋寒山子撰

余他日偶訪瀚上人於平遠臺山房，見案頭有寒山子詩一帙。上人不知愛重，鼠嚙其腦，漸至於中。

余曰：「寒山之詩，詩中即偈。師其知寒山之禪機乎。」上人茫然不答。余遂丐歸。上人視之如棄敝屣。山窗無事，手自粘補，重加裝潢。第鼠嚙處（闕深傷）字［闕］，［深］爲可恨也。載觀卷首朱晦翁、陸放翁二札，則明老、南老賢於瀚上人遠矣，識者能不呵呵大笑耶。己亥（一五九九）閏四月，徐惟起跋。

【箋校】見林、鄭、繆三輯。校字據林輯，鄭輯同林輯，惟「闕」字誤作「闊」字。平遠臺在福州九仙山法雲寺。瀚上人爲釋如瀚，廣東潮陽人，《古今禪藻集》録其詩三首。福州詩人，若徐氏兄弟、鄧原岳、陳薦夫、陳鳴鶴輩多有詩與其唱和。然觀此題記，徐𤊹對其評價不高。宋本《寒山詩集》卷首有《朱晦翁與南老帖》、《陸放翁與明老帖》及志南、可明二跋。

〇七五　錢起詩集十卷　唐錢起撰

《韻語陽秋》云：錢起集，鮑欽止謂昭宗時有中書舍人錢珝，亦起之諸孫。集中亦有珝所作也。中《同程七早入中書》、《和王員外雪晴早朝》二首，皆珝所作無疑，蓋起未嘗入中書也。又有《登彭祖樓》一詩，而薛能集亦載，則知所編甚駁也。

【書目】《錢起詩》十卷。

【箋校】見林、繆二輯。此題記但撮録《韻語陽秋》，徐氏未置片言。

〇七六　杜工部詩　唐杜甫撰

杜詩刻版最多，而類體本最不易得。詩不類體，尋覓自費工夫也。此本雖不甚善，印章袁佩蘭先生家物。佩蘭名達，見郡志「文苑傳」，亦先正之能詩者也。余喜蓄書，又喜收前輩批點書，此本恨無袁先生評品耳。癸丑（一六一三）春三月朔，興公書。

【箋校】見林、繆二輯。

〇七七 **分類杜詩** 唐杜甫撰

世傳杜詩不下數百本，箋注者十之七，編年者十之三，分類者十之一。此則分類無注，簡而易覽，先君子少時所披誦者，藏余家將六十年。印章有「少坡」、「東山」二印，蓋先君舊號「少坡」，而「東山」者乃薛廣文欽之別號，當時曾共讀者也。余兄弟幼學詩，即覽此集，雖他有善本，亦不喜觀。今先君歿已十載，不無手澤之感。萬曆庚子（一六〇〇）三月朔日，徐惟起書。

【箋校】見林、鄭、繆三輯。

〇七八 **薛濤詩一卷** 唐薛濤撰 明萬曆徐𤊹抄本

唐有天下三百年，婦人女子能詩者不過十數人，娼妓詩最佳者薛洪度、關盼盼而已。《彤管》所載，不得一二；《女史》所收，不得三四。近曹能始叅藩西蜀，梓而行之。洪度詩五百首，此亦斷圭殘璧，非完璞也。中有《贈楊蘊中進士》一首，雖凄惋可咏，然鬼語無稽，余乃拔附集末。田洙聯句，尤爲不經，竟刪去之。無事齋居，手自抄録，以備諷咏，庶幾寤寐紅妝，彷佛環佩矣。萬曆庚戌（一六一〇）端午日，徐興公書于汗竹齋。

【書目】《薛濤詩》一卷。

【箋校】見林、繆二輯。《彤管》、《女史》當指明張之象輯《彤管新編》及明田藝蘅輯《詩女史》，前者録薛詩八首，後者録薛詩七首。曹學佺萬曆三十七年（一六〇九）任四川右參政。今日所見薛集，最早者「萬曆己酉（一六〇九）春仲鎸於洗墨池」，疑即曹本。

〇七九　**孟東野詩集**　唐孟郊撰

余少喜誦東野詩，每以未睹全集爲恨。萬曆庚寅（一五九〇）夏日，偶與謝在杭訪王孔振所居。孔振案頭有此集，翻閱良久，孔振心知余愛誦，遂以見贈。余袖歸，珍若寶玉，兩携入吴越，妄意批點。兹孔振謝世五載，每一披覽，不勝河山之感。己亥（一五九九）四月初三日，雨中無事，彙檢唐賢詩，因捉筆書於紅雨樓，天竺山人徐惟起識。

【書目】《孟郊詩》十卷。

【箋校】見林、鄭、繆三輯。王孔振，名不詳，福建侯官人，二徐好友。嘗贈徐熥《杜工部集》，見《前編》〇一三。徐𤊹《鼇峰集》卷十《聞王孔振客死瀘州詩以哭之》，撰於萬曆丁酉年（一五九七），内云：「五年歌蜀道，聞訃幾番疑。」徐熥題記亦云：「壬辰（一五九二）冬孔振將入臨邛。」王孔振應卒於萬曆二十五年（一五九七）或之前，「謝世五載」疑爲「謝世三載」之誤。

〇八〇 李文公集十八卷　唐李翺撰　明刊本

《李文公集》十八卷，景祐三年（一〇三六）歐陽文忠序之，又爲之跋。余家藏有舊本，序次稍異，乃邵武郡守馮師虞所梓，版存郡齋。此本首無歐序，而更以（王）［玉］融何方伯宜序，刻在景泰乙亥（一四五五）。邵武本刻在成化乙未（一四七五），互有魚魯之誤，因兩存之。萬曆戊申（一六〇八）伏日，徐𤊹記。

【書目】《李翺文公集》十八卷。

【箋校】見林、繆二輯。何宜，福建福清人。玉融，即福清。徐氏題記有誤，何宜序乃爲成化十一年（一四七五）邵武知府馮孜刊本而撰，與「景泰本」無關。《四部叢刊》影印本《李文公集》，卷首有成化乙未（一四七五）何宜序，卷終有景泰乙亥（一四五五）邢讓題識。徐𤊹所藏或同該本。目爲「景泰本」，誠大意之失。

〇八一 李文公集十八卷　唐李翺撰　明刊本

韓退之作《歐陽詹哀詞》，謂公有《歐陽傳》，此本亦闕此篇，終不傳矣。雖然，有退之《哀辭》，又有《唐書·藝文傳》、李貽孫序，歐陽先生事盡矣。此版梓在邵武，先君藏之數十年。夏日暴蟫，因識簡末，乙巳（一六〇五）夏五，興公題。

【書目】《李翺文公集》十八卷。

【箋校】見林、繆二輯。如題記《正編》○八○爲成化十一年（一四七五）邵武馮孜刊本，此疑爲嘉靖四年（一五二五）舒瑞重修本。

○八二 皇甫持正文集　唐皇甫湜撰

《事文類聚》云：「湜性褊急，嘗爲蜂螫指，購小兒斂蜂，搗取其液。一日，命其子録詩，一字誤，詬躍呼杖，未至，嚙其臂血流。」《唐書》本傳云：「湜卞急使酒，忤同省怒。」白居易撰碑文：「又怒三縑之薄。」觀其立論，不許柳下惠之和，則褊急之態形于筆端矣。斂蜂嚙血之事，豈誣哉。徐興公題。

【箋校】見林、繆二輯。

○八三 沈下賢文集十二卷　唐沈亞之撰　明萬曆徐氏抄本

按晁氏序稱亞之爲福建都團練副使，本集中有《閩城開新池記》並《文祝延》，皆宦閩時所作。考《八閩通志》「歷官」無亞之之名，《通志》掛漏，合當添入。此本借之焦太史，命工抄録，然其中訛舛難以指摘，聊備一集而已。萬曆丙午（一六○六）初夏，閩徐𤊹書于白門之鷲峰禪室。

【書目】《沈亞之文集》十二卷。

【箋校】録自復旦大學圖書館藏謝肇淛小草齋抄本《沈下賢文集》。又見林、鄭、繆三輯。焦太史，焦竑（一五四○—一六一九），時在南京（白門），已致仕多年。

〇八四　樊川文集二十卷外集一卷别集一卷　唐杜牧撰　明刊本　北京師範大學圖書館藏

《雍録》曰：「樊川在長安南杜縣之樊鄉也。高帝以樊噲灌廢丘有功，封邑之于此，故曰樊川，即後寬川也，又名御宿川。在萬年縣南三十里。杜佑别墅在焉，故裔孫牧目其文爲《樊川集》也。」《别集》一卷，姚西溪《叢語》以爲許渾之詩。許曾至鬱林，杜未有西粤之役，而《别集》有「松牌出象州」之句，姚語或有據也。然其中又有《寄許渾》并《華堂今日綺筵開》詩，乃牧之作。疑信相半，難以别白。萬曆庚子（一六〇〇）春，徐惟起。

【著録】《中國古籍善本書目》，集一七六二。《北京師範大學圖書館古籍善本書目》，二四三九。

【箋校】録自原書。又見林、繆二輯。題記文字，徐𤊹整理後收入《筆精》卷二《樊川别集》：「杜牧《樊川集》語多猥澀，惟《别集》句調新清。宋姚西溪以《别集》爲許渾詩，言之有據。且今世許集傳本多鬱林詩，蓋渾曾至鬱林也。杜牧未有粤西之行，而《别集》忽有「松牌出象州」之句，似可證非牧詩。然其中又有《寄許渾》并《華堂今日綺筵開》詩，乃牧之作。然疑信相半，千載而下，莫能爲之分别也。」可參看。

〇八五　李文山詩集三卷　唐李群玉撰　明徐𤊹校　明萬曆徐氏抄本

唐李群玉詩最佳者，《秣陵懷古》及《黄陵廟》二律，往往見諸詩選，而全集則尠覯也。今歲偶游白門，同社各賦懷古詩，譚及群玉之作。而郭聖僕家藏此本，出以相示。細爲校讀，警句層出，遂令童子録之。群玉，澧州人，版刻澧州，亦甚漫漶，今不知存否耳。萬曆丙午(一六〇六)仲夏，徐興公書于秦淮客舍。

【箋校】録自國家圖書館藏明謝氏小草齋抄本《李文山詩集》，題「明晉安徐惟起校」。郭天中，字聖僕，福建莆田人，寄寓南京。錢謙益《列朝詩集小傳・丁集中》「郭布衣天中」，稱其「購蓄古法書名畫，不事生産，專精篆隸之學。窮厓斷碑，搜訪摹搨，閉户冥搜，寢食都廢」。陳衍《大江草堂二集》卷十《郭聖僕傳》則謂其「積祕册及金石文皆萬卷，下帷讎較，而緘口不談及文字事，亦不肯多著述」。余懷《板橋雜記》卷中記郭卒後，所蓄書畫古器，及愛妾朱玉耶，皆爲楊文驄所得。徐𤊹所藏韋莊《浣花集》，亦據郭聖僕藏本抄録，見題記《正編》〇八八。

〇八六　**唐甫里先生集二十卷**　唐陸龜蒙撰　明萬曆許自昌刊本　日本靜嘉堂文庫藏

萬曆丙午(一六〇六)春，范東生見貽。興公。

【著録】《皕宋樓藏書志》卷七十一。《靜嘉堂文庫漢籍分類目録》，頁六三八。

【書目】《陸龜蒙甫里集》二十卷。

【箋校】録自原書。范汭，字東生，浙江烏程(今屬湖州)人，太學生，范應期侄，輯《全唐詩》千餘卷，迄無寧夕，卒年四十四。傳見錢謙益《列朝詩集小傳・丁集下》。參題記《正編》一四八。

〇八七 唐風集　唐杜荀鶴撰　抄本

會昌中，杜牧之自齊安移守秋浦，時妾有娠，出嫁長林鄉士杜筠，生荀鶴。自號九華山人，大順初擢第，授翰林學士、主客員外郎、知制誥。顧雲序其集爲《唐風集》。開卷《宫詞》一首，歐陽公《詩話》謂是周朴作。按《幕府燕閒録》云：「荀鶴詩鄙俚近俗，惟《宫詞》爲唐第一。諺云：杜詩三百首，惟在一聯中。風暖鳥聲碎，日高花影重。」實非周朴也。然荀鶴之詩語太刻削，雖乏渾厚之體，而佳句甚多，何止一聯。絶句如「山雨溪風捲釣絲」一首，「暮天新雁起汀州」一首，泠泠有韻。區區《宫詞》，何能盡其平生哉。斯本建安楊文敏故物，抄録精善。首有楊氏印章，後歸建安丘文舉，文舉轉以贈余，因考其人而評其大略如此。萬曆戊申（一六〇八）十月晦前，三山徐惟起跋。

【箋校】見林、繆二輯。楊榮（一三七一—一四四〇），福建建安人，明初「三楊」之一，謚文敏。楊榮及其後人藏書，不少後歸徐𤊹。又按《幕府燕閒録》，宋畢仲詢撰，今佚。近人王河、真理《宋代佚著輯考》（二〇〇三年），録得佚文三十七則，未收入此則。

〇八八 浣花集十卷　唐韋莊撰　明萬曆徐氏抄本

韋莊詩，《百家》未收，但於《鼓吹》中見其七言近體及諸家所選數首而已。偶入秣陵，友人郭聖僕出韋詩一帙見示，乃宋版也。遂命工抄録，以備觀閲。時謝在杭方爲比部郎，亦喜其詩調新逸，亦寫一帙而去。萬曆丙午（一六〇六）花朝，東海徐惟起記。

【書目】韋莊《浣花集》十卷。

【箋校】見林、鄭、繆三輯。《百家》，當指明朱警編《唐百家詩》，其中無韋莊詩。《鼓吹》，應爲金元好問輯《唐詩鼓吹》，録韋莊七言十九首。謝肇淛時爲南京刑部主事。郭天中，字聖僕，參題記《正編》〇八五。

〇八九　**臨川王先生荆公文集一百卷**　宋王安石撰　明刊本　日本國立公文書館藏

天啟癸亥（一六二三）夏六月，余至樵川訪劉司理，臨別友人李公美貽此集。公美名思讓，善丹青，亦工寫照。興公識。

【著録】《改訂内閣文庫漢籍分類目録》，頁三三四。

【書目】《王安石臨川集》一百卷。

【箋校】録自原書。劉司理，當爲邵武府推官劉紹光，廣西桂林人，舉人。此書現缺卷六四至一百。有日儒龜田長興（一七五二—一八二六）題跋：「往歲我得之書肆，而三卷失傳爲恨耳。嗚呼，此集興公縹囊中之物，而流落海外歸於我，實不勝百六飈迴之感也。官醫丹波永世見此集而懇求焉，因識其事而與之。亡佚三卷，永世行問于不知何人之手，則神物豈得不合耶。癸亥（一八〇三）之夏，鵬齋龜田興。」此書至晚於日本享和（清嘉慶）年間已傳至日本。

〇九〇　張文潛文集十三卷　宋張耒撰　明嘉靖三年（一五二四）郝梁刊本

張文潛有集名「柯山」，蘭溪胡元瑞素稱積書，然未之見也。曾于臨安一見抄本，旋遭祝融之禍，詳《筆叢》中。此集僅十三卷，非全集也。偶讀陸放翁《老學庵筆記》云：「文潛三子秬、秸、和，皆中進士。秬、秸在陳死于兵，和爲陝西教官，歸葬二兄，復遇盜見殺。文潛遂無後。」噫，文潛何不幸之若是也。雖然，即此八十餘篇可以不朽，豈世無孫支鼎盛，陳言累牘，令人厭觀者，竟與草木澌腐耳。文潛又不幸中之幸也。萬曆丁未（一六〇七）夏至日，徐惟起題。

張文潛生而有文在其手，曰「耒」，故以爲名，而字文潛。見《老學庵筆記》。

文潛詩載在《事文類聚》頗多，當拾出附此集，亦一快也。記之以俟它日。

頃從陳伯全太史借《内閣書目》，「宋集類」有《張文潛宛丘集》三十四卷。金匱石室猶幸存，第抄録無由，民間不得見也。戊申（一六〇八）秋興公記。

【箋校】見林、繆二輯。繆輯僅録題記首則，未録後三則，當因大意，而非有心删選林輯。胡應麟述張耒文集，見《少室山房筆叢》卷三。十三卷本張集，僅有明嘉靖三年（一五二四）郝梁刊本，收論説、雜著八十二篇。陳五昌，字伯全，福建侯官人，萬曆三十二年（一六〇四）進士，選庶吉士，授翰林檢討。

〇九一　游定夫集　宋游酢撰　明萬曆建陽游氏抄本

庚子（一六〇〇）歲，建陽令魏公命修縣志，將以游、劉、朱、蔡、熊作五世家，游氏子孫抄録祖先事實，送余采擇。鷹山先生爲吾閩道學之祖，其所著作，固不止此，此特百之一耳。仁和張孝廉蔚然曾借録一本。乙巳（一六〇五）孟夏，徐惟起記。

【箋校】見林、鄭、繆三輯。建陽令魏公爲魏時應，江西南昌人，萬曆二十三年（一五九五）進士。其修《建陽縣志》，總裁二人，分纂九人，徐𤊹名列分纂第四。張蔚然，見題記《正編》〇〇四。

〇九二　唐眉山詩集十卷文集十四卷　宋唐庚撰　清雍正三年（一七二五）汪亮采南陔草堂活字印本

《唐眉山集序》：有宋唐子西先生，産於眉山。紹聖中，登進士第。政和之際，爲官拓落，謫粵之惠陽者七年，而詩文什九謫居時所著者。予以萬曆丁未歲（一六〇七）遊惠，既拜東坡於白鶴峰，因詢子西遺跡，有客導予至其故居。荒坂一區，絶無屋宇，僅存舊碑一通，字多蘚剥，後人呼其地爲「子西嶺」云。予爲詩曰：「遷客當年此著書，春風秋雨閉門居。古碑漫滅遺墟在，日暮啼鴉繞故廬。」屈指三十餘載矣。予癖喜收先賢遺集，獨先生集遍求弗得，不無惋惜。今歲抵清漳，晤何元子給諫，家有抄本二十卷，遂録之。先生與東坡所産鄉同，先後以文被謗同，其謫居地同。今坡公祠廟高峙峰巔，春秋享祀，過客憑弔；而先生文章風節，不減坡公，一區故宅，湮没於冷煙蔓草間，誰復有過而問者。至於撰著孔繁，什九散逸，僅僅若斯，又不能廣傳於後世，良可慨也。集中别有《三國雜事》二卷，尤爲評史斧鉞。致堂、雪航又不足論矣。庚辰（一六四〇）閏正月徐𤊹題。

【書目】《唐子西集》□卷。

【箋校】録自原書。徐𤊹抄本，後歸汪亮采，汪稱據以編刊《唐眉山集》。然汪本實據多本拼合重編，未全從徐本。致堂、雪航，指閩人胡寅及趙弼，分别著有《讀史管見》及《雪航膚見》。何楷，字元子（疑原作玄子，避清聖祖諱改），福建晉江人，天啟五年（一六二五）進士，嘗任刑科給事中及工科都給事中。

〇九三 **栟櫚集二十五卷** 宋鄧肅撰 刊本

余舊有《栟櫚集》，闕首帙，藏之數年，每以爲恨。今歲元旦，偶過謝在杭齋中，于冗書中檢得首帙，正可補余之闕，遂乞而合訂之，版雖不同，而于全編略無遺漏。余生平不厭斷簡，往往[掇]拾成部。此書以無意求之，乃成完璧，亦可喜也。萬曆戊申（一六〇八）正月十三日，徐興公識。

【書目】《鄧肅栟櫚集》二十五卷。

【箋校】見林、繆二輯。

〇九四 **高東溪先生文集二卷** 宋高登撰 明嘉靖五年（一五二六）黄直刊本 南京圖書館藏

《文獻通考》載《東溪文集》二十卷。此乃掇拾殘篇，非全集也。詩如「作掾只三語，讀書空五車」，「一無可意身將老，百不如人心自知」，「家連滄海難窮日，人在蠻荒欲盡頭」，啟如「分憂南服，得諸侯之寶三；儷美古人，有君子之道四」，「梁子徒勞走州縣，嗟十年其猶初；蕭生不得行胸懷，雖百歲而何益」，「伯樂去而凡馬空，象罔來而玄珠得」，皆佳句也。戊午（一六一八）秋，徐興公題。

宋漳浦高登，金人犯闕，上皇出走，登時爲太學生，謂國家爲蔡京、童貫、王黼、梁師成、李彦、朱勔所誤，請誅六賊以謝天下。朱文公爲《東溪祠堂記》。

【著録】《中國古籍善本書目》，集三六九七。王文進《文禄堂訪書記》，卷四。

【書目】《高登東溪集》二卷。

【箋校】録自原書。又見林、繆二輯。繆輯落「戊午秋徐興公題」七字。

〇九五　**横浦集二十卷**　宋張九成撰

萬曆乙卯（一六一五）仲夏，莆中宋比玉應試金陵，過余曰：「金陵新梓張無垢集，知之乎？」余曰：「未之聞也。」遂寄書索之林夷侯，夷侯覓之見惠。九月望前，風日晴好，菊花滿階，取閲終卷。時夷侯方在王永啟兵曹署中，不無遠想。興公漫識。

【書目】《張九成横浦集》二十卷。

【箋校】見林、繆二輯。此疑爲明萬曆四十二年（一六一四）吳惟明刊本。王宇，字永啟，時爲南京兵部武選司主事，參題記《正編》〇六四。《鼇峰集》卷十有《山窗讀〈易〉戲摘經語爲詩示陸兒兼呈王永啟林夷侯》詩。宋玨（一五七六—一六三二），字比玉，福建莆田人，以書畫名世，生平見錢謙益所撰《墓表》，《初學集》卷六十六。

〇九六　**羅鄂州小集五卷**　宋羅願撰

《宋史》云：「羅願治鄂州，以父汝楫故，不敢入岳廟。願曰：『吾有善績。』竟入謁。甫拜，遂卒于像前。」集中載願墓志及諸序，悉未言及斯事，因識之。戊申（一六〇八）夏日，興公。

【書目】《羅願鄂州集》五卷。

【箋校】見林、繆二輯。參下則。

〇九七 羅鄂州小集五卷　宋羅願撰

羅願知鄂州有治績，以父汝楫故，不敢入岳廟。一日，自念吾政善，姑往祀之。甫拜，遂卒于像前。事見《宋史》。而弟頎爲作墓志，但云以疾卒于郡，諱之也。徐興公題。

【書目】《羅願鄂州集》五卷。

【箋校】見林、繆二輯。繆輯有按語：「二段文相似，應删前一段。」二則俱録自林輯，但非並列，相距頗遠。想林佶録自二書，理應並存。又葉啟勳《拾經樓紬書録》卷下，載《鄂州小集》五卷附録一卷，明初黑口本，上有「徐𤊹之印」、「興公父」二印記，惟未言有徐氏題記。如非題記失落，徐氏至少有三本《羅鄂州小集》。

〇九八 陸放翁集　宋陸游撰

偶覽瞿宗吉《歸田詩話》，謂「放翁初婚某氏，伉儷相得，而失意於舅姑，竟出之，改事人。後遊沈園，邂逅相遇。翁作詞有『錯錯錯』、『莫莫莫』之句，蓋不能忘情焉爾。」《沈園感舊》二絶，是其晚年之作。詩云：「夢斷香銷四十年，沈園柳老不吹綿。此身行作稽山土，猶吊遺蹤一泫然。」又云：「落日城頭畫角哀，沈園非復舊池臺。傷心橋下春波緑，曾見驚鴻照影來。」詩意哀怨，正爲此也。遂識簡末。

【箋校】見林、鄭、繆三輯。徐𤊹此處引文不清，瞿佑原文稱：「初不曉所謂，後見劉克莊《續詩話》謂放翁初婚某氏，伉儷相得……」沈園故事初見宋人劉克莊《後村詩話》，而非明人瞿佑《歸田詩話》。《徐氏家藏書目》著録「陸游《渭南集》三十卷，《劍南集》六卷」。

〇九九　戴石屏詩集四卷　宋戴復古撰

《南村輟耕録》云：「戴石屏未遇時，流寓江右。武寧有富家翁愛其才，以女妻之。居二年，忽欲作歸計。妻問其故，告以曾娶。妻白之父，父怒，妻婉曲解釋，盡以奩具贈夫，仍餞以詞云：『惜多才，憐薄命，無計可留汝。揉碎花箋，忍寫斷腸句。道傍楊柳依依，千絲萬縷，［抵］不住一分愁緒。捉月盟言，不是夢中語。後回君若重來，不相忘處，把杯酒澆奴墳土。』石屏既別，遂赴水死，可謂賢烈也矣。」余按石屏、南村俱天台人，相去不甚遠，南村筆之于書，非謬也。徐𤊹興公識。

【書目】《戴復古石屏集》四卷。

【箋校】見林、繆二輯。「抵」字，據《南村輟耕録》卷四《賢烈》條補。

一〇〇　滄浪詩集四卷滄浪詩話一卷　宋嚴羽撰　明刊本

《嚴滄浪集序》：宋樵郡嚴滄浪先生工於詩，嘗著《詩法》，上下古今，辨别體製，卓識定力，後世奉爲蓍龜無論已。夷考先生生於宋之末季，高隱樵郡之莒溪。群從九人，俱能詩，時稱「九嚴」。其地曰嚴坊，滄浪之水出焉，因自號「滄浪逋客」。九巖詩俱軼弗傳，獨先生遺稿僅存什一於千百，雖鼎嘗片臠，而精味獨到。同時天台石屏戴式之客遊樵川，與先生交莫逆。時郡太守王子文與先生論詩不合，式之作十絶解之，有云「近日不聞秋鶴唳，亂蟬無數噪斜陽」。是先生之於當時，真若野鶴之在雞群也。再考先生有《平寇四言上王潛齋使君》。按《宋史·理宗本紀》：「端平元年（一二三四），權邵武軍王埜平建寇有功。」與先生詩意相符。舊本傳訛作「治平改元」，蓋治平爲英宗登極之年，去先生百有餘歲，予因爲之訂正。潛齋即子文，與先生論詩不合者也。先生又有《庚寅紀亂》之作。按《宋史》：「紹定三年（一二三〇），建昌蠻獠竊發，經擾郡縣。寧化曾氏寡婦禦寇有功。」亦與先生詩意相符。而先生《詩證》中有見寶慶間刻本杜詩，則知先生乃理宗時人，與同邑上官偉長、李友山、賴成之諸名士相倡和者也。斯集歲久湮閟，勝國至元庚寅（一二九〇），邑人黄公紹始序而傳之。厥後正德間淮陽憲伯胡公岳、吴郡吏部都公穆先後授梓。萬曆間予友鄧學憲汝高又梓之。兹樵陽何若士先生博雅窮詩，敬恭維桑，復校訂精詳，欲壽諸梓。余因考其歲月地里，庶幾得先生之大都矣。莒溪先有嚴粲者，工於《毛詩》箋注，嘗著《嚴氏詩緝》，朱文公《詩傳》多採其説。然則先生之論詩，夫有所受之也。三山徐𤊹興公撰。

【箋校】録自原書。「中央」研究院歷史語言研究所傅斯年圖書館藏本，有徐𤊹「閩中徐惟起藏書印」及其孫徐鍾震「雪峰樵」、「器之」藏書印記。何望海，字若士，福建邵武人，天啓二年（一六二二）進士。

一〇一　晞髮集十卷　宋謝翺撰　明萬曆四十六年（一六一八）張蔚然刊本

《謝皐羽晞髮集序》：宋社既屋，忠臣義士感憤激烈之氣，往往發于詞章而不可遏。毋論委質爲臣如文山、叠山者，其所著作，一本於忠君報國之忱，即落魄布衣，丁流離困苦之際，而牢騷不平之念，每寫之於詩歌文字間。吾鄉於宋遺民，得兩先生焉，一爲長溪謝翺皐羽，一爲連江鄭所南思肖。皐羽爲文丞相客，當丞相被執以死，晝夜哭不絶聲。思肖更名「不忘趙」，乃誓不與北人交接，託畫楚蘭以見志。皐羽僑居睦州，思肖流寓吳市，其所託跡略同，而其所爲詩歌亦峭峻相似。思肖有《錦錢集》，歲久軼弗傳，獨皐羽《晞髮集》行于世，修詞之士喜誦之，尤爲楊用修太史所稱賞。先後數集，編次紊亂，魚魯不一。虎林張維誠先生來令福安，正皐羽所生之地，下車首徵文獻。郭君時鏘乃取予所訂《晞髮集》以進，維誠先生復加考核，梓而傳之。予惟古今不事二姓，悲憤亡國，卓行高節，足爲百世師者，無如漢之陳咸、晉之陶潛。咸見何武、鮑宣死，即日乞歸，新莽篡位，猶用漢家祖臘。潛知宋業漸盛，飄然棄五斗以去，所爲文章，永初以後，惟書甲子，其用意固深且遠矣。皐羽牢騷不平之念，賦楚歌而哀號，擊如意而伏酹，譚勝國事輒悲鳴煩促，涕泗交睫。嗚呼，哭丞相者其哭宋社乎，擊如意者其擊强胡乎。視漢之咸、晉之潛，卓行高節，誠無軒輊。張令君之惓惓于斯集也，毋亦忠義之所激耶。若夫思肖之遺言，可與皐羽淩駕。予求之四方二十年而不能得，或有發名山之藏，出帳中之秘，予將稽首而受之，庶知吾閩宋有兩義士，皆以詩稱者也。萬曆戊午（一六一八）孟春，晉安後學徐𤊹興公撰。

【箋校】録自原書。卷端題：「明邑令張蔚然、郡人徐𤊹訂，邑人郭鳴琳校。」《中國古籍善本書目》著録，集四八〇〇，作「郭鳴琳刊本」。張蔚然，素善徐𤊹，參題記《正編》〇〇四。郭鳴琳（一五六七—一六二八），字時鏘，福建福安人。天啟間以恩貢爲靖江王府長史。曹學佺《靖藩長史長溪郭公墓志銘》稱：「郭公者，吾閩之福安人，以恩貢而選爲右長史……公之縣父母師爲武林張維成，維成固不佞萬曆丁酉歲（一五九七）畿闈所取士也。……生平慕謝皐羽之爲人，而力贊張公維成爲刻其集。」《晞髮集》編者爲徐𤊹，主刊佈事者爲福安知縣張蔚然。郭鳴琳學養不足以修訂徐稿，「力贊」云云，當止於財力資援。傅增湘（一八七二—一九四九）藏此書初印本，著録爲「長溪令張蔚然刻之邑中者也」。傅氏稱「卷中有『徐惟起印』、『風雅堂印』白文兩印，知爲興公刻成後自藏初印之本……楮墨明淨，觸手如新，無朱墨點污之痕，無蟲魚蠹損之跡」。此本現存國家圖書館。《徐氏家藏書目》著録：「《謝翱晞髮集》六卷。」按《晞髮集》弘治本、嘉靖本及隆慶本，皆六卷。

一〇二　四如黃先生文稿六卷　宋黃仲元撰　明刊本

萬曆庚子（一六〇〇）夏，買於建州。

【著録】杭世駿《黃四如文集跋》，《道古堂文集》卷二十六。黃裳《來燕榭書跋》，頁一六〇。

【書目】《黃淵四如集》六卷。

【箋校】此書卷一至四，現存南京圖書館；　卷五至六，黃裳舊藏，現下落不明。徐𤊹題記在卷六末。

此書杭世駿定爲元泰定刊本，黄裳定爲嘉靖本。

一〇三　**月洞詩一卷**　宋王鎡撰　明萬曆王之棟甌寧刊本

《王介翁集》僅得律絶三體，皆類晚唐口吻，置之《百家唐詩》中，孰辨其爲宋人也。清新工巧，即顧況、雍陶亦不過此。至于「多難識君遲」、「緑柳影分騎馬路」數句，實出晚唐成語，略更綴一二字耳。又按先生義不仕元，放情林壑，故其詩逾工。斯本乃建溪詹鼎卿孝廉所惠，至樵川仁壽寺始爲披覽，惟恐易盡。讀既盡，遂評其大略如此。辛丑（一六〇一）九月二十四夜，惟起題。

【書目】《王鎡月洞詩》一卷。

【箋校】見林、鄭、繆三輯。祝尚書《宋人别集叙録》卷二十八，列明版《月洞吟》二種：「嘉靖本久佚，明人唯《徐氏家藏書目》卷六著録『《月洞詩》一卷』，殆即其本。是集今以萬曆二十九年（一六〇一）重刻本爲古。」逕言紅雨樓藏本爲嘉靖本，而未予佐證，恐非是。徐𤊹《筆精》卷三《王介翁》：「括蒼王鎡，字介翁。宋室播遷，義不仕元。《宋史·藝文志》謂鎡文集三十卷，世尠傳矣。近其裔孫之棟丞甌寧，掇拾家乘，得《月洞詩》一帙，特片麟隻羽耳。」檢《［康熙］甌寧縣志》，王之棟萬曆年間任主簿。又《［萬曆］建陽縣志》載詹玉鉉，字鼎卿，萬曆二十二年（一五九四）舉人。蓋萬曆二十八年（一六〇〇）徐𤊹遠赴建陽，分修縣志（參題記《正編》〇九一），至是事竣返家，建陽舉人詹玉鉉以鄰縣新刊相贈。

一〇四　**遺山先生文集四十卷**　金元好問撰　明弘治十一年（一四九八）李瀚刊本　福建省圖書館藏

萬曆庚子（一六〇〇）秋七月，購于芝山寺書鋪，興公識。

【著録】《中國古籍善本書目》，集五〇一二。

【書目】《元好問遺山集》四十卷。

【箋校】録自原書。芝山寺，應爲福州芝山寺。

一〇五　**陳剛中詩集三卷附録一卷**　元陳孚撰　明天順四年（一四六〇）沈琮刊本

陳剛中《觀光》、《交州》、《玉堂》三稿，洪武壬午（一四〇二）刻在浙江布政司，版不多見。此本乃天順庚辰（一四六〇）雲間沈琮所梓也。字頗漫漶，余得之于建陽丘惟直家。萬曆庚子（一六〇〇）夏，徐興公書于交溪客舍。

【書目】《陳剛中詩集》四卷。

【箋校】見林、鄭、繆三輯。洪武壬午，即建文四年（一四〇二）。

一〇六　**傅與礪詩集八卷**　元傅若金撰　明洪武十五年（一三八二）傅若川建溪精舍刊本　中國國家圖書館藏

萬曆戊戌（一五九八）菊月，林志尹寄惠。

傅若金詩，在勝國卓然傑出者。胡元瑞持論甚正，《詩藪》多引傅句。惜梨棗漫漶，紙煙模糊。此本洪武間刻，世不多得，重録珍藏，尚有所待。萬曆庚子（一六〇〇）秋，徐惟起識。

【著録】《中國古籍善本書目》，集五七五五。王文進《文禄堂訪書記》，卷五。《自莊嚴堪善本書目》，頁八九。《自莊嚴堪善本書影》，六二八。《北京圖書館古籍善本書目》，頁二二七六。

【書目】《傅(汝)[與]礪詩集》八卷。

【箋校】録自原書。林、繆二輯，僅録第二則題記。林志尹，參題記《正編》〇六五。

一〇七 **陳子上存稿六卷** 元陳高撰

按《陳子上墓志》：「舉元至正進士，尋棄官，往來閩、浙間。」詩文總六卷，中有《福州東禪寺記》、《金雞山水竹幽居記》二篇。今寺久頹廢，讀斯文，昔日繁盛，宛然在目。而鄉先輩陳太史毀其寺以起墳，子孫寖微。福田因果之説，信有之矣。此建州楊氏藏本，辛丑(一六〇一)冬于建州購得，徐興公題。

【箋校】見林、繆二輯。《陳子上先生墓誌銘》，揭汯撰。「建州楊氏」，當指建安楊旦家，參題記《正編》〇五八。

一〇八 **聞過齋集八卷** 元吴海撰　明鄭濬刊本

吾鄉先輩吴先生朝宗，爲人尚行檢，重氣節。洪武初隱居不仕，與永福王翰友善。翰爲勝國死，先生經紀其家，撫遺孤俾教之。生平爲文集八卷，整嚴古健，一歸于理。洪武中，孟敭曾編刻行世，嘗以是集贈廬陵楊文貞公。文貞謂「近時閩中之文，以吴魯客爲巨擘也」。孟敭所梓者歲久弗傳，此版乃藤山鄭公濬重梓者，迄今百二十餘歲，版復散失，傳者尠少。先生之文，不絶如綫矣。余偶從舊肆得之，批誦數回，輒興景仰之懷。嗟嗟，文章顯晦，固自有時，由今以至千百歲後，不知誰爲王，誰爲鄭也。謹什襲秘藏，俟吾鄉有博雅好古之士出，當謀梓以傳。時萬曆己亥（一五九九）初夏三日，後學徐𤊹謹題。

吴先生人品之高邁，載在郡志特其一二，未足以盡先生。其文章之沈著蘊籍不必論，至于答待制左丞之書，可謂澄之不清，淆之不濁，即嵇叔夜莫是過也。惜其子孫寖微，未能闡揚先德，而後學如𤊹，貧而且賤，又不能爲先生授梓行世，然每批誦，輒動高山之仰爾。庚子（一六〇〇）暮春朔日又題。

【箋校】見林、鄭、繆三輯。《晉安風雅》卷首《詩人爵里詳節》：「吴海，字朝宗，閩縣人。洪武中布衣，累薦不仕。有《聞過齋集》八卷。」王偁，字孟揚，亦作孟敭。「答待制左丞之書」，當爲「復陳左丞書」。

一〇九 玉笥集十卷 元張憲撰 明成化五年（一四六九）黄�常山刊本

勝國人才之盛，超宋接唐，當時善鳴者凡數百家，皆流麗逸宕，以情采風致勝。會稽張思廉之作，古體鍊句鍊字，出入温、李，近體有法有度，比肩劉、許，讀之惟恐易盡。張公生于元季，張仲達選《元音》十二卷、宋公傳選《體要》十四卷，皆遺思廉姓氏，蓋二公選詩時，思廉全集尚未傳之人間，向非侍御黄玉輝梓而行世，則思廉將腐同草木耳。此本余得之故家所藏，不絕如綫矣。重加裝訂，秘之篋中，尚俟質之諸同調，再刻以傳也。又按都玄敬《詩話》云：「思廉元末流寓吴門，時張士誠欲結納遊客，大開賓賢之館，聞思廉名，禮致爲樞密院都事，思廉遂委身事焉。未幾張敗，思廉變姓名，走杭州，寄食報國寺，旦暮手一編，人不得窺。後思廉死寺中，人取視之，乃其平生所作詩也。孫司業大雅嘗爲著傳。」萬曆己亥（一五九九）初夏晦日，惟起書。

【書目】《張思廉玉笥集》十卷。

【箋校】見林、鄭、繆三輯。黄瑮，字玉輝，南直隸（今安徽）全椒人，天順四年（一四六〇）進士，刊書時以御史謫爲常山縣丞。

一一〇　丁鶴年詩　元丁鶴年撰

萬曆戊戌（一五九八）歲，偶得寒疾，乍起櫛沐，體猶委頓。忽有持《丁鶴年詩》來售，余捐藥債購之。據床吟誦一過，倏然病已，因記之。筆耕惰農徐惟起書。

【書目】《丁鶴年詩集》一卷。

【箋校】見林、鄭、繆三輯。未悉此本即下則題記所述之永樂三卷本否。

一一一　鶴年詩集三卷　元丁鶴年撰　明正統刊本　日本静嘉堂文庫藏

余向家藏《丁鶴年詩》三卷，乃永樂間刻版，後有盧陵楊文貞士奇跋語，紙墨古潔，余珍惜之。斯本爲元版，亦分三卷。簡首有高惟一印章。惟一，國初人，有孝行，事詳郡志。二本俱善，因合藏之。萬曆丁未（一六〇七）春正月三日，徐興公題。

【著録】《皕宋樓藏書志》，卷一百六。《儀顧堂續跋》，卷十三。《静嘉堂文庫漢籍分類目録》，頁七〇三。

【箋校】録自原書。又見林、鄭、繆三輯。傅增湘《藏園群書經眼録》卷十五稱：「明刊本，陸心源氏誤題爲元刊。」《静嘉堂文庫漢籍分類目録》定此爲明正統刊本。

一一二　戴九靈集　元戴良撰　明刊本

萬曆己丑年（一五八九），余往白沙徵租，遇一塾師，見童子案上有《戴九靈集》三册，蟲殘蛀朽，國初印刷也。余雅知九靈先生文名，遂丐之塾師，而童子因師故，遂以惠余，藏之山齋十五年矣。壬寅（一六〇二），余有四明之役，閑坐書肆，見其敗簡中有《九靈集》一册，正余藏本所闕，遂乞以歸，合之便成全書，紙色相類。第十五卷至二十卷乃四明得來者。今尚欠第二十一卷至二十六卷耳，更圖補抄。筠雪道人徐興公書。

【書目】《戴良九靈山人集》三十卷。

【箋校】見林、鄭、繆三輯。此疑爲正統十年（一四四五）戴統刊《九靈山房集》三十卷。

一一三　王忠文公文集二十四卷　明王禕撰　明嘉靖元年（一五二二）張齊刊萬曆補修本　日本國立公文書館藏

萬曆二十六年戊戌（一五九八），友人薛君和歸自婺州見惠。東海生徐惟起志。

【著録】《改訂内閣文庫漢籍分類目録》，頁三四四。黄仁生《日本現藏稀見元明文集考證與提要》，頁六三一—六四。

【書目】《王禕忠文集》二十四卷。字子充。義烏人。洪武初官翰林待制。謚忠文。

【箋校】録自原書。

二一四　半軒集十二卷　明王行撰　明初抄本

(原東)[東原]逸史作《半軒傳》，謂其有《楮園集》十五卷、《半軒集》六卷。此部名《半軒》，又分十二卷，似後人繕寫時重編者。先生生勝國之末，與郡人高季迪、徐幼文友善，于文字中往往及之。高工于詩，膾炙人口，而文則甚平淡，且不多見。先生詩雖不逮季迪，文實過之，每一篇中輒出奇意，亦勝國之錚然者。翻覽之際，恒訝其贈送醫士甚夥，及讀《半軒傳》，始知先世以賣藥爲生，故與醫家往來爲密耳。辛丑(一六〇一)秋仲，偶過芝城，購于書肆，漫識卷末。

【書目】《王行半軒集》十二卷。字止仲。吳縣人。號半軒。初父賣藥，行髫年能記千品。弱冠工古文辭。洪武初，郡庠延爲經師。晚更號楮園。有《楮園集》十五卷、《半軒集》六卷、《學言稿》十卷、《四六劄子》二卷、《宋系統圖》二卷。洪武二十八年(一三九五)卒于金陵，年六十有四。同社杜瓊爲之傳。成化癸卯(一四八三)，同郡張習得抄本，彙而録之，總名曰《半軒集》十二卷，《補遺》一卷。

【箋校】見林、鄭、繆三輯。東原逸史，即杜瓊(一三九六—一四七四)。林、鄭二輯作「東原逸史」，不誤。芝城，福建建安(今建甌)。《筆精》卷四《王止仲》：「余嘗得楊文敏公遺書，中有王行《半軒集》十二卷，寫本也。……文敏去止仲甚邇，即爲之抄録，想當時無刻版耳。」

一一五 鳴盛集 明林鴻撰

林子羽《鳴盛集》，世不多見。萬曆初，袁景從刻《十子詩》，删去什之三，不無過嚴，如賦如調如記，一概汰之矣。此本乃陳伯（儒）〔孺〕見貽者，譬之龜鬚兔角，實不恒有，子孫其慎藏之。壬子（一六一二）夏，徐惟起識。

【箋校】見林、鄭、繆三輯。《晉安風雅》卷首《詩人爵里詳節》：「林鴻，字子羽，福清人。洪武中薦辟，試『龍池』、『孤雁』二詩，稱旨，授將樂訓導，官終膳部郎中，號『閩中十才子』。有《鳴盛集》十卷。」《閩中十子詩》，馬熒、袁表選編，萬曆四年（一五七六）刊。十子爲：林鴻、陳亮、高棅、王恭、唐泰、鄭定、王偁、王褒、周玄、黄玄。徐𤊹極珍惜十子著作，認爲刊印不宜删選。參題記《正編》一一八，一二二，一二六。陳价夫，字伯孺，二徐好友，徐𤊹姻親。

一一六 寓軒詩集九卷拾遺一卷（存卷七至九及拾遺） 明朱潤祖撰 明刊本 中國國家圖書館藏

崇禎辛巳（一六四一）中秋，偶遊武夷，小憩萬年宫梁以成道士房，於亂帙中拾〔出〕一册，乃洪武初溧水朱潤祖《寓軒集》。只律詩絶句，其上册則亡矣。潤祖官嚴州淳安教諭。集中有《季潭領僧會》一律，季潭，釋宗泐□□徐興公識。

【著録】《中國古籍善本書目》，集六六七五。《北京圖書館古籍善本書目》，頁二三一八。

【書目】《朱潤祖寓軒集》十卷，只有律絶，無上卷。字□□。溧水人。洪武初，官淳安教諭。

【箋校】録自原書。「釋宗泐」至「徐興公識」之間，原書文字殘缺。季潭，釋宗泐字。參題記《正編》一一九。此題記極重要。崇禎十四年（一六四一）中秋，徐𤊹方得《寓軒詩集》，越年十一月徐卒，而《書目》已著録《寓軒詩集》，可知徐𤊹生前一直補訂《書目》。

一一七　浦舍人集六卷　明浦源撰　明崇禎十三年（一六四〇）陳文煬刊本

《題辭》：浦源，字長原，别號東海生，常州無錫人。洪武中爲晉府引禮舍人。入閩，以詩謁林員外鴻。鴻不見，使門人周玄、黄玄問所從來。源出所懷詩投之，曰：「以此相評耳。」二玄展讀，至「雲邊路繞巴山色，樹裏河流漢水聲」，驚嘆曰：「吾家詩也。」白鴻，出見之，相得益歡，避所居舍源，日與爲詩，由是浦舍人名籍甚。嘗贈源詩云：「無諸城下乍秋風，客舍逢君興不窮。性僻共躭詩句險，愁多卻仗酒杯空。平蕪一騎經吳苑，積雨孤舟夢晉宫。明日又從江上别，曲欄愁倚送飛鴻。」舍人所著詩多軼弗傳。嘉靖中，俞是堂先生選刻《盛明百家詩》，亦云「吾鄉舊有浦集，久而湮廢，遍索烏有。頃乃得墨本于故家，僅四十首，以備鄉先輩一代故實」。是浦詩在昔時同鄉已自難覓，矧今日乎。𤊹輯諸選併先輩雜抄共百五十首，視俞本已增其三矣。淘沙揀金，業自見寶，不必連篇累牘也。偶與子潛談及前輩騷雅風流，欣然付諸剞劂，遂簡以授之。崇禎庚辰歲（一六四〇）閏正月望日，三山後學徐𤊹興公撰。

【箋校】録自原書。卷端題：「無錫浦源長原著，後學三山徐𤊹輯録，婁東陳文煬較梓。」是書罕見，上海圖書館藏本缺卷五至六。《中國古籍善本書目》著録，集〇六六七七。又國家圖書館藏清影抄本，全。陳文煬，字子潛。徐𤇆《鼇峰集》卷十九及卷二十，有兩首贈詩：《陳子潛將軍出鎮南澳》及《送陳子潛遊擊赴瀾州其尊人亦曾建牙此地》。張燮（一五七四—一六四〇）《群玉樓集》卷十四，有《陳子潛擢舟山參戎過里雨集麟角堂》詩。陳文煬蓋一儒將，非一般文人雅士。

一一八　虚舟集　明王偁撰　明永樂刊本

王孟揚詩，國初之巨擘也。近年馬用昭選刻《十子詩》，什删二三，蓋與袁景從商榷去取者。較舊本去一百六十三首，雖所芟者不甚雅馴，而棄擲不收，殊爲可惜。是帙乃永樂時刻，流傳至今，不絶如綫耳。因購藏山樓，重加裝訂，且記數語，俾子孫知所寶藏也。萬曆辛丑（一六〇一）暮春朔後，徐惟起書。

【箋校】見林、繆二輯。《晉安風雅》：「王偁，字孟揚，永福人。洪武二十三年（一三九〇）鄉貢，永樂初薦授翰林檢討，纂修《大典》總裁，卒年五十八。有《虚舟集》。」王偁，永樂十三年（一四一五）卒，見題記《正編》一二六。馬熒，字用昭；袁表，字景從。《閩中十子詩》，參題記《正編》一一五，一二二，一二六。

一一九　全室集　明釋宗泐撰　明永樂二十一年（一四二三）抄本

釋宗泐，洪武中與［來］復見心齊名。余見泐詩，僅諸家所選數首而已。今歲立春，偶客虎林，偕曹能始、林茂之過吳山雲居寺，有僧寮闃寂無人，《全室集》在塵埃中，遂拾而歸。覽其簡末，乃永樂癸卯年（一四二三）抄録者，留寺中二百年，一旦屑越而不之重，良爲可惜，非余拾得之，必入香積作醬瓿覆也。

乙巳(一六〇五)臘月立春日,興公書于浙城之旅次。

【箋校】見林、鄭、繆三輯。釋來復,字見心,元末明初名詩僧,有《蒲庵集》行世。三輯皆佚「來」字。

一三〇　聞一齋詩稿不分卷　明鄭賜撰　明崇禎六年(一六三三)徐氏抄本　中國科學院圖書館藏

崇禎癸酉(一六三三)仲冬,鼇峰六十四叟徐興公抄藏。

【著録】《中國古籍善本書目》,集六七四六。《中國科學院圖書館藏中文古籍善本書目》,頁四四七。

【箋校】録自原書。有林正青題記:「康熙戊戌(一七一八)閏秋得宛羽樓藏書四十七種,多吾閩前輩遺集,如宋長溪趙萬年,明長樂高棅、王恭,並此集,爲之狂喜。而是集抄本,尤可貴重。上《建寧志》一葉,係興公先生手抄。九月十六漏下廿刻,洙雲識。」《建寧志》一葉,今已失佚。

一三一　嘯臺集　明高棅撰　明黄鎬刊本

高漫士《木天清氣集》,先正鄧大參公珙曾梓而行之。此《嘯臺集》也,僅存近體,而古風則散逸,無從覓矣。斯本墨紙薄弱,年久蛀蠹,高景倩、謝在杭先後借録各一副,尚俟廣求藏書家以成全璧。萬曆丁巳(一六一七)夏,徐惟起識。

【箋校】見林、繆二輯。《晉安風雅》卷首《詩人爵里詳節》:「高廷禮,字彦恢,初名棅,長樂人。永樂初薦辟,授翰林待詔,卒年七十四。有《木天清氣集》、《嘯臺集》,總二十卷。」高景,字景倩,多次借抄紅雨樓藏書，又贈書徐𤊹。參題記《正編》〇五三，一二二，一二三。

一二二　**嘯臺集**　明高棅撰　明萬曆高景抄本

龍門高廷禮先生以詩鳴于洪、永間，所著有《嘯臺集》、《木天清氣集》，而《木天》諸詩，先正黃襄敏公刻之家塾，與王安中《白雲樵唱》共行于世，雖年遠鮮傳，而積書家或有藏者。至于《嘯臺集》，乃襄敏公先爲授梓，版今不存，後學之士，無從得覩。余兄弟求之十年，始得之張海城廣文。海城得之林碧田茂才，糜爛醯雞，不絶如綫。原分八卷，此帙失去五七言古風，惟存五七言律及絶句而已。友人高景倩喜收前輩遺言，又篤同姓之誼，遂借鈔録，手自校定，自是廷禮先生之詩將絶而不絶矣。第未知何日有好事者再爲録梓永其傳也。昔袁舍人、馬參軍彙刻《閩中十子詩》，收廷禮所作，亦甚寥寥，此集雖瑕瑜相半，然有可採者。景倩書成，余因爲之引其端，庶後人知景倩用心之勤，其功德不在袁、馬二公下耳。萬曆丁未（一六〇七）浴佛日，後學徐𤊹題。

【箋校】見林、繆二輯。黃襄敏爲黃鎬，福建侯官人，仕至南京户部尚書，成化二十年（一四八四）卒。參題記《正編》一二一。

一二三　**草澤狂歌五卷**　明王恭撰　明萬曆抄本

王安中詩刻《十子》中，《草澤狂歌》又是一部。余向借張海城先生抄本録之，而林志尹爲畢其工。甲辰（一六〇四）秋，高景倩侍親宿州，攜去重録，用綿紙楷書，中復校正。是詩年來又傳二部於人間矣。

萬曆丁未（一六〇七）秋，謝在杭借鈔一部，藏於家。徐興公題。

【箋校】見林輯。繆輯手稿有目無文，峭帆樓甲寅年（一九一四）重刊本删目。《晉安風雅》卷首《詩人爵里詳節》：「王恭，字安中，長樂人。永樂初薦辟，授翰林院典籍，修《大典》。有《白雲樵唱》、《草澤狂歌》、《鳳台清嘯》諸集，總三十餘卷。」林志尹（一五五六—一六〇九），名應聘，以字行，福建侯官人，明季書販，徐氏兄弟及謝肇淛好友。其子與徐𤊹長子陸爲連襟，分娶陳价夫（一五五七—一六一四）二女。林志尹有題記，述其爲徐氏兄弟抄書事：「王典籍《草澤狂歌》向未登木，徐惟和得自張海城先生，不啻若拱璧，然乃抄録未竟而逝。予藏篋中，不忍閱視，傷人琴之亡也。頃慮散佚，强淚抄成，仍送之緑玉齋，以成惟和之志，蓋亦效掛劍徐君云爾。萬曆壬寅（一六〇二）秋七月，志尹氏題。」（見曹學佺編《石倉歷代詩選》卷二百九十八）此抄本後歸吳焯（一六七六—一七三三），其《繡谷亭薰習録》稱：「余得萬曆中徐惟起録本，前有惟起跋，相傳只有鈔本云。」

一三四　鳴秋集　明趙迪撰　明抄本

此本《鳴秋集》，乃趙迪詩也。國初諸子詩多傳，獨趙君無有闡揚之者，不意于此睹其遺詩，渢渢大雅，不減孟揚、安中。在杭他日當爲另録一册，以存先輩不朽之業。刻而傳之，亦不難耳。興公識。

【箋校】録自振綺堂抄本《鳴秋集》，中國國家圖書館藏。《晉安風雅》卷首《詩人爵里詳節》：「趙迪，字景哲，閩縣人。洪武中布衣，有《鳴秋集》。」徐氏題記蓋原書於謝肇淛（在杭）藏本上。孟揚、安中，指趙迪同時詩人王偁及王恭。近人標點此題記，誤作：「渢渢大雅，不減孟揚、安中、在杭。他日當爲另録一册，以存先輩不朽之業。」不悟謝氏無與二王並列之理。謝氏得此抄本經過，詳見下題記《正編》一二五。

一三五　**鳴秋集**　明趙迪撰　明崇禎徐鍾震抄本

《鳴秋集序》：國初經義未起，吾郡洗勝國之餘習，詩教聿興。福清林膳部子羽崛起草昧，復置正始。惟時二玄，師事獨專。鳴秋山人趙先生景哲與膳部倡和，得其宗流，名雖著聞，而詩則寥寥無睹也，但於諸家所選中見其數篇，詞調爾雅，雜之唐人之中，莫有能辨之者。予生也晚，景仰之私，匪一朝夕，求之二十餘年，無由得全集而讀之。先是萬曆丁未（一六〇七），謝在杭以職方郎宅艱家居，於舊肆中購得前輩隨筆抄録詩文十餘帙，而鳴秋之詩在焉。予竊喜先生著□未嘗終絶於人間也。未幾在杭筮仕南滇西粤，既卒於官，此集閟之家塾，無因披覽。今歲曹君能始編梓《十二代詩選》，由宋及元，以次及洪、永之季，乃從謝氏搜出選之，然猶未盡也。予重惜先生遺□，閱二百餘年，散落弗收，幸睹斯篇，真若拾珊瑚枝於海底，不綦難哉。舊本紙墨薄弱，前輩草書，塗鴉混亂，又多魚魯之訛，乃逐篇磨勘，命小孫鍾震手録藏之。先生佳句大略見於此矣。載讀林尚默公序言，始知先生又與尚默公友善。先生之子壯，登宣德乙卯（一四三五）鄉薦，官南海邑令，後昆無聞。然則先生之名器與骨俱朽矣。梓而傳之，余竊有志焉。崇禎庚午（一六三〇）仲冬，三山後學鼇峰六十一叟徐𤊹興公譔。

按鳴秋先生係出宋室，林尚默爲序，未嘗談及。讀其《寫懷》詩有云「衣冠有恨先王後，家世應從南渡來」，則先生誠天水之裔，第未考何王之後耳。載讀鄭公望《輓鳴秋》詩，有「白湖小隱入雲間」之句，則先生又隱居白湖。其子姓今未知誰是也。興公又識。

【箋校】録自清乾隆三年（一七三八）陳作楫抄本《鳴秋集》，吉林大學圖書館藏。徐鍾震先後爲《鳴秋集》撰二題記，見《後編》〇〇五、〇〇六。朱彝尊（一六二九—一七〇九）《靜志居詩話》卷六謂：「福州林孝廉佶獲徐興公所藏抄本《鳴秋集》。」但林輯未收徐㶿此二題記，或林佶於康熙五十八年（一七一九）後方得該書。

一二六　宜秋集　明周玄撰　明抄本

國初洪、永之季，吾閩能詩之士甚衆，不獨十才子善鳴于時，而周微之爲林子羽高足，名最著者也。微之一字又玄，永樂間以文學徵，授禮部祠祭司員外郎。爲詩瑰奇悲壯，嘗賦《揭天謡》，酷類李長吉，其他作總不離盛唐聲調。萬曆初，袁景從、馬用昭二先生輩選刻《十子詩》，僅收微之六十首，又以子羽一絶誤入。予近見抄本《宜秋集》，得古近體及詩餘一百七十餘篇，視袁、馬二公所取且三倍之，皆渢渢大雅之音，信可傳也。若不盡録之，殆將如綫之絶矣。顧微之之詩當不止此，此何異鳳毛麟角哉。微之與龍門高廷禮善，令蒼頭肩書數千卷，止廷禮家讀之，無何別去，盡棄其書，曰：「已在吾胸中矣。」穎悟强記，又豈流輩之所及耶。微之生卒不可考。按王孟揚《挽微之》詩云：「早歲擅芳名，中年一宦成。鶯花平日淚，煙月故山情。落魄稽中散，猖狂阮步兵。可憐埋玉處，芳草傍誰生。」孟揚死于永樂十三年(一四一五)，微之則死于孟揚之先矣。崇禎庚午(一六三〇)長至日，後學徐𤊹興公謹跋撰。

王孟揚《挽微之》詩未嘗言其無嗣，而趙景哲《哭微之詩》云：「可恨傳家無令子，空憐許國有孤忠。」又云：「幽薊一官成永訣，東甌三載慕清風。」則微之無後而卒于官矣，惜夫。崇禎己卯(一六三九)杪秋，興公又識。

【箋校】見鄭、繆二輯。《晉安風雅》卷首《詩人爵里詳節》：「周玄，字又玄，一字微之，閩縣人。永樂初薦辟，官至禮部員外郎。有《宜秋集》。」参題記《前編》〇二〇。

一二七 鏡湖清唱 明郭塵撰

國初吾郡詩人輩出，十子而外，復有二十餘家，有傳有不傳，實幸不幸也。郭塵，字敬夫，湮没二百餘年，無有知者。予近得抄本詩百十篇，有《挽鳴秋趙景哲》之作，而羅宗讓《覺非集》有《和郭敬夫》詩。語云「不知其人視其友」，敬夫實清世之隱君子也。集中有《送兄楚芳上春宫》，楚芳名蘭，永樂三年(一四〇五)鄉薦，姓名見于郡志。敬夫《青鋪嶺》絶句云「家林想在空濛外，一帶螺江隱翠微」，又有「門前湖白與山青，分攜空過白湖亭」之句，其所居當在白湖、螺浦之間，與鳴秋山人相鄰並也。予既録其遺編，并爲考其地里，付曹君能始授之梓，敬夫之名從此弗至湮没，不亦厚幸矣乎。崇禎庚午(一六三〇)三山老叟徐𤊹興公撰。

【箋校】録自明曹學佺編《石倉歷代詩選》卷三百七十三（文淵閣《四庫全書》本）。又見鄭、繆二輯。

一三八　竹窗小稿一卷　明林景清撰　明天啟徐氏抄本

林景清，號竹窗，連江人。隸籍府庠，食廩餼，五試不第，援例入太學。成化間，授湖廣興國州判官。雅善草書。吾鄉自永樂中王太史孟揚工於八法，繼孟揚者，竹窗也。少年遊金陵，與名妓（邵）［楊］玉香狎，賦有《一清軒詩》，多艷辭情語。手書一卷，向藏余家。謝在杭喜其風流韻致，字法精工，從予索去。陳汝翔採其詩於《晉安逸志》，而先生全稿無從得也。憶余少時，有老學究持先生手稿欲售之先君，以其索值高，未之購。歷三十餘年，偶與友人倪柯古談及。柯古乃尋學究而購之，重加裝潢。詩雖未甚奇警，而書法之妙，不減吳興。乃選其雅馴者，録爲一帙，以見先生之高標逸韻，未泯於今也。天啟三年（一六二三）夏日，後學徐𤊹敬題。

【箋校】見鄭輯。繆輯手稿有目無文，峭帆樓甲寅年（一九一四）重刊本删目，乙丑年（一九二五）重印本羅振常據鄭輯補入。《晉安風雅》卷首《詩人爵里詳節》：「林景清，字□□，閩縣人。成化七年（一四七一）歲貢，官興國州判。」徐𤊹輯《榕蔭新檢》卷十五録《晉安逸志》之《玉香清妓》，「邵玉香」作「楊玉香」，其姊則名「邵三」。《情史類略》卷十《楊玉香》，文字全同，惜未言出處。錢謙益《列朝詩集小傳·閏集》有「楊玉香」，云：「玉香，金陵娼家女。年十五，色藝絶群，與閩人林景清題詩倡和，遂許嫁景清。……金陵人傳之甚詳。」徐題記之「邵玉香」當作「楊玉香」。

一二九　**樵林摘稿一卷**　明蔣主孝撰

淮南蔣主孝詩名弗顯，今時選詩諸君子皆遺于掇拾。余得《樵林摘稿》一帙，乃蔣公所自選者，諸體皆有古意，中惟《五王擊球》一首，尤爲沙中之寶。擊球詩，宋元諸公集中多有此題，元張思廉一作，足稱絶唱，蔣君可謂具體而微矣。他作如《大堤曲》、《渭城少年行》、《隴頭吟》，亦不失唐人格調也。

【書目】《蔣主孝樵林摘稿》一卷。字□□，號樵林。句容人。天順中布衣。父用文，官太醫判，謚恭靖。子誼，成化丙戌(一四六六)進士。主孝所著有《務本集》若干卷，不傳。

【箋校】見林、鄭、繆三輯。《樵林摘稿》，繆輯題名誤作《樵林摘要稿》。《蔣務本先生墓誌銘》，見倪謙《倪文禧集》卷二十九。

一三〇　**擬古樂府**　明李東陽撰

先君子極喜西涯先生《擬古樂府》。余童稚時，先君日爲余解説二三首，嘗謂其如老吏斷案，令人箝口咋舌也。邇來雖博覽群籍，年齒既壯，隨覽隨忘，不如少時用志不分耳。此乃二十年前事，思之愴然。今以此本授之陸兒，令其日閲一首，庶幾不爲章句腐儒矣。萬曆丁未(一六〇七)清明前一日，徐仲子興公書。

【書目】《李東陽擬古樂府》一卷。

【箋校】見林、繆二輯。

一三一　**謝子象詩**　明謝承舉撰

《金陵瑣事》載子(像)[象]《遊寺》云「深林下馬蒼苔滑，野寺入門秋爽多」，又云「春雨洗山諸寺近，秋花薰夢一樓空」，集中俱不載。顧華玉《墓志》亦只引二句，想亦無全篇也。然子(像)[象]佳句甚多，不特《瑣事》所載耳。時天啟癸亥(一六二三)秋日題。

謝子(像)[象]，名承舉，號野全先生。八歲能詩，長自放于山水文酒間。詞鋒飈發，有所賦述，引筆疾書，輒盡數紙。子少南，傳其家學，由春坊司直爲河南參政。天啟甲子(一六二四)重陽後又題。

【書目】《謝承舉詩集》十四卷。字子象。上元人。成化中布衣。

【箋校】見林、繆二輯。繆輯「子象」皆誤作「子像」。又繆輯列此題記於「書畫」，應爲錯置。顧璘《贈承德郎南京刑部浙江司主事野全謝先生同繼室贈安人湯氏合葬墓誌銘》，見《息園存稿》卷五。謝少南，嘉靖十一年(一五三二)進士。

一三二　**雜著**　明鄭善夫撰　手稿

鄭少谷先生以詩名於正、嘉之際，海内知鄭先生者詩耳，不知先生之精於理數之學也。此編自易數、河洛、洪範、田制、算法、禽遁、車服，無不究心，又手自抄定。先生之學，豈尋常口耳章句乎哉。惟和兄向收得之，寶若拱璧。俯仰又逾十年，春日和暢，偶與謝在杭翻檢，遂求在杭跋其後，而余亦記數語，永寶藏之。萬曆丁未(一六〇七)三月,東海徐惟起。

【箋校】見林、繆二輯,題名作《鄭繼之手書》。《晉安風雅》卷首《詩人爵里詳節》:「鄭善夫,字繼之,閩縣人。弘治十八年(一五〇五)進士,歷官南京吏部郎中,卒年三十九。有《鄭詩鄭文》二十卷。」謝肇淛題記《鄭繼之手録雜著跋》,見《小草齋文集》卷二十四,内稱:「吾郡鄭繼之先生天資絶世,於書無不讀,亦無不究極其致。今觀此册所書,首《易論》,次《洪範論》,次《田制論》,次《九章乘除法》,次《演禽法》,次《奇門遁甲法》,皆理數精微,人所忽而不講者。先生一一手自抄録,且字劃精謹,酷類《聖教》。其留心討論若此,假令不死而得行其志,其所經論否畫,必有大過人者。用之未究,賫志以没,令後之人實其殘簡遺墨而已也,悲夫。雖然,是書獲逢識者,而不果終蠹魚之腹也,則又不幸中之大幸矣。爲興公題。」徐𤊹題記,見題記《前編》〇二二。

一三三　少谷山房雜著不分卷　明鄭善夫撰　明崇禎抄本　上海圖書館藏

自《送夏方伯序》起至此,乃陳汝大先生家藏少谷公手稿。崇禎初元(一六二八),予借之汝大孫長原而録之。未幾長原游燕,鄉鄰失火,長原廣廈幾不免,然書籍盡爲無賴者掠散。少谷手稿不復得矣,惜哉。猶幸予録斯稿在也。壬申(一六三二)初秋,徐𤊹興公識。

鄭詩鄭文,舊本有墓文、輓詞,已載者不録,今但收其未録者,尚未能盡也。興公識。

附:先大夫曾梓鄭繼之先生詩於吴興,且爲之傳,云「《經世要談》軼,弗傳」。爾時遺稿散失,先大夫未之睹也。予近自金陵還里，謀合詩文重梓之。徐興公因出是編，併《雜著》一種授予附其後。片鱗隻羽，亦足爲寶也。鄧慶寀識，時崇禎戊辰（一六二八）陽月。

【著録】《中國古籍善本書目》，集七六七二。

【箋校】録自原書。卷首有徐𤊹印記。抄本蓋徐𤊹覓人録副，以備鄧慶寀（道協）刊印。刊印終未成事，詳下題記《正編》一三四。鄧氏題記亦爲抄手抄録，當爲徐氏代作。陳椿，字汝大，爲徐𤊹詩社社長。見題記《正編》〇七三。

一三四　**鄭少谷先生全集二十卷附録二卷**　明鄭善夫撰　明崇禎九年（一六三六）鄭奎光刊本

《鄭少谷先生全集序》：吾郡自洪、永間十子稱詩，崛起草昧，力追正始。百餘年間，則鄭繼之先生布侯海内，與李、何、邊、薛諸公分鑣而馳，一意步趨浣花，得其神骨，譚藝之士推爲盛明正宗，先生詩名不脛而走矣。先生壽不永，遺稿散落，汪福州希周拾詩若文刻之郡齋，歲久寖漶。萬曆初，先生外孫林少司空督學東粵時，重刻於潮陽。又三十年，鄧觀察汝高稍删汰其詩授梓，而文則未遑焉。汝高已化，版藏家塾，近罹鬱攸之禍，悉付煨燼。汝高仲子道協僑居金陵，謀爲重鐫，甚盛心也。昔曾以展墓過家，與予商榷今古。予性喜蓄書，漁獵先輩遺文，如獲重寶。先伯氏惟和曾得少谷《雜著》一種，予得《經世要談》一卷、遺詩一卷、遺文數十篇、尺牘數十幅，皆先生手録者。乃盡授道協，彙爲全集。方事剞劂，而道協告逝。友人鄭章甫官南户曹，遂捐俸踵成之，而先生雜著種種，未及纂入。邵觀察肇復以爲斷金殘璧安可輕棄，因補而續焉。噫，先生歿已百年，其片楮隻字，人爭珍惜。至於今日神物復合，豈偶然哉。肇復又採輯先生同時贈答、哀輓及墓碑、詩話諸篇，附之於後，先生之能事畢矣。夫先生弱冠登朝，位非言責，乃抗疏闕廷，瀕死者九。其風裁行誼，超越時流，且好遊名山，所交非海内賢豪長者，不與晉接。著書立言，窮乾坤象數之變，察車服制度之微。使天假之以年，其造就寧止於斯耶。嗚呼，先生亦宇内一異人矣，論世者毋徒以詩文槩先生可也。崇禎丙子（一六三六）立秋日，同邑後學徐𤊹興公謹撰。

【箋校】録自《鄭少谷先生全集》。《中國古籍善本書目》著録，集七六七〇。汪福州希周、林少司空、鄧觀察汝高、鄧道協、鄭章甫、邵觀察肇復，分別爲汪文盛、林如楚、鄧原岳、鄧慶寀、鄭奎光及邵捷春。汪文盛，字希周，湖廣崇陽人，正德六年（一五一一）進士。嘉靖元年（一五二二）任福州知府。傳見《明史》卷一九八。林如楚，福建侯官人，嘉靖四十四年（一五六五）進士。嘗爲廣東提學，仕至工部侍郎。父應亮，户部侍郎，母鄭善夫次女。鄧原岳，字汝高，福建閩縣人，萬曆二十年（一五九二）進士，湖廣按察副使。傳見《明史》卷二八六。鄧慶寀，字道協，原岳子。輯刊《閩中荔枝通譜》。鄭奎光，字章甫，侯官人，萬曆三十四年（一六〇六）舉人，仕至處州知府。邵捷春，字肇復，侯官人，萬曆四十年（一六一二）進士，嘗爲浙江按察使。徐𤊹好友，出資爲徐刊印其《筆精》一書。傳見《明史》卷二六〇。

一三五 **太白山人詩五卷** 明孫一元撰 明正德十五年（一五二〇）鄭善夫刊本

太初詩，余家有分類一種。乙未（一五九五）歲游吴興，與友人張睿卿復彙《太初集》重刻，增入遺落者數十首，比舊本頗多。屬余較讎，刻爲最後，版亦最精。此本乃先正鄭少谷爲太初授梓者，編彙年次，備于他本，年久版亦不存，人家鮮有藏者。林志尹偶得之，持以見貽。印章又爲高石門家物。披誦之際，不啻拱璧，書以志喜。萬曆戊戌年（一五九八）秋日，徐惟起識。

【箋校】見林、鄭、繆三輯，題名作《孫太初集》。紅雨樓藏孫一元詩，至少有三：正德本、嘉靖本及萬曆本。《書目》僅著録張睿卿萬曆本《太白山人漫稿》八卷。

一三六　**太白山人詩五卷**　明孫一元撰　明嘉靖刊本　原北平圖書館舊藏（現寄存臺北故宫博物院）

余家有《太初集》數册，編年彙體，鏤版不同。此本乃吾鄉鄭漱石先生所藏者。右方五行，鄭公之筆，且述其父蒲澗與少谷定交之言。余偶得于市肆舊書中，遂購以歸。漱石善詩，工草書，與先君子同貢于鄉，未仕而卒，子孫寖微，書籍散逸多矣。此本今在余家，得非不幸中之幸耶。己亥（一五九九）春仲，徐惟起題。

【著録】王重民《中國善本書提要》，頁五七〇。《標點善本題跋集録》，頁六二一—六二二。

【箋校】録自原書。又見林、鄭、繆三輯，題名作《孫太初集》。林輯有注：「此本戊戌（一七一八）購藏於璞學齋。」原書有林正清題記：「《太初集》，余架上有一部，兹復得此本，以先正徐興公宛羽樓所藏，故留之。戊戌九月晦日，洙雲識。」林正清爲林佶長子。

一三七　**韓五泉詩四卷**　明韓邦靖撰　明嘉靖十九年（一五四〇）樊得仁刊本　福建省圖書館藏

崇禎癸酉（一六三三）秋九月，重裝於汗竹巢。

【著録】《中國古籍善本書目》，集七七一三。

【書目】《韓邦靖五泉集》四卷。

【箋校】録自原書。有林正清題記：「康熙戊戌（一七一八）又八月，偶過潘氏書肆，得舊書四十七種，此其一也。洙雲識。」四十七種皆紅雨樓舊藏。

一三八　**升庵詩集九卷文集十二卷**　明楊慎撰　明嘉靖三十六年（一五五七）刊本　福建省圖書館藏

萬曆戊戌（一五九八）先伯氏於長安肆中購得《升庵詩》九卷，置之齋中，不知尚有文賦十二卷在後也。今歲偶有以文賦求售，予蒐詩集合之，紙墨一式，遂成全璧矣。崇禎己巳（一六二九）秋初，徐興公識。

【著録】《中國古籍善本書目》，集七七六〇。《國家珍貴古籍名録》〇六〇三一。《册府擷英：福建省圖書館藏珍品集萃》，頁六七。

【箋校】《詩集》徐熥題記，見題記《前編》〇二二三。《詩集》卷六至九，今佚。

一三九　**越坡稿**　明廖世昭撰　手稿

廖先生字師賢，世居越山之下，自號越坡。厥考雲騰，登進士，官刑部郎中。先生以《易》舉正德丙子(一五一六)鄉試第三名,丁丑(一五一七)成進士,授海寧守,以病乞教職,改國子博士。間歲竟卒于官,年三十五,無子。所作有《一統志略》,汪郡守文盛刻置郡齋,盛行于世,而詩文則散逸無傳矣。㶿家藏先生手録詩一卷,字法蒼勁,恒愛寶之。近曹能始選梓《明詩》,乃録而附于陳東《槐堂集》之後。先生名列《福州郡志·文苑》,此亦龜毛兔角也。崇禎壬申(一六三二)仲秋,後學徐㶿識。

【箋校】見鄭、繆二輯。

一四〇　**雅宜山人集十卷**　明王寵撰　明嘉靖十六年(一五三七)朱浚明刊本

王寵,初字履仁,後更履吉。凡八試不第,以年資貢禮部,入太學。讀石湖二十年,手寫經書皆一再過。少學于蔡羽,與兄履約少同筆硯,未嘗少離。生于弘治甲寅(一四九四),卒于嘉靖癸巳(一五三三),享年四十。娶徐氏,生一子名子陽,太學生,娶唐寅女。文徵明志其墓。㶿識。

【著録】潘景鄭《著硯樓書跋》,頁二六六。

【書目】《王寵雅宜集》十卷。字履吉。吳縣人。正德中歲貢士。卒年四十。

【箋校】見鄭、繆二輯。潘氏舊藏,望尚存世。

一四一　**文選纂注**　明張鳳翼纂註

六臣注頗繁,張伯起纂之,信修詞家之捷徑也。伯兄批點斯本,日置案頭,會試北上,攜之巾箱。先兄物化十五年,覽此不勝傷悼。陸士衡云「尋平生于響像,覽前物而懷之」,正謂此也。萬曆癸丑(一六一三）臘月，興公書。

【書目】《文選纂註》三十卷，張鳳翼。

【箋校】見林、繆二輯。今日所見萬曆本《文選纂註》，皆十二卷。徐𤊹題記，見題記《前編》〇二五。

一四二　**古文短篇二卷**　明敖英編

余嘗學爲文，每有結撰，則纚纚數百言，意求短而落筆不能短，中間陳腐疏漏處又不能免，始知古人之文，以短爲貴。敖清江選左丘明以至吳草廬，僅得七十餘篇，文之能短亦難矣。友人曹能始善用短法，他不能及也。癸丑（一六一三）暮春，徐興公書。

【書目】《古文短篇》二卷，敖英。

【箋校】見林、繆二輯。敖英，字子發，江西清江人，正德十六年（一五二一）進士。

一四三　**古樂府十卷**　元左克明輯　明嘉靖二十六年（一五四七）汪尚磨刊本

豫章左克明，鐵柱觀之道士也。編次《古樂府》十卷，緣起具見題下，虞文靖曾爲之序。嘉靖間，新安汪尚磨重梓之，紙墨精善。首簡不載虞序，而更以鄭玄撫之作，以蕕易薰，不能無恨。曹能始用硃筆句讀。萬曆丁酉（一五九七）春，能始將赴京謁選，以此見貽。徐𤊹興公識。

【書目】《古樂府》十卷。

【箋校】見林、鄭、繆三輯。繆輯題名作《擬古樂府》，大誤。

一四四　**古樂府十卷**　元左克明輯　明嘉靖二十六年（一五四七）汪尚磨刊本　日本國立公文書館藏

《古樂府》予家藏本有三副，皆手自句讀。今歲偶過會稽，見肆中《樂府》一部，失首一帙，中有硃筆批評，輒作證解之語。字格不俗。問之乃山陰徐渭所點者。徐字文長，號天池，博學善詩，爲越東之才士。遂購以歸，殘缺弗論耳。壬寅（一六〇二）春初，惟起識。

【著録】《改訂内閣文庫漢籍分類目録》，頁四〇七。

【書目】《古樂府》十卷。

【箋校】録自原書。又見林、鄭、繆三輯。繆輯題名作《擬古樂府》，大誤。

一四五　**光岳英華十五卷**　明許中麓輯

此吾鄉高南霍孝忠先生家藏者。萬曆丁酉（一五九七）春，偶從肆中得之，重加裱飾，秘之篋中。版已模糊，邇來未見翻刻，梓而傳之，尚竊有志。卷首「高氏唯一」印章。唯一名均，見府志「孝行傳」，國初人，南霍其裔孫也。戊戌（一五九八）端午，興公題。

【書目】《光岳英華》十五卷，揭軌。選唐、元、國初，不選宋。

【箋校】見林、繆二輯。書有揭軌序，非編者。

一四六　**春秋詞命三卷**　明王鏊輯　明萬曆屠本畯沅陵刊本

王文恪公匯輯《春秋詞命》，刻版散逸，傳世甚尠。屠使君田叔極愛其詞簡古，可入尺牘。之官沅陵，乃授梓以行。楚中紙煙殊佳，余小齋中復增一種奇書也。萬曆庚子（一六〇〇）秋，豐州徐𤊹書於豆花棚，是日天涼氣爽，覽之終卷。

【書目】《春秋辭命》二卷。

【箋校】見林、繆二輯。萬曆二十六年（一五九八）屠本畯升任辰州知府，先是屠爲福建運鹽同知，參題記《正編》〇六三。

一四七 **兩漢詔令二十三卷** 宋林虙樓昉輯 元蘇天爵刊輯

西漢十二卷，宋吳郡林虙輯。東漢十一卷，宋四明樓昉輯。元蘇天爵合爲一書。斯本得之福清郭氏，紙墨不類今式，國初刻也。中脱誤者，郭君多改正之，覽之尤便也。萬曆庚戌（一六一〇）夏六月十二日，興公識。

【箋校】見林、繆二輯。臺北「中央圖書館」藏元至正九年（一三四九）蘇天爵刊明印本，有「晉安徐興公家藏書」印記，但無徐氏手書題記；該書卷末殘缺，或原有題記，後失落。

一四八 **松陵集十卷** 唐皮日休、陸龜蒙撰 宋刊本

去歲過吳門，范東生以陸魯望《甫里集》爲贈，蓋淞人新刻。此乃皮、陸倡和之作，名《松陵集》，爲吾鄉先輩郭文學家藏，實宋版也。紙色蒼古可愛。郭公久作泉下客，子孫不文，此書流落市肆，余收得之。每卷首尾俱損壞，余令豚子抄補成書，置之齋中。宋版書不易得，後之子孫，毋若郭氏，幸耳。萬曆丙午

（一六〇六）除夕前三日，徐惟起題于梅花樹下。

【書目】《皮陸松陵唱和集》十卷。

【箋校】見林、鄭、繆三輯。范汭，字東生，浙江烏程（今屬湖州）人，太學生。參題記《正編》〇八六。豚子爲徐陸，是年幼子徐延壽尚未出生。

一四九　**箋注唐賢絶句三體詩法二十卷**　宋周弼輯　元釋圓至注

《唐三體詩》一册，先君云：丙寅年（一五六六）在京師得之林天迪先生。中硃筆評駁者，天迪也。迨萬曆癸未（一五八三）、甲申（一五八四）間，先兄初學時又加批點。既又爲謝在杭借去，亦品騭數則送歸。最後蒲友鄭性之復借覽，乃用墨筆塗抹，以己意彈射。十年前舍弟取觀，遂于題下小注地名。四十年來，已經五人之手，故開卷亂如塗鴉矣。然五人者皆少時事，未免謬悠，不爲中的。偶爾檢及，漫記其後，庶幾後之人見善本書，勿輕點汙也。萬曆戊申（一六〇八）冬十二月十二夜燈下，徐惟起興公書。

【書目】《唐三體詩箋註》二十卷，周伯弼。

【箋校】見林、繆二輯。

一五〇　**元人十種詩六十一卷**　明毛晉編　明崇禎十一年（一六三八）毛氏汲古閣刊本

《元人十種詩序》：夫詩以唐爲宗。自宋蘇、黄諸公一變唐調，别出格律，南轅以後，競趨道學，恒以義理入四聲，去風人之旨遠矣。迨夫勝國之世，雖以腥羶而主中華，其間修詞之士蜂起，盡洗陳腐習氣，冲恬者師右丞、襄陽，濃麗者媲義山、用晦，奇峭者邁長吉、飛卿。人操寸管，各成一家，不失唐人矩矱。後之評者，謂元詩直接唐響，真千古不易之論也。然八九十年中，善鳴者無慮數百家，其姓名則見於《元音》、《皇元風雅》、《元詩體要》諸篇，若求其全集，奚啻龜鬚兔角焉。海虞友人毛君子晉，博雅鏡古，凡人間所未見之書，殫精搜索。雲間眉道人擬之縋海鑿山以求寶藏，誠然哉。向於宋人詞調及金人選詩，咸付殺青，近又取元人十種，手自讐訂，布諸宇内。如雲林、子虛、仲瑛、伯雨、虛中、南郵輩，皆吴浙英靈，抽毫掞藻，譬之雕陵蘊玉，合浦孕珠，其所産者裕，烏足稱奇；至於天錫、易之，崛生窮髮不毛之域，乃能變侏儺之音，流商刻羽，含英咀華，駸駸闖作者之室，豈非奇渥温氏帝天下，而風會極一時之盛歟。然夷考其生平，獨遺山一人與鴈門、葛邏禄析擔圭爵，而江南六君子咸抗箕穎之節，白衣黄冠，弗爲胡塵之所涴，又不獨以詞華擅美者矣。子晉家富宛委之藏，所收當不止此，此十種乃先行之。予性癖耽書，亦喜蒐先代遺稿，尚有元集五十餘家，不敢自祕帳中，期與子晉公之同好，是則予之志也夫。崇禎戊寅（一六三八）長至，閩郡徐𤊹書於吴門之蓮華菴。

【箋校】録自《元人十種詩》。《中國古籍善本書目》著録，集一六五八三。徐、毛苟能合作，善本化身千百，影響必深遠，惜未成事。崇禎十三年（一六四〇）毛晉撰《存悔齋詩題記》，稱：「余家藏元人集未逮百家，意欲擇勝授梓。閩中徐興公許以祕本五十種見寄，奈魚雁杳然，惄如也。」徐𤊹改其初衷，未悉何故。

一五一　**檇李英華十六卷**　明朱翰輯

檇李石田朱翰隱居鄉校，所著有《石田清嘯集》，多摹擬盛唐諸作，有數首可傳。余有朱詩一帙，間取披閱，恒嘆其名漸湮滅也。但選擇頗真，去取有法，始知朱君不獨善詩，且善選詩也。夫選詩最難，湖州有《吳興詩選》，新安有《徽詩匯編》，寧波有《四明風雅》，吾郡有《三山詩選》，皆有小疵，視諸朱君之選，當讓一籌耳。己亥（一五九九）夏四月，興公書。

【書目】《檇李英華》十六卷。

【箋校】見林、繆二輯。

一五二　**閩中詩選**　明徐𤊹選

閩中僻在海濱，周秦始入職方。風雅之道，唐代始聞，然詩人不少概見。趙宋尊崇儒術，理學風隆，吾鄉多譚性命，稍溺比興之旨。元季無論已。明興二百餘年，八體四聲，物色昭代，鬱鬱彬彬，猗歟盛矣。高廟之時，林膳部鴻，崛起草昧，一洗元習，陶鈞六義，復還正始，懸標樹幟，騷雅所宗。門有二玄，實惟入室，屬詞比事，具體而微。高待詔棅、王典籍恭、王檢討偁輩，追逐述古，則私淑閫奧，各成一家，十子之名，播于宇内。同時賢才輩出，羅布衣泰、林修撰誌，切磋彌篤，藝苑聿興。又有鄭迪、趙迪、林敏、鄧定，賁于丘園，鋭志詞賦，取裁爾雅，斐然成章矣。成、弘以降，林文安父子、陳觀察群從，秩位惟崇，對揚廊廟，而風人之致，溢于言外。林司空、許黄門，贊揚詞旨，海内騰聲，賡歌太平，於斯爲亟。正、嘉之際，作者雲集，鄭吏部善夫，實執牛耳，虎視中原，而高、傅二山人，左提右挈，閩中雅道，遂曰中興。時有林侍御鈛、郭户部波、林通政炫、張尚書經、龔祭酒用卿、劉給舍世揚爲輔，斯蓋不世之才，粲然可觀者也。世宗中歲，先達君子，沿習遺風，斯道孔振。袁舍人表、馬參軍熒，區别體裁，精研格律，金相玉振，質有其文。迨於今日，家懷黑槧，户操紅鉛，朝諷夕吟，先風後雅，非藻繪菁華不譚，非驚人絶代不語，抱玉者聯肩，握珠者踵武，開壇結社，馳騁藝林，言志宣情，可謂超軼前朝，縱横當武者矣。伊余不慧，忝際盛時，目想心游，實竊有志。屏居之暇，采輯遺編，搜羅逸刻，得梨棗朽壞之餘，起桑梓敬恭之念，摛爲八卷，總二百人有奇，上而格合漢魏六朝，下而體宗貞元、大曆，調有偏長，詞必兼善者，不論窮達顯晦，皆因時采拾，以彰吾郡文物之美。燃脂暝寫，弄墨晨書，蓋慮作者之苦心，而没亡不稱，良可痛悼也。至於野狐外道，格律稍畔者，雖有梁、竇之權，不敢濫廁片語，爲雅道蟊賊。然挂一漏萬，耳目未周，尚賴同志補續。若曰有南威之容，乃可論淑媛，有龍淵之利，乃可議斷割，則不慧安所避咎乎。凡我同盟，宜協心揚搉，肆力旁求，以俟觀風者(來)[采]擇焉。是爲序。萬曆戊戌(一五九八)暮春六日，書于風雅堂。

【箋校】見鄭、繆二輯。此序又見徐熥輯《晉安風雅》，文字幾雷同。作者應爲徐㶿。考證詳《前編》〇三〇。

一五三　**文心雕龍十卷**　梁劉勰撰　明嘉靖十九年(一五四〇)汪一元私淑軒刊本　北京大學圖書館藏

此本吾辛丑年(一六〇一)較讎極詳，梅子庾刻於金陵，列吾姓名於前，不忘所自也。後吾得金陵善本，遂舍此少觀。前序八篇，半出吾抄録，半乃汝父手書，又金陵刻之未收者。家藏書多，此紙易蛀，當倍加珍惜，時取讀之，可資淹博也。崇禎己卯（一六三九）中秋，書付鍾震。

眉上小字，是吾所書。間有謝伯元註者，伯元看書甚細耳。

劉彦和《文心雕龍》一書，詞藻璀璨，儷偶豐贍。先人舊藏此本，已經校讎。㶶少學操觚，時取披覽，快心當意，甘之若飴。每有綴辭，采爲筌餌。此羊棗之嗜，往往爲慕古者所竊笑也。然秘之帳中，積有年歲，非同好者，不出相示。但彦和自序一篇，諸處刻本俱脱誤，乃抄諸《廣文選》中。近於友生薛晦叔家獲覩抄本一副，乃其叔父觀察滇南得歸者。中間爲楊用修批評圈點，用硃黄雜色爲記，又自秘其竅，不煩説破，以示後人，大都於其整嚴新巧處而注意也。遂借歸數日，依其批點。蓋自愧才不逮前人，而見識讁陋，得此以爲法程，不啻楊先生之面命矣。前跋云，禺山者初未知何許人。兹按《升庵文集》，禺山張姓，字愈光，雲南永昌人，年八十，工詩善書。集中有《跋愈光結交行》，又有《龍編行答禺山》，又有《五老圖壽禺山八十》，又有《重寄張愈光》二律，又有《存没絶句》懷及愈光，又有《寄愈光》六言四首。觀用修詩文推轂之言，可以識禺山之大概矣。萬曆辛丑（一六〇一）三月望日，徐惟起書于緑玉堂。

此書脱誤甚多，諸刻本皆傳訛就梓，無有詳爲校定者。偶得升庵校本，初謂極精。辛丑（一六〇一）之冬，攜入樵川，友人謝伯元借去讎校，多有懸解，越七年，始付還。余反覆諷誦，每一篇必誦數過，又校出脱誤若干，合升庵、伯元之校，尤爲嚴密。然更有疑而未穩，不敢妄肆雌黄，尚俟同志博雅者商略。丁未（一六〇七）夏日，徐惟起。

庚戌（一六一〇）穀日，又取鬱儀王孫本校一過。惟起書。

按《藏經・出三藏記》卷第十二，載勰有《鍾山定林上寺碑銘》、《建初寺初創碑銘》、《僧柔法師碑銘》三篇，有其目而無其文。曹能始云：「沙門僧祐作《高僧傳》，乃勰手筆。」今觀其《法集總目録序》及《釋迦譜序》、《世界記序》等篇，全類勰作，則能始之論不誣矣。壬子（一六一二）仲秋五日，興公志。

萬曆己卯（一六三九）雲間張之象序一首，未録。又有都穆跋一首，朱謀㙔跋一首，刻在梅慶生本。第四十《隱秀》一篇，原脱一版。予以萬曆戊午（一六一八）之冬，客游南昌，王孫孝穆云：曾見宋本，業已抄補。予亟從孝穆録之。予家有元本，亦係脱漏，則此篇文字既絶而復蒐得之，孝穆之功大矣。因而告諸同志，傳抄以成完書。古人云：書貴舊本。誠然哉。已未年（一六一九）秋日，徐興公又記。

《隱秀》一篇，諸本俱脱，無從覓補。萬曆戊午（一六一八）之冬，客遊豫章，王孫朱孝穆得故家舊本，因録之。亦一快心也。興公識。

【著録】傅增湘《藏園群書題記》，頁九九二—九九三。《木犀軒藏書題記及書録》，頁三六八。《北京大學圖書館藏古籍善本書目》，頁五〇二。

【書目】《文心雕龍》十卷。

【箋校】録自原書。九則題記，鄭輯僅録第三則，林、繆二輯僅録第三、四兩則。卷首《文心雕龍》序文八篇，分別爲至正十五年（一三五五）錢惟善序，嘉靖二十二年（一五四三）佘誨序，嘉靖二十四年（一五四五）葉聯芳序，樂應奎序，嘉靖四十五年（一五六六）朱載璽序，弘治十七年（一五〇四）馮允中序、程寬序，萬曆十九年（一五九一）伍讓序。其中程寬、葉聯芳、樂應奎、朱載璽、伍讓五序，原書罕見，賴此存世。徐𤊹、徐陸父子手録《文心雕龍》其他版本序文，諸家著録皆誤徐陸爲其弟徐延壽。徐鍾震父爲徐陸非徐延壽，徐鍾震年長於其叔徐延壽。梅子庾爲梅慶生，萬曆三十七年（一六〇九）音注並刊刻《楊升庵先生評點文心雕龍》。謝兆申，字伯元，號耳伯，參題記《正編》〇六三。天啟二年（一六二二）梅慶生第六次校定音注本，有謝兆申《刻批點文心雕龍跋》，略云：「始徐興公得是批點本示予，予因取他刻數種復正之。……而會梅子庾氏慨文章之道日猥，盍以是書爲程爲則，乃肆爲訂補音注，使彥和之書，頓成嘉本。……時萬曆三十有七年（一六〇九）綏安謝兆申譔。」薛晦叔，不可考，其叔父觀察滇南者，應爲薛夢雷（一五四六—一六一一），福建福清人，隆慶五年（一五七一）進士，萬曆二十六年（一五九八）十月爲雲南按察使，三十年（一六〇二）閏二月升布政使。薛晦叔於萬曆二十九年（一六〇一）贈徐𤊹《靈棋經》，蓋薛夢雷新刊。見題記《正編》〇四二。鬱儀王孫，朱謀㙔（一六二四年卒），《明史》卷一一七有傳。王孫孝穆，朱謀㙔第三子，名鍠。

一五四　**文心雕龍十卷**　梁劉勰撰　明朱謀㙔校本

《文心雕龍》一書，余嘗校之至再至三，其訛誤猶未盡釋，然彥和博綜群書，未敢遽指爲亥豕而臆肆雌黄也。今歲偶遊豫章，王孫鬱儀素以洽聞稱，余乃扣之。鬱儀出校本相示，旁引經史，以訂其訛，詳味細觀，大發吾覆。鬱儀僅有一本，乞之不敢，抄之不遑，而王孫圖南欣然捐家藏斯本見贈。余方有應酬登眺之妨，鬱儀又請去重校，凡有見解，一一爲余細書之，鐙燭下作蠅頭小楷，六十老翁用心亦勤，愛我亦至矣。今之人略有一得，則視爲奇祕，不肯公諸人，偶有藏書，便秘爲帳中之寶。若鬱儀、圖南，真以文字公諸人者也。鬱儀名謀㙔，石城王裔，圖南名謀㙉，弋陽王裔，皆鎮國中尉，與余莫逆。時萬曆己酉（一六〇九）十一月二十八日，徐惟起書於臨川舟次。

【箋校】見林、繆二輯。

一五五　**環溪詩話三卷**　宋吴沆撰　明天啟徐氏抄本

余訪崔徵仲大令，至撫之崇仁。崇仁在宋多名賢，著作俱軼弗傳，僅得歐陽澈萬言書暨《飄然集》，不獨欽其忠義，而詩詞之工，大弗類宋人脣吻，駸駸入元和、寶曆之室。既又考縣志，知有《吴環溪詩話》三卷，遍求弗得。偶吴生大紘相過，託之尋覓，乃于環溪裔孫處借得一册，乃嘉靖初年刻版，字頗漫漶，版久弗存，而孫支亦僅留此本，不絕如綫矣。余披讀之，賞其拈出多有佳句，足備詩家譚麈，遂令侍史繕録，因爲校讎魚魯。吴氏宋有諸賢，亦彬彬盛矣，傳至今日，其後寖微，而崇仁又無好事者重爲鋟梓，惜哉。天啟丁卯（一六二七）花朝，三山徐惟起興公識于大華藏寺之方丈。

【書目】《吴環溪詩話》三卷，宋吴（杭）［沆］。

【箋校】見林、繆二輯。崔世召，字徵仲，福建福寧人，萬曆三十七年（一六〇九）舉人，時爲江西崇仁知縣。

一五六　**南溪筆録群賢詩話三卷**　元佚名編

前集皆采子美佳句，續集雜引各家。中有載謝疊山語，則知爲元朝人所輯。天啟元年（一六二一）春，徐興公識。

【書目】《南溪詩話》三卷。睦（挈）［檡］《書目》云「程啟元著」。

【箋校】見林、繆二輯。明正德五年（一五一〇）本，程啟充刊，非編者，見程序。睦檡《書目》，當爲朱睦檡《萬卷堂書目》，卷四録有：「《南溪詩話》三卷，程啟元。」「元」字訛誤。

一五七　**解頤新語**　明皇甫汸撰

皇甫先生文章綺麗，如西川美錦，讀其全集，真徐、庾之後一人而已。《解頤新語》之作，發明六義，語足千古，文成一家。屠田叔拔其俊語爲《詩言五至》，此則舊本全文也。春日閑坐，麗春盛開，漫覽一過，遂書末簡。丁未（一六〇七）春日，徐惟起。

【書目】《皇甫百泉解頤新語》八卷，皇甫汸。

【箋校】見林、繆二輯。

一五八 **解頤新語** 明皇甫汸撰 明張獻翼手批本

林志尹以此本貽謝在杭。在杭性好潔，不喜用筆勘書，因張幼于批點縱横，遂易余藏善本以去。余又愛幼于筆跡，如對故人，尤加珍惜耳。萬曆丁未（一六〇七）初秋九月，徐惟起書于汗竹齋。

【書目】《皇甫百泉解頤新語》八卷，皇甫汸。

【箋校】見林、繆二輯。張獻翼（一六〇四年卒），字幼于，南直隸長洲（今江蘇蘇州）人，張鳳翼（一五二七—一六一三）弟。林志尹，參題記《正編》〇六五、一一三。

一五九 **陽春堂五傳** 明張鳳翼撰

壬辰（一五九二）秋，余有姑蘇之役，借居張幼于曲水園。而長公伯起先生常避客不樂應酬，余以幼于故，始得見伯起者再，而所著作時時窺一斑。會吳友劉仲卿出此五傳見贈，一《紅拂》，一《竊符》，一《灌園》，一《虎符》，一《祝髮》，藏之齋頭六年，忽一披覽，伯起風流，宛然在目也。丁酉（一五九七）初春二十四日，興公識。

【書目】《紅拂記》，《竊符記》，《灌園記》，《祝髮記》。

【箋校】見林、繆二輯。張幼于，參題記《正編》一五八。

新輯紅雨樓題記後編

徐延壽　徐鍾震撰

〇〇一　書林外集七卷　元袁士元撰　明正統刊本　福建省圖書館藏

崇禎戊寅（一六三八）冬，予侍家大人客姑蘇，偶同友人林若撫于閶門敗肆中得《書林外稿》一册，不署姓名，前缺序文，而卷末復脱數版。細閲其詩，知爲元人，鄞産也。及攜歸，考《寧波府志》，士元載于「文學傳」。因録于簡端，徐延壽識。

【著録】《中國古籍善本書目》，六一四一。《國家珍貴古籍名録》〇五七八一。《册府擷英：福建省圖書館藏珍品集萃》，頁五六—五七。

【箋校】録自原書。徐延壽時年二十五。此次蘇州之行，徐延壽除購得《書林外集》外，又獲《牛首山志》，見題記《正編》〇二六。林雲鳳，字若撫，明季詩人。黄宗羲（一六一〇—一六九五）《明文海》卷二七一稱：「若撫名雲鳳，蘇州人。崇禎庚午（一六三〇）在南京，余從之學詩。」《徐氏家藏書目》卷七：「林雲鳳《梅花詩》一卷，《紅樹吟》一卷。字若撫，吴縣人。」袁士元，子珙（一三三五—一四一〇），孫忠徹(一三七六—一四五八),皆以相術名世,傳見《明史》卷二九九《方伎傳》。袁珙即世稱之「柳莊先生」。題記《後編》,僅此篇作者爲徐延壽,餘下作者皆爲徐鍾震。

〇〇二　文昌化書五卷　明劉以修訂正　南明隆武元年(一六四五)福州徐鍾震刊本

《跋》:閩蜀相去萬里,《梓潼帝君化書》傳者甚少,其祠祀則不乏,誠囿于掌天曹桂籍之説也。殊不知其道通三教,化顯歷朝,司善惡之權,握文章之柄者,其功咸始於孝友,載在周詩,班班可考。劉老師縮符入閩,首攜是書,故其臨民出政,正直謙和,一一本於《化書》之教者,民愛之不啻若慈母。及移治三山,亟欲廣行是書。震獲與校讎之役,私心竊喜。當兹劫運方興之時,欲化閻浮大地爲樂育世界,則舍是書無繇矣。今行在聖主中興,留心黎庶,特簡木天侍從名臣,首及吾師。從容坐論,廣行補救,超苦海而轉輪迴,固疆圉而回天意者,其在斯乎,其在斯乎。刻成,恭志顛末於左。隆武改元(一六四五)中秋既望,三山徐鍾震薰沐題並書。

【著録】《改訂内閣文庫漢籍分類目録》,頁三二〇。《美國哈佛大學哈佛燕京圖書館中文善本書志》,頁五一六—五一七。

【箋校】録自原書。又見徐鍾震《雪樵集》手稿,文字幾全同,僅「劉老師縮符入閩」作「劉九一師縮符入閩」,「震獲與校讎之役」作「某獲與校讎之役」。文末無「隆武改元」等十八字,「今行在聖主中興」云云,則未被删落。《[乾隆]福清縣志》卷八有劉以修小傳:「劉以修,字懋卿,號九一,四川閬中人。崇禎庚辰（一六四〇）進士。初任是邑，性稟慈祥，治尚寬大。其追徵也有方，其聽訟也不擾，建利除弊，靡不殫心，尊賢禮士，極其折節，民安而士愛之。以治優調入閩首縣，善政同于融邑。」劉以修，崇禎朝先後任福州府福清及閩縣兩縣知縣，隆武朝進編修，即所謂「木天侍從」。《思文大紀》卷八：「〔隆武二年（一六四六）六月〕，編修劉以修進《文昌化書》。上曰：《化書》勸人忠孝，朕甚嘉之。以修生長其鄉，即與門人校定，更當廣布成書，懋厥休嘉，以襄上治。敕文侯旨行。」並有按語：「按以修字懋卿，號九一，閩中人，庚辰（一六四〇）進士。初令福清，調繁閩邑。下車即以《化書》示余，意欲謀所以梓之。余借故家善本，爲之校訂訛謬；並捐微資，合各家助刻者，始克充梨棗之費。若劉公則一意愛民，案牘無事而已。校訂初只立余名，繼則補刻闈中所取士，余亦居一焉。其詳載余跋中。」叙此書刊佈經過，確證《思文大紀》作者爲徐鍾震，而非時彦考訂之陳燕翼。

〇〇三　靈棋經二卷　舊題漢東方朔撰

《靈棋經》二卷，漢東方朔撰，又云張良、劉安，未知孰是。晉、宋顏、何有注，唐李遠有序，我朝劉誠意有解，則是書見重于昔賢，爲趨吉避凶也大矣。予家舊藏此本，苦未得其傳，且知製棋法之慎重也，仍循置之。甲申（一六四四）暮春，讀禮山居，延津謝子介庵挾刺見訪，予亟迎之。爲詩文探討之暇，詢及此書，輒爲解説，且言其靈應。予簡藏本察對，脱落者補之，未備者添之，誠一快事。復以棋子見贈。自兹以往，東西南北，不至迷途者，介庵之力也。又教予以河雒理數，誠以予家世學《易》，喜於得其傳也歟。

【箋校】録自《雪樵集》手稿，題名作《靈棋經跋》。參題記《正編》〇四二。顏、何爲晉代顏幼明及劉宋何承天，劉誠意爲劉基。

〇〇四 龍筋鳳髓判 唐張鷟撰 明劉允鵬注

唐以書判拔萃科選士，調露中，張文成八舉甲科，四參選判，榮爲銓曹最，故用事典核，摛辭藻麗，真「以文章瑞朝廷」者。計自省、寺，以及縣令，凡一百令。天啟丁卯（一六二七），予年十七，試棘闈，家大父簡此部俾予熟讀，以資博洽，中間解釋明備，出于武定劉小隱之手，比他本爲善，便于初學，斯文成之藎臣也。予屢試屢刖，有愧「青錢學士」多矣。久置笥中。今歲讀禮之暇，聊一披展，俯仰二十年間，依然故吾，而先大父又先一年謝世。撫兹手澤，涕泣潸然。重加裝潢，以垂永久。崇禎甲申（一六四四）季夏十有三日。

【箋校】録自《雪樵集》手稿，題名作《龍筋鳳髓判跋》。參題記《正編》〇六六。劉小隱爲劉允鵬，嘉靖二十年（一五四一）舉人。《四庫全書》所收之《龍筋鳳髓判》，即爲劉注本。

〇〇五 鳴秋集 明趙迪撰 明崇禎徐鍾震抄本

集爲趙景哲先生所著，先生與林膳部同時酬倡，海内翕然稱之。先生厥嗣諱壯，登宣德乙卯（一四三五）鄉薦，令南海，嘗梓斯集以行。嗣是孫昆寖散，傳本散失，歲久莫可考。近于先生雜抄中得一百五十首，家大父命予手録之。雖非全豹，然尚喜先生之作未盡没于人間也。近于《文翰大成》中删其重，又得其半，合之各體俱備，醞乎其醞。然得此亦足以徵先生格調之高，天才之儁者矣。所謂「雖無老成人，尚有典型」，其斯集之謂歟。并得南海令詩十四首附之。片鱗隻羽，亦自罕覯，寧必連篇累牘，始見先輩源流之美也哉。録成，漫識始末，崇禎己卯（一六三九）暮春。

【箋校】録自《雪樵集》手稿，題名作《鳴秋集跋》。參題記《正編》一二四及下則題記。

〇〇六　鳴秋集　明趙迪撰　明崇禎徐鍾震抄本　清康熙補訂

趙景哲先生與林膳部倡和，稱「十子」。萬曆中，馬用昭參軍鋭意風雅，選《十子詩》，見趙集不得，遂以王中美補入。殊未知乃翁恭敏公曾以《鳴秋全集》授無錫俞是堂也。是堂官憲副，選刻《盛明百家詩》，海内共推哲匠。而趙詩計二百四十首，尚云「略而刻之」，則其所餘者尚多矣。先大父生平喜蓄書，又喜輒表章先哲，遍尋其詩，得二百一十首。崇禎庚午歲（一六三〇），命予手録藏之。嘻，用心亦勤矣。迄今三十八載，予藏書樓圈爲牧馬之場，失屋遷徙，亦散失過半，幸此本尚珍笥中。適與蕢仲談及，出其所抄是堂選本，去其與予同者七十一首，又補入一百六十七首，共成三百七十八首。先生之詩，真未絶於人間耶。亟爲抄録，以成先大父之志，敬誌其始末如此。若夫先生事跡，已見林序及余先大父序中，無庸再贅。康熙丁未（一六六七）十月望日，雪樵徐鍾震器之謹跋於梁廡。

【箋校】録自清乾隆三年（一七三八）陳作楫抄本《鳴秋集》，吉林大學圖書館藏。馬用昭爲馬熒，恭敏公爲馬森。馬熒編刊《閩中十子詩》，見題記《正編》一一五，一一八，一二六。王中美爲王褒。俞是堂爲俞憲。賁仲，未詳，待考。林序，指《鳴秋集》林誌序。陳作楫抄本僅選録詩詞一百五十餘首，不及徐鍾震抄本之半。

附録：繆荃孫重編紅雨樓題跋目録

卷一

經籍

以上經類

國史補遺（林）〇一四
革除編年（林）〇一五
華陽國志（林）〇一二
南唐近事（鄭）〇五九
淳熙三山志（林）〇二〇
福州舊志（林）〇二一
鼓山志（鄭、林）〇二四
金精山志（林）〇二五
金陵梵刹志（林）〇二七
武林舊事（鄭、林）〇二三
瀛涯勝覽（鄭、林）〇二八
蔡忠惠年譜（林）〇一八
蔡氏宗譜（林）〇一九
先君交游録（林）
龍筋鳳髓判（鄭、林）〇六六

金石録（鄭、林）〇二九
以上史類
仲蒙子（林）〇三三
又（林）〇三三
潛虚（林）〇四一
省心銓要（林）〇三四
性理群書句解（林）〇三五
言史慎餘（林）〇三一
革象新書（鄭）〇四〇
步天歌（鄭）〇三七
萬物數（鄭、林）〇三九
奇門遁甲五總龜（鄭、林）〇四七
靈棋經（鄭、林）〇四二
蜀中畫苑（林）〇七〇
陳氏印譜（鄭）

印式（鄭）
印林（鄭）
印燈（鄭）
名章匯玉（鄭）
荔支譜（鄭、林）
茶録（鄭、林）
蜂經（鄭、林）　〇三六
避暑録話（林）　〇五一
野客叢書（林）　〇五八
演繁露（林）　〇五七
捫虱新話（林）　〇五二
藝文類聚（鄭、林）　〇六五
事物紀原（鄭）　〇六七
五色綫（鄭、林）　〇六三
姬侍類偶（鄭、林）　〇六八
瑯嬛記（林）　〇六二
陳后金鳳外傳（鄭、林）　〇六四
南村輟耕録（林）　〇五三
何氏語林（林）　〇六〇

以上子類

陸士龍集（林）　〇七一
杜工部詩（林）　〇七六
分類杜詩（鄭、林）　〇七七
寒山子詩集（鄭、林）　〇七四
常建詩集（林）　〇七三
錢起詩集（林）　〇七五
孟東野詩集（鄭、林）　〇七九
樊川集（林）　〇八四
沈下賢文集（鄭、林）　〇八三
李文公集（林）　〇八〇

又（林）〇八一
皇甫持正文集（林）〇八二
杜荀鶴唐風集（林）〇八七
韋莊浣花集（鄭、林）〇八八
松陵集（鄭、林）一四八
薛濤詩（林）〇七八
張文潛文集（林）〇九〇
東溪子（林）〇九四
栟櫚集（林）〇九三
陸放翁集（鄭、林）〇九八
游定夫集（鄭、林）〇九一
横浦集（林）〇九五
羅鄂州小集（林）〇九六
又（林）〇九七
戴石屏詩集（林）〇九九
月洞詩（鄭）一〇三
傅汝礪詩集（林）一〇六
陳剛中詩集（鄭、林）一〇五
戴九靈集（鄭、林）一一二
丁鶴年詩（鄭、林）一一〇
又（鄭、林）一一一
張思廉玉笥集（鄭、林）一〇九
釋宗泐全室集（鄭、林）一一九
陳子上存稿（林）一〇七
王行半軒集（林）一一四
周祠部宜秋集（鄭）一二六
林子羽鳴盛集（鄭、林）一一五
高廷禮嘯臺集（林）一二一
又（林）一一三
虛舟集（林）一一八

以上集類

卷二

碑帖

多寶塔碑銘（林）
東方朔廟碑（林）
顏魯公家廟碑（鄭、林）
基公塔銘（林）
李陽冰城隍廟記（林）
玄祕塔碑銘（鄭、林）
宋勃興頌（林）
韓子五箴宋李寂小篆（林）
趙承旨呂梁廟碑（林）
趙承旨東嶽行宮碑（林）

書畫

張騫乘槎圖（鄭、林）
顧仲方華陽洞庭圖（林）
仇實父箜篌美人圖（林）
魏考叔畫北固山卷（林）
陶雲湖嘉蔬圖（林）
沈石田別意畫卷（林）
瀑園圖（林）
鍾隱七賢圖（林）
林塘幽趣卷（林）
空江秋笛卷（林）
王子北征卷（林）
賓月樓卷（林）
聽竹軒卷（林）
彭道士畫（林）
文衡山雜畫册（林）
文氏父子書畫卷（林）
吳門二十家書畫（鄭、林）
諸家扇面書畫卷（林）
顧道行畫卷（林）

蔡瑞明真迹（林）

朱文公城南二十咏（林）

張秘閣誓願疏（林）

趙松雪天冠山二十八咏真迹（林）

鮮于伯幾趙子昂張伯雨書卷（林）

鄭少谷詩卷（林）

鄭繼之手書（林）　一三二

文太史仿宋四家字卷（林）

文待詔尺牘卷（林）

王伯谷尺牘（林）

文壽承千字文（鄭、林）

文國子真迹卷（林）

南中丞爲汪明生書詩卷（林）

楊太史延津八咏（林）

傅木虛丁戊山人詩卷（林）

謝在杭千字文草帖（林）

謝在杭書太平廣記十一段（鄭、林）

吳氏清慎軒記（林）

湯堯文書指（林）

又（林）

薛寅父墨迹（林）

彭將軍忠義堂記（林）

重修吳興令黃公生祠記（林）

錢翼之書卷（林）

莫廷翰詞翰（林）

謝子像詩（林）　一三一

黃白仲草書卷（林）

黃白仲西湖放生頌（林）

先君子手書詩卷（林）

伯兄詩卷（林）

又（林）

自書普門品救苦經（林）

爲周九倩題周文姬尺牘（林）

注

〔一〕附録所標序號，爲《新輯紅雨樓題記正編》序號。

徐氏家藏書目

整理説明

《徐氏家藏書目》，明徐𤊹撰。《書目》包括了徐𤊹父兄及他本人所收藏的書籍目録，現有七卷本《徐氏家藏書目》和四卷本《徐氏紅雨樓書目》兩種抄本流傳。

《徐氏家藏書目》味經書屋抄本劉燕庭跋云：「集部缺閩人著作，當是别録一目，備修閩志者采爲藝文志也。」劉氏此言，似是實非。七卷本明人「别集類」所缺不獨閩人著作，亦乏北直隸（今北京及河北）著作。「别集類」現始於「南京蘇州府」而終以「貴州」。同書「方志」部分始於福建省，繼以北直隸，次爲南直隸，而止於「雲貴二省」。「别集類」編次諒亦如是。疑福建及北直隸文集，原書目合載一册，同時失落，而未必如劉跋所云因備修閩志而别録一目。劉跋又云：「此本未分卷，而裝六册，或本七册，失去尾末册耳。」其言恐亦誤，因失佚之明福建及北直隸文集部分，在現存其他明人文集前，非在其後。尤須指出現存七卷本之分卷乃劉燕庭所爲，《徐氏家藏書目》原書未必如此。

七卷本《徐氏家藏書目》卷首附文《書目序》、《藏書屋銘》、《題兒陸書軒》三篇，並見於四卷本《徐氏紅雨樓書目》。《徐氏紅雨樓書目序》署「萬曆壬寅」，世人因以爲書目成於萬曆三十年（一六〇二），其實徐𤊹增補所藏書目，幾迄於其謝世，這可以收入七卷本《書目》的崇禎十四年（一六四一）始獲之《寓軒集》爲證。四卷本《徐氏紅雨樓書目》並未著録《寓軒集》。

傳世七卷本《書目》雖已佚福建及北直隸明人文集部分，但爲原本，遠勝表面無缺的四卷本《書目》。卷七尚存之明集部分，提供不少缺乏名氣的作者簡歷，及徐𤊹本人生平資料。四卷本成書時，明人文集部分應已全散失，故只能以内容重複之《明初諸家姓氏》、《明集諸家姓氏》、《明詩選姓氏》充數。順治九年（一六五二）清廷全面更易明季忠臣謚號，如范景文之「文貞」改爲「文忠」。然《明詩選姓氏》尚稱范「謚文貞」，可知《明詩選姓氏》之撰寫，當在順治初年。

此次整理《徐氏家藏書目》，以國家圖書館藏清道光七年（一八二七）味經書屋劉燕庭抄本爲底本。校注從簡，除補缺文外，一般不與四卷本比勘。清世避諱，如「玄」、「弘」、「曆」、「丘」等逕改正，不出校記。原書題「三山徐興公紅雨樓書目」，有牌記「道光七年歲在强圉大淵獻壯月東武劉氏味經書屋寫藏本」。有印記「東武劉氏味經書屋藏書印」、「文正曾孫」、「劉印喜海」、「燕庭」、「喜海」、「燕庭藏書」等。標題「徐𤊹小傳」、「識」、「跋」爲整理者所加。劉燕庭抄本所據底本，爲後人傳抄本，並非徐氏原稿，不獨有殘缺，誤字尤多。而今日所有七卷本，皆源出此本，致無法校勘，只能隨手更訂，遺漏恐多。讀者諒鑒。但此《書目》卷七的明人文集部分，提供重要希見史料，瑕不掩瑜，此之謂也。

二〇一四年十二月十五日馬泰來

目録

徐㶿小傳

劉燕庭撰

布衣徐㶿，閩縣人，永寧縣令徐棉子，與兄熥，俱擅才名。㶿，字惟起，更字興公，博學工文，善草隸書。詩歌婉麗，萬曆間，與曹學佺相友善，主閩中詩壇。性嗜古，家多藏書。所居鼇峰，客從竹間入，環堵蕭然，而牙籤四圍，縹緗之富，卿侯不能敵也。著有《鼇峰集》、《紅雨樓集》。兄熥，字惟和，舉萬曆戊子鄉薦，著有《幔亭集》。子延壽，字存永，詞賦激昂，有《尺木堂稿》。孫鍾震，字器之，有《雪樵集》。

徐氏家藏書目識跋

劉燕庭撰

道光丁亥（一八二七）七月，大興徐星伯知余訪各家書目，因出所藏明萬曆間徐興公家藏書目六册見示，云去歲客濟南時，得自周書倉（原注：永年）家。攜歸即過録校藏，并輯《閩志》、《明詩綜》各書所載興公事跡，撰小傳書於右。七夕曝書，偶檢《胡仲子集》有「晉安徐興公藏書」印，《吳道南集》有「閩中徐惟起藏書印」。余既得此目，而目中著録之書散在人間，竟有爲余所得者，亦奇觀也。因撫二印於簡端，以志巧合。此目諸書皆未著録，惟《千頃堂書目》有之，作七卷。興公書齋名「紅雨樓」，余即以題其書目云。七夕燈下，東武劉燕庭識于味經書屋。

集部缺閩人著作，當是別録一目，備修閩志者采爲藝文志也。惜未附此，以存梗概，亦一憾事。再興公自序云七卷，《千頃堂書目》亦云七卷。此本未分卷，而裝六册，或本七册，失去尾末册耳。燕庭。

家藏書目序

徐𤊹撰

予少也賤，性喜博覽，閒嘗取父書讀之，覺津津有味，然尚未知載籍無盡，而學者耳目難周也。既長，稍費編摩，始知訪輯，然室如懸磬，又不能力舉群有也。會壬辰（一五九二）、乙未（一五九五）、辛丑（一六〇一）三爲吳越之遊，庚子（一六〇〇）又有書林之役，迺撮其要者購之，因其未備者補之，更有罕覯難得之書，或即類以求，或因人而乞，或有朋舊見貽，或借故家抄録。積之十年，合先君子、先伯兄所儲，可盈五萬三千餘卷，藏之小樓，堆床充棟，頗有甲乙次第。鉛槧暇日，遂仿鄭氏《藝文略》、馬氏《經籍考》之例，分經史子集四部，部分衆類，著爲《書目》七卷，以備稽覽。客有譏予者曰：「子之蓄書，拮据勞瘁，書愈富而囊愈空，不幾於成癡成淫乎？好書而勞，不若不好之爲逸也。」予曰：「否否！昔宋尤延之積書數萬卷，嘗自言：饑讀之以當肉，寒讀之以當裘，孤寂讀之以當友朋，幽憂讀之以當金石琴瑟。予生平無他嗜，所嗜惟書。雖未能效古人下帷穿榻、閉户杜門之苦，然四體不勤，此心難恕，豈敢安於逸豫，怠於鑽研者耶。至於發書簏之誚，蒙武庫之譽，非予之所可幾也，亦非予之所敢望也。」客曰：「美哉，徐仲子之言。」唯唯而退。萬曆壬寅（一六〇二）初秋，三山徐𤊹興公書。

藏書屋銘〔一〕

徐　𤊹撰

少弄詞章，遇書輒喜。家乏良田，但存經史。先人手澤，連編累紙。珍惜裝潢，不忍殘毁。補缺拾遺，坊售肆市。五典三墳，六經諸子。詩詞集説總兼，樂府稗官咸備。藏蓄匪稱汗牛，考校頗精亥豕。雖破萬卷之有餘，不博人間之青紫。茗椀香爐，明窗淨几，開卷朗吟，古人在此。名士見而歎嘉，俗夫聞而竊鄙。淫嗜生應不休，癡癖死而後已。此樂何假南面百城，豈曰誇多而鬪靡者也。萬曆甲辰（一六〇四）六月望日，徐興公書。

注

〔一〕又見《紅雨樓集》手稿，册十二。

題兒陸書軒〔一〕

徐　㶿撰

菲飲食，惡衣服，減自奉，買書讀。積廿年，堆滿屋。手有校，編有目。無牙籤，無玉軸。置小齋，名汗竹。博非櫥，記非簏。將老矣，覽不熟。青箱業，教兒陸，繼書香，爾當勖。萬曆丁未（一六〇七）秋日，徐興公書。

注

〔一〕又見《紅雨樓集》手稿，册十二，題名作《書齋銘》。

徐氏家藏書目卷之一

經部

易類

周易白文三卷

古周易二卷　吕東萊定本。

古易象三卷　費直定本。

子夏易傳十卷

京房易傳二卷　吳鬱林太守陸(續)[績]注，明兵部侍郎范欽訂。

焦氏易林十六卷　焦延壽著。

周易略例一卷　晉王弼著，唐邢璹注。

周易註疏十卷　晉王弼注，《略例》附。唐孔穎達疏。

周易舉正三卷　唐郭京撰。

元包京傳五卷　後周衛元嵩述，唐蘇元明傳、李江注。

元包數義二卷　宋張行成述。

關氏易傳一卷　魏關朗撰，唐趙蕤注。

周易釋文一卷　唐國子博士陸德明撰。附注疏末。

東坡易解八卷　宋蘇軾解。

周易古占法一卷　沙隨程迥編。

章句外編一卷

周易傳義二十四卷　宋程灝傳，宋朱熹義。

楊誠齋易傳二十卷

乾坤鑿度二卷　漢鄭玄著。
河圖洛書解一卷　袁黄。
焦氏易林起例一卷
楊慈湖己易一卷
周易本義四卷
易學四同八卷　季本著。　**別録圖文**　著注。
圖文餘辨二卷
蓍法別傳二卷　俱季本。
周易大全二十四卷
周易占辭三卷
周易占林四卷　王宇。
學易記五卷　金賁亨。
讀易纂五卷　婁東張元蒙。
徐氏周易通解八卷　先大令著。〔一〕
太玄經十卷　王涯《説玄》附。范望注。

潛虚二卷　司馬光。
圖學心傳二卷　鄭汝礪。
斷易啟蒙三卷
芝田漫畫一卷　寧浦陸舜臣。
宋仲子注太玄經六卷　惟幹。
周易象義五卷　廣漢周滿。
學易舉偶六卷　戴廷槐。
周易説義十二卷　馬森。
呂微仲古易二卷
李鼎祚易解十卷　唐人。
易解附録一卷　胡震亨。
易象管窺十五卷　嘉禾黄正憲。
中菴籤易一卷　潁上盧翰。
横渠易説二卷　張載。
周易象旨決録七卷　熊過。

周易參疑十二卷　孫光化。

連山易一卷

歸藏易一卷

周易疑問十卷　姚舜收。

見羅義經旨一卷　李材。

太玄集註十卷　司馬光。

陸德明音訓周易白文一卷　元板。

易象通八卷　朱謀(煒)[㙔]。〔二〕

周易因指五卷　張汝霖。

周易圖説一卷　梁山來知德。

易經蒙引八卷　蔡清。

易經存疑九卷　林希元。

徐氏易腴三卷　徐熛。

易外別傳一卷　元俞琰。

易修墨守二卷　唐樞。

易質疑一卷　晉江莊洤。

太極圖釋旨一卷　仇雲鳳。

易繹五卷　鄧(原)[元]錫。〔三〕

周易略義五卷　盧陵陳嘉謨。

沈作喆易正誤一卷　見寓簡。

周易宗義□卷　程汝繼。

易經兒説五卷　蘇濬。

易經生生篇六卷　蘇濬。

易辭射覆一卷　江夏賀時泰。

太古易三卷

觀象編一卷　傅文兆。

觀變編一卷　傅文兆。

玩辭編一卷　傅文兆。

玩占編一卷　傅文兆。

古周易二卷　傅文兆定本。

易筌六卷　焦竑。
周易古象通八卷　魏濬。
易贊測三卷　萬尚烈。
郭青螺易解十五卷　子章。
奇門易數□卷
周易辨録四卷
周易冥冥篇五卷　蘇濬。
易因四卷　李卓吾。
周易補傳四卷　袁了凡，别號考槃逸農。
易總一卷　楊廷筠。
淮海易談八卷　孫應鰲著。
古易考原三卷　梅鷟著。
易纂言八卷　元吳澄。
周易億三卷　王道。
周易真文三卷　孫古文。
周易顔字朱註三卷
楊慈湖易傳二十卷　宋楊簡。
易經九鼎五卷
易經句解三卷
河洛發微一卷　宋蔡元定。
周經二侯解三卷
讀易紀聞六卷　張獻翼。
太象義述一卷　王幾。
周易説統□卷
易旁通一卷　徐燉。附《筆精》内。
周易可説七卷　曹學佺。
麻衣道者正易心法一卷
周易翼四卷　宋胡一桂。
陳摶河洛數二卷
陳摶易數二卷

麻衣道者易（隨）〔髓〕八卷

復齋易説二卷　宋趙彦肅。

古靈易説一卷　宋陳襄。

河圖洛書論一卷　來知德。

來鮮矣易註十六卷　來知德。

易外傳一卷　宋林希逸。

易註圖説一卷　來知德。

易史精微七卷　蜀李資乾。

啟蒙意見四卷　韓邦奇。

周易象義十卷　豫章黄本清。

點易丹□卷〔四〕

易林洞譜□卷

也足園易説□卷　王宇。

易經疑叢十卷　楊瞿崍。

周易會通□卷

先天節要一卷

先天圖要二卷

孔易穀一卷　陳履祥。

易穀通一卷　鄒元標。

擬易一卷　張武略。

善易者言一卷　吴見末。

卦翫二卷　屠田叔輯。

太玄經十卷　范望註。王涯《説玄》附。

太玄集註十卷　司馬光。

太玄經註十卷　宋惟幹。

易四解一卷　晉江蔡鼎。

書類

尚書白文二卷

尚書註疏二十卷　唐孔穎達。

尚書集注十卷　宋蔡沈注。
古三墳書一卷
汲冢周書十卷
禹貢略一卷　全天叙。
書傳敷言[八]卷[五]　馬森。
東坡書傳二十卷　宋蘇軾。
書經篇目二卷
砭蔡一卷　袁仁。
尤射二卷　魏繆襲。
書經繹二卷　鄧元錫。
書經釋一卷　何喬遠。附《萬曆集》。
書經蠡測一卷　蔣悌生。
書傳折衷十卷　曹學佺。
書經便蒙六卷　王藿。
尚書極一卷　陳履祥。
書傳統論六卷　宋張九成。刻《横浦》[六]。
洛書範數一卷　無名氏。
禹貢便讀一卷　南豐朱壐。
禹貢解一卷　龍溪何檵。
小篆周書二卷
書經直解八卷　張居正。
書經存疑二卷　(鄭)[鄞]汪玉。
禹貢圖説一卷　鄭曉。
禹貢古今合註五卷　夏允彝。

詩類

毛詩白文四卷
毛詩註疏二十四卷　漢鄭康成箋，唐孔穎達疏。
毛詩鄭箋二十卷　鄭玄。
韓詩外編十卷　漢韓嬰著。

詩經集註八卷　朱子。
毛詩鳥獸草木攷二十卷　吳雨。
詩經人物志三十四卷　林世陞。
申培詩説一卷　附叢書内。
蘇潁濱詩傳十五卷
詩經古注十卷
毛詩古音攷四卷　陳第。
多識篇七卷　林兆珂。
毛詩或問二卷　袁仁。
擬詩外傳一卷　黄省曾。
豳風吹一卷　吳時憲。
詩經類考三十卷　沈[萬珂]。〔七〕
胡氏詩識三卷　胡文焕。
詩故一卷　朱謀㙔。
詩經繹三卷　鄧元錫。

詩經攷證一卷　何宗魯。
詩經存固八卷　葉朝榮。
詩經質疑六卷　曹學佺。
詩經大全註二十卷
含元子詩説　趙樞生。
吕氏讀詩記三十二卷　宋吕本中。
詩經蠡測[三]卷　(宋)[明]蔣悌生。〔八〕
嚴氏詩緝三十六卷　宋嚴粲，邵武人。
十五國風論一卷　林國華。
白菴談詩一卷　陳元綸。
詩綴標日一卷
詩經攷十八卷　黄文焕。
毛詩草木蟲魚疏二卷　唐陸璣。
風雅合銓二卷　趙宧光。
詩説解頤三十卷　季本。

詩説字義八卷　季本。
詩經彙考二十卷　黄文焕。

禮類

禮記白文三十卷
禮記注疏六十三卷　漢鄭玄注，唐孔穎達疏。
儀禮注疏十七卷　漢鄭玄注，唐賈公彦疏。
禮記集説三十卷　陳顥。
周禮注疏四十二卷　漢鄭玄注，唐賈公彦疏。
讀禮疑圖六卷　季本。
夏小正二卷　宋傅崧卿校定。
夏小正解一卷　楊慎訂正。
月令詩訓一卷　唐盧景儉。抄本。
文公家禮四卷
考工記古本一卷
考工述註二卷　林兆珂。
考工記圖解二卷　宋林希逸著。
考工記補圖一卷　明張鼎思著。
考工記註二卷　元吴澄注。
考工記二卷　漢鄭康成訓註，元吴澄考注。
射禮圖注一卷
五宗考義一卷　潘潢。
正俗篇四卷　許孚遠。
周禮定本十三卷　舒芬。
儀禮經傳續儀禮六十六卷　朱子。
周禮集説十二卷　元陳友仁編。
儀禮鄭玄注十七卷
禮記訂補二十四卷　鄧廷曾。
禮記評析六卷　鄧廷曾。
禮經會元四卷

大戴禮記十三卷　漢戴德。
周禮句解十二卷　朱申注。元板。
禮經節解六卷　吴澄。
周禮因論一卷　唐樞。
太平經國書十一卷　宋鄭伯謙。
官職會通二卷　魏校。
三禮繹四卷　鄧元錫。
檀弓四卷　謝枋得，楊慎考註。
檀弓述註二卷　林兆珂。
家禮儀節八卷　胡堯元刻。
周禮集註七卷　何喬新。
三禮考註三十三卷　朱子。
周禮訓雋□卷
周禮全經十四卷　柯尚遷。
周禮白文六卷
三禮圖註一卷　咸寧唐時舉。
周禮沿革六卷　魏校。
禮記章句八卷　張孚敬。
禮記明訓　曹學佺。
禮記抄説四十六卷　無名氏。
禮記纂言三十六卷　元吴澄。
周禮折衷二卷　宋魏了翁。見全集内。
蒙亨禮樂要二卷　阮鶚著。
善俗稗義一卷　陸樹聲。
宗祠考擬一卷　新安張芝。
田家儀注一卷　陳鳴鶴。
禮記講意五卷　倪章。
纂儀禮二十卷
經禮補逸九卷　元汪克寬。
文公家禮五卷附録一卷　吴松顧氏翻宋板。

文公家禮七卷　高安朱吾弼重編。
禮書一百二十卷　宋陳祥道。
儒行集傳二卷　黄道周。

月令

月令廣義二十四卷　唐盧景儉。
月令詩訓一卷　唐盧景儉。
田家月令一卷　華亭顧清，謚文僖。
歲華紀麗四卷　唐韓鄂。
歲華記麗譜一卷　元費著。
荆楚歲時記一卷　梁宗懍。
歲時廣記四卷　宋陳元靚。
時令纂言二卷
正朔考一卷　宋魏了翁。
萬曆戊申立春考證一卷　邢雲路。
晋安歲時記一卷　宋梁克家著，明徐𤊹補。
月令玄機一卷　中州曾弘。

春秋類

春秋白文一卷
春秋左傳注疏六十卷　漢杜預注，唐孔穎達疏。
春秋公羊傳注疏二十八卷　漢何休注。
春秋穀梁傳注疏二十卷
春秋胡傳三十卷
春秋左傳杜注三十卷
春秋左傳釋義□卷〔九〕
春秋辨疑
鍼胡一卷　袁仁。
春秋辭命二卷

蘇潁濱春秋傳十二卷
春秋蠡測一卷　新(字)[安](俞)[余]懋學著。
見羅麟經旨一卷　李材。
春秋讀意一卷　唐樞。
春秋繹通一卷　鄧元錫。
春秋地名考一卷　楊慎。
大明天文分野書一卷　楊慎。
春秋師説三卷　趙汸。
春秋列傳七卷　劉節。
春秋闡義十二卷　曹學佺。
春秋經世二卷　魏校。
左傳節文十五卷　汪道昆。
左傳釋附二十卷　黃洪憲。
春秋大旨十卷
春秋備覽十卷

春秋四傳三十八卷
春秋人物譜十三卷　張事心。
春秋仲義二十九卷　馬森。
春秋四傳辨疑二卷　陳肇曾。
左傳附註辨誤二卷　吳郡傅遜。
左氏始末□卷　唐荊川。
左傳纂註
蔡復齋春秋五論五卷　宋蔡沆著。誤附《勿軒易學》後。
左紀十一卷　吳錢應奎編。分國。
素王統一卷　陳履祥。
小篆春秋二卷
左傳測義七十卷　凌稚隆。

學庸類

學庸古本二卷　古篆。
學庸或問二卷
大學述二卷　許孚遠。
學庸解二卷　江都閻士選。
大學衍義四十三卷
大學衍義補一百六十四卷　丘濬。
石經大學一卷
大學約言一卷　李材。
大學指歸攷異一卷　魏校。
大學古本雙標一卷　吳時憲。
中庸輯略二卷　朱子。
中庸系一卷　吳時憲。
大學就正一卷　陳嘉謨。

大學古本解一卷　來知德。
大學釋一卷　何喬遠。附《萬曆集》。
大學億一卷　武城王道著。
嘉禾大學中庸語孟問録　唐樞。
大學三書三卷
大學千慮一卷　穆孔暉。
大學衍義節略二十卷　高安朱寔昌。
大學衍義補纂要六卷　常熟徐栻。
大學古文一卷　魏校。
學庸剩義一卷　沈顥。
學庸日箋一卷　陳元綸。
學庸略二卷　董應舉。
大學古本一卷　林天峻纂。

論語類

論語注疏二十卷　魏何晏注，宋邢昺疏。
論語筆解二卷　唐韓愈、李翺著。
論語集註十卷
東坡論語解
孔子集語二卷　宋薛據纂。永嘉人。
孔子家語王肅注十卷
孔子家語何孟春注八卷
孔子閒居解一卷　楊簡。
蘇潁濱論語拾遺一卷
論語講義二卷　張蔚然。
聖門人物志十二卷
孔聖全書十四卷
孔聖通考十卷
頖宮禮樂志十卷
論語外篇十卷　豐城李栻輯。
孔子世家七卷　馮烶。

孟子類

孟子注疏十四卷　漢趙氏注，宋孫奭疏。
孟子集註十卷　朱子。
續孟子一卷　唐林慎思。
潁濱孟子解一卷　宋蘇軾。
蘇老泉批點孟子七卷

孝經類

古孝經一卷
孝經注疏九卷　宋邢昺注疏。
孝經繁露一卷　無名氏。

孝經邇言一卷　虞淳熙。

孝經疏義一卷　李材。

唐明皇孝經註一卷

孝經刊誤一卷　朱子。

孝經集靈一卷　虞淳熙。

孝經本文一卷　吳叔嘉刻手書。

孝經正文一卷　趙世顯刊。

古本篆文孝經一卷

孝經古今正本二卷

五經孝語二卷

合刻忠孝經二卷

爾雅類

爾雅注三卷　晉郭璞注。

爾雅注疏十一卷　晉郭璞注，宋邢昺疏。

廣雅四卷　魏張揖。隋曹憲音解。

埤雅二十卷　唐陸佃。

爾雅翼三十二卷　宋羅願。

釋名八卷　漢劉熙。

小爾雅一卷　楚孔鮒撰。

方言十三卷　漢揚雄。

駢雅七卷　朱謀㙔。

昆蟲草木略二卷　宋鄭樵。

雅餘八卷　羅曰褧。

爾雅白文　歐體書。

總經類

五經白文四十卷

五經集注四十卷

五經大全註

五經旁訓十九卷
五經序文一卷
十三經注疏三百三十三卷
四書大全註
四書人物考
四書海蠡篇二卷　袁士瑜。
五經難字音釋一卷
白虎通德論六卷　漢班固著。
九經補韻一卷　宋楊伯嵒。
經子臆解一卷　王世懋。
五經繹□卷　鄧元錫。
經子法語一卷
經術源流一卷　王應山。
五經摘註五卷　新安俞指南。
五經蠡測五卷　蔣悌生。

經書補註一卷　天順中四明黄瀾玉著。
四書五經事類考□卷
五經類語六卷　正德中新會梁岐集。
經傳對語一卷　錫山邵寶編次。
四書疑問六卷　姚舜牧。
東湖（講日）〔日講〕一卷　張蔚然。
古板四書朱註
四書徵
五經類考
四書史二卷　陳元綸。
經言枝指
白菴談經五卷　陳元綸。
四書拈花小品一卷　建安陶光庠。
丹鉛五經説二卷　楊慎。
五經序一卷　穆相。

四書講述十一卷　盧一誠。
四書臆四卷　鄒銓。
四書體義十卷　沈幾。
李氏説書九卷　李贄。
四書蠡測一卷　句章胡亮工。
經史通譜二卷　潘高。
九經考異十卷　周應賓。
四書通考
四書通二卷　王志遠。
邵文莊經史全書十六卷　邵寶著。曹荃刻。
邵二泉五經簡端録十二卷　門生王宗元編次。

樂類

律呂元聲二卷
樂律纂要一卷　季本。
古樂府十卷
琴譜三卷
樂府原十五卷　徐獻忠。
琴書類集一卷　宋僧居月著。
九宫譜十六卷
太平樂府九卷
子夜新聲一卷
律呂别書一卷　季本。
大樂律呂考證四卷　莆田李文利。
樂律管見二卷　金溪黄積慶。附《協律二南詩》一卷。
樂府指迷二卷　張玉田。
律呂古義三卷　呂懷。
正傳對音琴譜六卷　楊表正。
緑綺新聲二卷　徐時琪。

古琴疏一卷　虞汝明。

盛世新聲二卷

九代樂章二十三卷　劉濂。

樂書二百卷　宋陳暘。

琴譜琴經十卷

古樂苑五十二卷　梅鼎祚。

古樂苑衍録四卷　梅鼎祚。

羯鼓録一卷　唐南卓撰。

樂府雜録一卷　唐段安節。

教坊記一卷　唐崔令欽。

含少論略一卷　葛見堯。

校注

〔一〕「先大令」，指徐棉。

〔二〕朱謀㙔，原書卷一均作「朱謀煒」，以下逕改不出校。

〔三〕鄧元錫，原書均作「鄧原錫」，以下逕改不出校。

〔四〕《點易丹》，明顧懋樊撰。四卷本誤併作「點易丹易經疑叢十卷，楊瞿崍」。

〔五〕卷數據四卷本補。

〔六〕四卷本作「尚書傳統論六卷，張九成《横浦集》内」。

〔七〕「萬珂」，據四卷本補。

〔八〕蔣悌生，明初人。《四庫全書》收入其《五經蠡測》六卷，卷三至卷五論《詩經》。

〔九〕四卷本誤併《左傳釋義》、《春秋辨疑》爲一書。實際二書作者非一人，《春秋左傳釋義評苑》作者署明王錫爵；《春秋辨疑》作者爲宋蕭楚。

徐氏家藏書目卷之二

史部

正史類

史記一百三十卷　司馬遷。

前漢書一百二十卷　班固。

後漢書一百二十卷　范蔚宗。

三國志六十五卷　陳壽。

晉書一百三十卷　魏徵。

宋書一百卷　沈約。

南齊書五十九卷　蕭子顯。

梁書六十五卷　姚思廉。

陳書三十六卷　姚思廉。

魏書一百三十卷　魏[收]。

北齊書五十卷　李百藥。

周書五十卷　令(孤)[狐]德棻。

隋書八十五卷　魏徵。

南史八十卷　李延壽。

北史一百卷　李延壽。

唐書二百二十五卷　歐陽修。

五代史七十五卷　歐陽修。

宋史四百九十六卷　脱脱。

遼史一百一十六卷　脱脱。

金史一百三十五卷　脱脱。

元史二百一十六卷　宋濂。

舊唐書二百卷　劉昫。

史記索隱一百三十卷　司馬承禎。
史記題評一百三十卷　高世魁。
史記評林一百三十卷　淩迪知。
宋史新編二百卷　柯維祺。

旁史類

前漢紀三十卷　荀(恍)[悦]。
後漢紀三十卷　袁宏。
資治通鑑二百九十四卷　司馬光。
通鑑紀事本末四十二卷
通鑑綱目五十九卷
宋元通鑑綱目二十七卷
綱鑑大成六十卷
歷代敘略一卷
少微通鑑五十卷
通鑑要略十二卷　秦繼宗。
通鑑節要十卷　蘇一韓。
鑑雋四卷
通鑑綱目前編三卷　許誥。
歷代史譜二卷
綱鑑論抄
史編始事二卷　勞堪。
小學史斷二卷　宋南宮靖一。
國語二十一卷
戰國策十卷
穆天子傳一卷
吳越春秋十卷
越絶書十五卷
蜀鑑十卷　宋邵武李文子編。
宋史紀事本末十卷　馮琦。

元史紀事本末四卷

續編宋史辨一卷　陳桱。

南唐書三十卷　馬令。

甲子會紀五十卷

史通十卷　劉知幾。

大唐六典三十卷

稽古大政綱目八卷

考信編七卷

唐餘紀傳十八卷　陳霆。

史通會要三卷　陸深。

史遺一卷　丘兆麟。

江表志三卷　宋閩人鄭文寶著。紀南唐事，見《説郛》。寧化刊本。

五國故事一卷　見《説郛》。

季漢書六十卷　謝陛。

元經薛氏傳十卷

歷代史正二卷

史漢方駕三十五卷

江南別録一卷　陳彭年。

左[瘤]史八卷　邵武朱焯[一]。

陸游南唐書十八卷

晉文春秋一卷

歷代紀事一卷　袁仁。

五代新説二卷　見《説郛》。

鄭端簡删改史論二卷　鄭曉。

歷朝捷録二卷　顧充，上虞人。

史鉞三十卷

貞觀政要十卷　吳兢。

讀史訂疑一卷　王世懋。

歷朝統論一卷　宋潘榮。

皇王大紀八十卷　宋胡宏。
史學綱領四卷　仁和王紳。
古今紀要二十卷　黄震。
史測一卷　謝肇淛。
世略一卷
史考十卷　謝肇淛。
史鐫八卷　謝肇淛。
十八史略八卷　曾先之。
古史通略八卷　胡文定。
人代紀要四卷
三國志會同二十一卷
兩晉會同二十八卷
帝王紀年纂要一卷
史記考要四卷
史記白文
宗傳咏古一卷
南唐近事二卷
逸民史二十二卷　陳繼儒。
張元羽史論外編二十卷　張大齡。
南北兩晉奇談□卷
歷代世譜十卷　無名氏撰。
十六國春秋四十三卷　崔鴻。
路史　《前紀》六卷，《後紀》十三卷，《發揮》六卷，《餘論》十卷，《國名志》十卷。
三國策十二卷　汝郡劉宣化著。
蘇子由古史六十卷
史説萱蘇二卷　黄以陞。
胡致堂讀史管見
季周書十二卷　新安程元初。
彙史義例二卷　張萱著。

史書論纂四十卷　應城陳士元著。
讀史録六卷　張寧。
經世漢策一卷　魏校。
史臆一卷　先子著。
世説紀稱一卷　先子著。
五代史補五卷　陶岳。
史疑六卷　葵丘王徽。
晉書鉤玄二卷　錢博。
新唐書糾繆　宋吴縝。
蘭臺讀史自記四卷　熊尚文。
趙雪航讀史膚見四卷
涉史隨筆一卷　宋葛洪。
歷代史鈔□卷　江西李裕。
廿一史撮奇十卷　姑(熟)[孰]李一公。
讀史日記四卷　熊尚文。

李氏續藏書□卷　李贄。
函史一百二卷　鄧元錫。
丙丁龜鑑六卷　宋柴望。
鶴山古今考略一卷　宋魏了翁。
大唐創業起居注三卷　唐温大雅。
靖康傳信録三卷　宋李綱。
建炎進退志四卷　宋李綱。
建炎時政記三卷　宋李綱。
續編宋史辯一卷　陳太史。
史書呫嗶六卷　胡應麟。
三墳補逸二卷　胡應麟。
治園暇筆二卷　邵捷春。
病中抽史一卷　鄧子担。附《反絶交論》。
史輪一卷　吴見末。
讀五胡載記一卷　歐陽于玉。

三國人物生卒考一卷　耿汝忞。
天心仁愛録一卷　范永鑾。
荒史三卷　陳士元。
元經薛氏傳[十]卷　唐薛收。阮逸注。〔二〕
吳越備史一卷　宋范坰。
歷代帝王圖像一卷
言史慎餘二卷　華亭楊樞。
邃古記八卷　朱謀(焯)[㙉]。〔三〕
宋紀受終考三卷　程敏政。
贊化通史彙編十八卷　新安游遜。
經史通譜二卷　潘高。
説史雋言十八卷　張大齡。
王虞石史論四卷　王命濬。

本朝史類

吾學篇六十九卷　鄭曉。
昭代典則二十八卷　黄光昇。
國朝紀要十卷　王世貞。
皇明通紀八卷
孤樹裒談十卷　李默。
永昭兩陵編年史
革除遺事六卷
革除編年一卷　吳郡袁祥著。
三朝聖諭録三卷　楊士奇。
天順日録一卷　李賢。
皇明傳信録一卷
皇明祖訓一卷
國朝政要二十卷

太常典録四卷　屠本畯。
大明律例二十八卷
大明令一卷
大誥三篇一卷
大明官制
保治要議四卷
大明會典二百二十八卷
應詔録一卷　葉春及。
初仕録一卷
聖駕南巡日録一卷　陸深。
大駕北還録一卷　陸深。
嘉隆聞見記二十卷
表忠録二卷
品級考二卷
建文朝野類編二十卷　屠叔方。

藩獻記四卷　朱謀㙔。
列流測一卷　唐樞。
法綴一卷　唐樞。
皇朝捷録一卷
皇明鴻猷録十六卷　高岱。
皇明典禮志二十卷　郭正域。
皇祖四大法十二卷　何棟如。
皇明十六小傳□卷　江盈科。
皇明謚紀彙編二十五卷　郭良翰。
致身録一卷　史仲彬著。記建文出亡事。王昌允刻。
欽明大獄録二卷
國史補遺六卷　孫交。
皇明昭令二十一卷
兩朝憲章二十卷

國朝殿閣部院大臣年表十五卷　吳郡許重熙輯。［重］熙字子洽，萬曆中文學。

謚紀二十五卷

官職會通二卷

昭代紀要　朱懷吳。

國朝典故紀聞十八卷　余繼登。

世廟寔録

萬曆三大征考三卷　茅瑞徵。

明政統宗□卷

明倫大典二十四卷

列卿年表一百三十九卷　豐城雷禮。

龍飛紀略八卷　嘉靖中詔安李朴著。朴字華甫，布衣。

東事紀寔□卷〔四〕

神宗大事紀要

庚申外史二卷　吉安權衡。

近峯記略一卷　吳皇甫庸。

龍興慈記一卷　王文禄。

靖難功臣録一卷

督師紀略十三卷　茅元儀。

皇明紀略一卷　皇甫録。

明興雜記二卷　彰南陳敬則。

北征先後録二卷　金幼孜。記成祖征虜。

復辟録一卷　記英宗。

西征石城記一卷　馬文升。

興復哈密記一卷　馬文升。

謇齋瑣綴録八卷　劉定之。〔五〕

守溪長語一卷　吳郡王鏊。

窺天外乘一卷　王敬美。

平夏録一卷　東海黃標。

平吳録一卷　無名氏。
北平録一卷　無名氏。
平胡録一卷　雲間陸深。
平定交南録一卷　丘濬。
海議一卷　唐樞。
撫安東夷記一卷　鈞陽馬文升。
平夷録一卷　鳳陽趙輔。
東征紀行録一卷　無名氏。
翊運録二卷　劉基。
賢識録一卷　陸釴。
備遺録一卷　張芹。
後鑒録一卷　謝蕡。
征西紀一卷　徐謹。
燕對録一卷　李東陽。
可齋雜記二卷　彭時。

繼世紀聞四卷　陳洪謨。
北征録一卷
江海殲渠記一卷　祝允明。
遵聞録一卷　梁億。
藩獻記一卷　朱謀㙔。
御制大誥一卷　太祖。
乙未私志一卷　余寅。
皇明書四十五卷　鄧元錫。
大禮纂要二卷　(唐)[席]書奉勅修。
革朝致身録一卷　史仲彬。浙板、閩板二副。
東便門紀事一卷　茅元儀。

人物類　聖賢

孔聖通考四卷
孔聖全書十四卷

孔子世家七卷　馮煖。
聖門人物志十二卷　郭子章。
聖學嫡派
閩學源流十六卷
伊洛淵源十卷續二卷
考亭淵源
閩學道統淵源一卷　楊廷御。
從祀四賢傳一卷　薛、陳、王、胡。
四書人物考　薛應旂。

人物傳　歷代

宋名臣言行録
宋名臣琬琰録一百七卷　蜀杜大珪。
宋三大臣傳
宋五先生政蹟一卷

國朝名臣言行録十卷
皇朝新編名臣言行録三十四卷
歷代忠義録十四卷
皇明開國功臣録二十卷
皇明十六小傳□卷　江盈科。
七十二朝人物考
國朝殿閣詞林記
國朝人物奇編
國朝詞林人物考十二卷
歷代逸民史二十二卷　陳繼儒。
歷代逸民傳二卷　皇甫涍。
歷代循良彙編十二卷
堯山堂外紀
國琛集二卷　唐樞。
國寶新編一卷　顧璘。

稗史集傳一卷　福溪徐顯。

二俠傳二十卷　浦城徐廣。

紀善録一卷　杜瓊。

掾曹名臣録一卷　王凝齋。

今獻備遺

備遺録一卷　張芹。紀建文時死難諸臣。

皇明寶善類編四卷　蘇茂相。

貧士傳二卷　黄姬水。

尚論編一卷　王達善。

敦義編一卷

棠陰比事二卷　四明桂萬榮。

麻沙劉氏忠賢傳四卷　劉有光。

宋名臣言行録摘粹一卷　新安程再伊。

援遼四將傳一卷　吴仕瑋。

歷代表忠録二卷

蓮社高賢傳七卷

歷代將鑑博議十卷　宋戴少望。

皇明理學名臣言行録二卷　月湖楊廉集。

皇朝經濟名臣録四卷　永新賀中男著。

人物傳　各省

東越文苑傳六卷　陳鳴鶴。

莆陽文獻録十三卷　鄭[岳]。〔六〕

續莆陽文獻録二十卷　柯維璣。

清源文獻録十八卷　何[烱]。

潭陽文獻録八十二卷　何喬遷。

吴中人物志十三卷　張㬋。

姑蘇名賢小紀二卷　文震孟。

吴中人物表微一卷　左(兆)[光]斗。

吴中往哲記一卷　楊循吉。

吳郡二科志一卷　閻秀卿。
江右名賢編二卷　喻均。
吉州正氣四卷
祥符文獻志十七卷　李濂。
祥符鄉賢傳八卷　李濂。
臨江先哲言行録二卷
(昆)[毘]陵忠義録四卷
金陵訢慕篇一卷　陳鳳。
吳郡新倩籍一卷　徐禎卿。
吳郡金石契一卷　祝肇。
閩中友聲集一卷　曹蕃。
三山社評一卷　永嘉張昭。
效顰集三卷　南平趙弼撰。《古今人物傳》。

名賢傳記

唐魏鄭公諫録六卷　唐王方慶輯。彭年增刻。
宋陳了齋言行録
蘇東坡外紀十二卷　蘧之璞。
蘇東坡雜識四卷　朱懷。
米襄陽志林十三卷　范長康。
蔡端明別紀十二卷　徐𤊹。
韓魏公家傳十卷別録一卷遺事一卷
范文正公言行拾遺四卷
王文正公遺事一卷　宋王旦。
寇萊公遺事一卷　寇準。
邵康節外紀四卷　陳繼儒。
倪雲林遺事一卷　吳顧元慶。
蘇欒城遺言一卷　宋蘇籀。

陳白沙言行録十卷附録二卷
王氏父子卻金傳一卷　王敬美。
紫藤志十一卷　顧雪。
商素菴遺行集一卷
徐天全遺事一卷　徐子陽。
張幼于自叙一卷
東坡遺蹟一卷　張大齡。
魏莊毅記略一卷　掞之。

姓氏

萬姓統譜一百四十卷　淩迪知。
氏族大全二十八卷
氏族博考十四卷
尚友編二十二卷
姓源珠璣六卷　楊信民。

希姓録一卷　楊慎。
同姓名録十二卷　余寅。
小字録一卷　宋陳思。
小字録補三卷　沈弘正。
侍兒小名録一卷
侍兒小名録拾遺一卷　宋張邦畿。
補侍兒小名録一卷　宋銍。
續侍兒小名録一卷　宋温裕。
小名録二卷　唐陸龜蒙。
姬侍類偶一卷　周守忠。
千家姓一卷　洪武中吴伯宗。
百家姓一卷
世説紀稱一卷　徐𤏡。
明狀元考二卷

族譜

濂浦林氏家譜四卷

義溪陳氏族譜

世錦王氏譜要十二卷 王應山。

藤山鄭氏家譜十一卷

竹林鄧氏家譜二十三卷

雲程林氏家譜八卷

柯嶼陳氏家譜十六卷 陳鳴鶴。

荊山徐氏宗譜十卷

臺江徐氏家譜十卷

雲山葉氏家譜十一卷

月臺陳氏譜略一卷

江田陳氏南陽世略一卷

南津林氏譜略一卷

鉛山費氏譜略一卷

北地李氏族譜一卷 李夢陽。

四明張氏宗譜二卷

德清嵇氏族乘四卷 嵇汝木。

繡林張氏世譜六卷 禮侍張璧。

寒山趙氏宗統四卷 趙宧光。

龍溪吕氏家乘一卷

金華宋氏傳芳録四卷

無錫華氏傳芳録十七卷

會稽陶氏家譜十七卷

五溪丁氏世美集四卷 新建人。

鳳池高氏家乘一卷

三山鄒氏家乘一卷

建安楊氏世恩録一卷

考譜朱氏謁墓録一卷

四明楊氏恩命世載録四卷
吳中盛氏家乘七卷　都御史盛應期修。
胡梅林世寶録四卷　胡宗憲。
李臨淮遐思録八卷
黄勉齋傳志
蕭氏源流宗譜一卷　建陽蕭氏刻。

年譜

陶栗里年譜一卷　南村。
陶隱居年譜一卷　南村。
杜子美年譜一卷
蘇東坡年譜一卷
蔡忠惠年譜一卷　徐（渤）［㶿］。
王摩詰年譜一卷
范文正年譜一卷　四明樓鑰。
歐陽公年譜一卷
朱文公年譜五卷
楊龜山年譜四卷
陸象山年譜□卷
楊文敏年譜四卷
章楓山年譜二卷
屠司馬年譜一卷
鄭壺陽年譜三卷　鄭茂。
徐永寧年譜一卷
林司空年譜一卷　林廷選。
文文山年譜一卷
魏廓園年譜一卷
吳文正年譜四卷　元吳澄。
謝天池年譜一卷
周濂溪年譜一卷

李太白年譜一卷　關中薛仲邕。
桂古山年譜一卷
徐文長畸譜一卷　自著，見《逸稿》。
周綿貞年譜一卷　起元。

科目

宋寶祐四年登科録一卷
宋紹興十八年登科録一卷
皇明進士登科考十二卷　無錫俞憲。
皇明進士履歷二十卷
閩省賢書六卷　邵捷春。
浙江登科考六卷　陳汝元。
吉州貢舉考四卷　甘雨。
福建鄉試小録一卷
福州四學鄉試題名記一卷
閩省歷科同年録四卷

家訓

顔氏家訓七卷　北齊顔之推。
温公家範十卷　宋司馬光。
袁氏世範二卷　宋袁采。
袁氏家訓一卷　袁顥。
趙氏家規一卷　趙仲全。
鉛山費氏家訓二卷　費元禄。
張氏家兒私語三卷　張獻翼。
古龍陳氏家規一卷　陳萬言。
方氏家訓一卷　方定之。《快書》改名《燕貽法録》。
建安朱氏家訓一卷　朱東光。
齊治要規二卷　郭良翰。

方輿

山海經十八卷　郭璞注。
山海經贊一卷　郭璞。
山海經釋義十八卷　王崇慶。
山海經補註一卷　楊慎。
水經四十卷　黄省曾。
水經注箋四十卷　朱謀𡍼。
水經碑目一卷　楊慎。
十洲記一卷　漢東方朔。
皇都水利一卷　袁黄。
水經白文三卷

總志

大明一統志九十卷
一統志略十六卷　廖世昭。
一統志輯二十卷　張應圖。
廣輿記二十四卷　陸應暘。
廣輿圖二卷　臨川朱思本。
輿圖考一卷　建陽袁中道。
方輿勝覽七十卷
天下郡縣釋名十五卷　郭子章。
大明一統賦一卷
博物策會十七卷　戴璟。

福建省　郡縣山川寺院

八閩通志八十七卷　黄仲昭。
閩書一百五十四卷　何喬遠。
閩大記五十五卷　王應山。
福州正德志四十卷　林廷棉。〔七〕

林文恪福州府志三十六卷　林濂。
袁水雲福州府志二十四卷　袁表。
林楚石福州府志七十六卷　林材。
福建名勝志十卷　曹學佺。
閩中考一卷　陳鳴鶴。
長樂縣志八卷　鄭世威。
古田縣志十二卷　劉曰暘。
古田志略八卷　楊德周。
羅源縣志八卷　陳良諫。
永福縣志五卷　謝肇淛。
鼓山志十二卷　謝肇淛。
鼓山續志八卷　徐𤈶。
榕城三山志十二卷　徐𤈶。
法海寺志三卷　徐𤈶。
雪峰志八卷　徐𤈶。
瑞岩志〔四〕卷　歐應昌。〔八〕
福盧山志三卷　葉向高。
長樂新志八卷　夏允彝。
石竹山志四卷
方廣岩志〔五〕卷　謝肇淛。〔九〕
高蓋山志一卷
閩都記三十二卷　王應山。
靈山志一卷
郡乘詹言一卷　林材。
福寧州舊志十卷　游朴。
福寧州新志十六卷　張大光。
寧德縣志八卷　舒應元。
福安縣志九卷　陸以載。
太姥山志一卷　史起欽。

支提山志七卷　謝肇淛。
洞天外史二卷　鄭廷占。
福安學志五卷　吳士訓。
洞山九潭志一卷　劉中藻。
淳熙三山志四十二卷　宋梁克家。
全閩大記略八卷　王應山。
黄蘗寺志三卷
興化府舊志二十六卷　康太和。
興化府新志五十九卷　林堯俞。
仙遊縣志八卷　邑令沈盤。
九鯉湖舊志四卷
九鯉湖志六卷　黄天全。
九鯉湖新志□卷　康當世。
智泉志一卷　何南金。

鯉湖考略二卷　王世懋訂。
南日寨小紀十卷　安國賢。
泉州府舊志二十二卷　黄光昇。
泉州府新志二十四卷　黄鳳翔。
同安縣志十二卷　蔡獻臣。
惠安縣志十三卷　張岳。
漳州府舊志
漳州府新志三十八卷　徐鑾、張燮。
龍巖縣志二卷　邑令湯相。
海澄縣志二十卷　張燮。
南澳遊小紀十二卷　安國賢。
延平府舊志二十二卷　游居敬。

延平府新志三十四卷
延平府續志五卷
沙縣舊志十卷　葉聯芳。
沙縣新志十二卷　黄文梯。
順昌縣志十卷　馬性魯。
永安縣志十卷
大田縣志四十一卷　劉維楝。
玉華洞志七卷　應喜臣刻。
玉華洞志□卷　莆夢瑚刻。
建寧府舊志二十一卷　汪佃。
建寧府新志四十卷
建陽縣舊志十六卷　馮繼科。
建陽縣新志八卷　魏時應刻。
崇安縣志八卷　丘雲霄。
浦城縣志十六卷　黎明範。
梅仙山志一卷
武夷舊志二卷　汪佃。
武夷新志四卷　勞堪。
武夷小志二卷　卓有見。
武夷山志十卷　安如坤。
武夷志略四卷　徐表然。
武夷山小志一卷　劉佃。
武夷圖説一卷　袁中道。
武夷指掌圖一卷　詹羽士。
武夷志咏二卷　陳省。
武夷綴稿四卷　楊德周。
考亭志十三卷　朱世澤。
武夷王子章志十卷　王伯甫。
壽寧（縣）待志二卷　馮夢龍。

邵武府舊志十五卷　陳讓。
邵武府新志三十卷
光澤縣志八卷
泰寧縣志八卷　淩瀚。
汀州府志十八卷
上杭縣志七卷　郭造卿。
清流縣志五卷　邑令阮宗文。
紫金山名勝志一卷　丘衍箕。
福建運司志四卷　張經。
八閩鹾政志十六卷　林材。
閩闇略四卷　黄大儒。

北直隸

順天府志六卷　沈應文。
北京名勝志十二卷
昌平州志八卷
滄州志四卷　河間府。
東光縣志四卷　河間府。廖紀。
真定府志三十二卷　雷禮。
滑縣志六卷　大名府。張佳胤。
大名府志二十八卷　唐錦。
山海關志八卷　永平府。嘉靖乙未詹榮修。
河西關志六卷　袁表。
昌黎志四卷　永平府撫寧縣。
孤竹志六卷　撫寧。
寶坻縣志七卷　弘治中莊襗修。〔一〇〕

涿州志十二卷　正德中張遜修。

武清縣志十卷　萬曆丙戌陶允光修。

南直隸

應天府志三十卷

南京名勝志二十卷

上元縣志十二卷　李登。

江寧縣志十卷　周詩、石允珍。

金陵志十五卷　元張鉉。

金陵世紀四卷　陳沂。

金陵圖説考一卷

栖霞寺志三卷　文伯仁。

金陵梵剎志五十三卷　葛寅亮。

南京詹事府志二十卷

堯峰山志五卷　陳仁錫。

金陵古今圖考一卷　陳沂。

金陵紀勝三卷　盛時泰。

吳郡圖經讀記二卷　宋朱長文著。

金陵牛首山志二卷　盛時泰。

京口三山志三卷　張萊。

姑蘇志六十卷

吳地記一卷　唐陸廣微。

崑山縣志八卷

上海縣志十卷　松江府。顔洪範。

鳳陽靈璧縣志十卷　鍾大章。

鳳陽新書八卷　袁文新。

中都志十卷　劉昌。

徽州府志二十二卷

休寧縣志八卷　邵庶。

常熟學志

廣德州志十卷　李德陽。

徐州志十二卷

徐州洪志十卷　陳穆。嘉靖壬寅刻。

呂梁志八卷　嘉靖乙卯工部主事〔馮世雍〕。閩王應時刻〔一一〕。

洪乘九卷　公一揚。

旌德縣志十卷　蘇宇庶。

九華山志六卷　蘇萬民。

潛山縣志八卷　章應召。

潛岳志五卷　呂允章。

金山小志一卷　楊循吉。

齊雲山志五卷　曾點。

齊山志四卷

天池寺志九卷

淮安府志二十卷

南滁會景篇四卷　趙廷瑞。

寒山志一卷　趙宧光。

太倉州志十卷　周鳳岐。

通州志八卷　沈明臣修。

亮州志八卷　李先芳。

如皋縣志十卷　謝紹祖。

海門縣志八卷　崔桐。

銅陵縣志八卷　嘉靖癸亥李士元。

浙江省

浙江通志七十二卷　薛應旂。

浙江名勝志十一卷

杭州府志一百卷　陳善。

湖州府志十四卷

紹興府志五十卷　羅萬化。

寧波府志四十二卷　張時徹。

衢州府志

處州府續志

錢塘縣志十卷　聶心湯。

海寧縣志九卷

昌化縣志四卷

西湖遊覽志五十卷　田汝成。

西湖便覽四卷　高應科。

靈隱寺志

烏程縣志二卷

歸安縣志八卷

□□志二卷〔一二〕

武康縣志八卷

義烏縣志二十卷

山陰縣志十二卷

會稽縣志十六卷

上虞縣志二十卷

象山縣志十五卷

(補)[普]陀山志六卷　周應賓。

延慶寺志四卷

江山縣志

開化縣志

處州仙岩志一卷

温州雁宕山志四卷　潘潢宇、朱[蕩]南輯。〔一三〕

瑞安仙岩志四卷　王應辰。

縉雲仙都山志五卷　隆慶縉雲令崑山李時孚修。

釣臺舊志八卷　廖道南。

釣臺集二卷　楊(東)[東]刻。

遊舟山籍一卷　屠本畯。

西湖志鈔二卷　邑人俞思沖。

天台山志三十卷　僧無盡修。

嘉興府志二十卷

烏程縣志[十二]卷　劉沂春刻。〔一四〕

龍泉縣志二十卷　葉溥。

天目山志八卷　僧廣賓。

曹娥靈孝志二卷　許捷輯。

丹山圖咏一卷　晉木玄虛著。李桐刻本。

南明山志四卷　鄭奎光。

道場山志四卷　僧明岑輯。

嘉興縣志二十三卷　黄承昊修。

江西省

江西通志三十七卷

江西通志七卷　王宗沐。

江西名勝志十三卷

吉安府志

撫州府志

袁州府志

弋陽縣志十二卷

鉛山縣志

鉛書八卷　笪繼良。

崇仁縣志二十卷

華蓋山舊志四卷

華蓋山新志八卷　崔世召。

金精山志二卷

石鐘山志九卷

鐵柱宫志二卷

遐齡洞天志四卷　南昌西山。寧王臞仙。

麻姑山集十二卷　舊刻，建守朱廷臣刻。

麻姑山新志十七卷　左宗郢。
滕王閣志十卷　王綸。正德中參政。
䖍臺續志五卷
鷟湖志四卷
臨江府志十四卷
廬山紀事十二卷　桑喬。
龍虎山志
白鹿洞書院志
石鼓書院志
饒南九江圖説一卷　王世懋。
豫章古今記一卷　郭子章注。
南泉慈化寺志二卷　萬曆中錢文[荐]修。〔一五〕
在袁州宜陽縣。
水巖志四卷　在貴溪，張真人發蹟之所。
贛州府志二十卷　余文龍修。
永寧縣志六卷　萬曆己酉蕭山單有學修。
南昌府志五十卷　盧廷選修。
南豐縣志七卷　萬曆丙戌王璽修。
雩都縣志十卷　萬曆甲午李湪修。

湖廣省

湖廣總志九十八卷
楚紀六十卷　廖道南。
湖廣名勝志十六卷
長沙府志六卷
承天府志二十卷　孫文龍。
衡州府志九卷　楊珮。
鄖臺志十卷　裴應章。
隨志二卷　德安府。任德。

桃源縣志二卷　常德府。萬曆丙子邑人李徵修，邑令鄭天佑刻。
桃花源志六卷　陳一德。
桃川集
衡岳志八卷　鄧雲霄。
岳陽樓志二卷　郡人胥文相。
黄鶴樓集三卷　武昌守長洲孫成榮刊。
岳陽風土記一卷　宋范致明。
清泉寺志四卷　蘄水縣。朱陵居士修。
玉泉山志一卷　荆門。附「關侯廟」。
龍泉寺志一卷　荆門。附「胡文定墓」。
衡岳舊志十三卷
沔陽州志十八卷　曾儲。
寶慶府志五卷　陸東。
湘陰縣志二卷　嘉靖甲寅張燈修。

山東省

山東通志四十卷
兖州府志五十二卷　于慎行。
東昌府志二十二卷
登州府志十卷　吴昶。
山東名勝志九卷
曹州志十卷　許恩。
闕里志十二卷　孔貞叢。
卞里志二卷
陋巷志五卷
三遷志六卷　史鶚。
岱宗小史一卷
開漕河志一卷　宋尚書。〔一六〕
北河紀十二卷　謝肇淛。

泰山勝覽一卷　合肥高[晦]。〔一七〕
東平州志八卷
漕河一觀十一卷　周之龍。
鄒縣志四卷　萬曆中胡繼先。
蓬萊觀海亭志十卷

河南省

河南名勝志十二卷
汝南志三十八卷
開封府志三十四卷
柘城縣志十卷　歸德府。
祥符文獻志
洛陽名園記一卷　宋李文叔。
洛陽伽藍記五卷　魏[楊]衒之。

四川省

四川通志三十六卷
四川名勝志二十五卷
華陽國志十二卷
保寧府志十四卷　楊思震。
蜀郡縣志釋名四卷　曹學佺。
蜀溪地理補一卷　曹學佺。
全蜀藝文志六十四卷　楊慎。
銅梁縣志四卷　萬曆元年張佳胤。

廣東省

廣東舊通志七十卷
廣東名勝志十卷
惠州府志二十一卷

惠大記六卷

潮州府志八卷　弘治郭春震。

高州府志

南海縣志

新興縣志

廉州縣志

揭陽縣志

惠來縣志

程鄉縣志

大埔縣志

長樂縣志十二卷　張大光。

南華寺志

峽山飛來寺志六卷　廣州清遠縣。鍾萬春修。

清泉小志一卷　黎明袁園亭。

西樵山志六卷

韶州府志十卷　符錫。

訶林社咏一卷　南華寺。

廣西省

廣西通志四十二卷

廣西名勝志十卷

蒼梧軍門志三十四卷　應檟。

百粵風土記一卷　謝肇淛。

桂林風土記一卷　唐莫休符。

慶遠府志十二卷

桂海虞衡志一卷　宋范成大。

平樂府志

桂勝集十四卷　張鳴鳳。

陝西省

雍大記三十六卷　何景明。

陝西名勝志十三卷

雍録十卷　宋程大昌。

寧夏衛志二卷

瀑園志四卷　南居益。

華嶽志十三卷　張維新。

山西省

山西名勝志八卷

雲貴二省

雲南名勝志二十四卷

滇略八卷　謝肇淛。

貴州名勝志四卷

黎平府志九卷　袁表。

大理府志十卷　李元陽。

雲南通志十七卷

邊海

五邊典則□卷　徐日久。

籌海圖編十二卷

航海指南一卷　孫敖。

邊紀略一卷　海鹽鄭曉。

北邊備對一卷　宋程大昌。

外夷

異域志二卷

真臘風土記一卷　元周達觀。

東夷圖説一卷　蔡汝賢。
嶺海異聞一卷　蔡汝賢。
殊域周咨[録]
東西洋考十二卷　張燮。
職方外紀五卷　艾儒略。
東夷考略二卷　茅瑞徵。
瀛涯勝覽二卷　馬歡。
星槎勝覽一卷
高澄使琉球録　嘉靖。
蕭謝使琉球録　萬曆七年。
夏王使琉球録　萬曆三十年。
朱之蕃使朝鮮集
安南志一卷　蘇濬。
岑氏七志七卷　閩張邦望。
四夷考八卷　葉向高。

夷俗記一卷　蕭大亨。
日本考略一卷
華夷譯語一卷
玉門重譯一卷　隆慶中陝西副使陳其學譯。
松漠紀聞二卷　宋沈忠宣。
夷俗考一卷　吳方鳳。
蒙韃備録一卷　宋孟珙。
宣和使高麗圖經四十卷　龔狀元抄本。
龔用卿使朝鮮録一卷　嘉靖十六年。
咸賓録八卷　羅曰褧。

各省雜志

武林舊事六卷　宋泗水潛夫周密。
三輔黄圖四卷　無名氏。
國史溝洫志二卷　吳道南。

臨桂雜識一卷　葉繼熙。
益部方物記一卷　宋祁。
蜀中方物記十二卷　曹學佺。
吴風録一卷　黄省曾。
續吴録二卷　劉鳳。
荆溪疏一卷　王穉登。
閩部疏一卷　王世懋。
游梁雜記一卷　馬雹。
吴興掌故十七卷　徐獻忠。
西吴里語四卷　宋雷。
西吴支乘二卷　謝肇淛。
金陵瑣事四卷　周(煒)[暉]。
長溪瑣語一卷　謝肇淛。
海南雜事一卷　陳价夫。
西事珥八卷　魏濬。
嶠南瑣紀二卷　魏濬。
炎徼紀聞四卷　田汝成。
寶砥政書四卷　袁黄。
滇載記一卷　楊慎。
滇程記一卷　楊慎。
吴中故語一卷　楊循吉。
晉安逸志三卷　陳鳴鶴。
榕陰新簡十卷　徐𤊹。
榕城隨筆一卷　凌登名。
客惠紀聞一卷　徐𤊹。
巴陵遊譜一卷　徐𤊹。
閩遊雜記□卷　曹蕃。
入蜀記四卷　宋陸游。
吴船録二卷　宋范成大。
海槎餘録一卷　顧岕。

冀越通一卷　唐樞。

桂海虞衡志二卷　宋范成大。〔一八〕

蓬軒吳記二卷　吳黄暐。

東京夢華録十卷　宋孟元老。

西京雜記六卷　晉葛洪。

雍録十卷　宋程大昌。

吳郡考一卷　劉鳳。

閩中考一卷　陳鳴鶴。

金華雜識五卷　楊德周。

居東雜纂二卷　謝肇淛。

豫章漫抄四卷　陸深。

蜀都雜抄一卷　陸深。

開漕河紀事二卷　尚書宋禮。

吳地記一卷　唐陸廣微。

勾漏洞天十記一卷　宋福州吳元美。

衡遊記略一卷　許如蘭。

西粵宦游記一卷　田汝成。

五岳真形圖翼一卷

劍南遊記一卷　粵林培。

下雉纂一卷　馬欻。

粵遊日記一卷　黄用中。

武夷游記一卷

蜀中風俗記四卷　曹學佺。

勝蹟紀略三卷　張大齡。

唐藩鎮指掌一卷　張大齡。

蜀游紀程一卷　林有麟。

各省題咏

崑山雜咏

中州題咏十卷

西湖冶興一卷
西湖百咏一卷
漢川圖咏一卷
游名山記二十卷　何鏜。
名山遊記十六卷　慎蒙。
五岳遊草十二卷
盩厔咏景一卷　韓仲義。
南滁會景編十卷
邵武屏山十咏一卷
漢陽晴川集咏一卷
岳遊譜一卷　張蔚然。
遊城南記一卷　宋張禮。
勾漏洞記一卷
桃源題咏一卷　鍾惺、譚元春。
潮陽八景圖咏一卷　吳仕訓。

萬石山筆嘯三卷　歐應昌。
石林集二卷
襄山十景圖咏一卷
青溪詩集六卷　淳安邑人徐楚。
莆陽羅山紀勝一卷　陳鳳翔。
謫仙樓集四卷　周統伯刊。
太湖新録一卷　徐禎卿、文徵明唱和。
陽山新録一卷　顧元慶、岳岱唱和。
西山編一卷　朱之蕃。
五岳卧遊一卷　俞瞻白。
澹然齋八景咏一卷　葉茂原。
游舟山籍二卷　屠本畯。
桃花源紀遊一卷　建陵徐謙。
梅仙山詩一卷

四明山游籍三卷　沈明臣。

校注

〔一〕「瘤」字，據四卷本補。「朱焯」，四卷本作「朱謀瑋」，誤。

〔二〕卷數據四卷本補。

〔三〕原書卷二「朱謀埠」均作「朱謀焯」，誤。以下逕改不出校。

〔四〕四卷本作「東西記實」，誤。

〔五〕此書著者爲尹直，與劉定之無關。

〔六〕「岳」字，據四卷本補。

〔七〕林廷棉，非該書著者。

〔八〕著者，四卷本作「歐陽昌」，誤。卷數據原書補。

〔九〕卷數據四卷本補。

〔一〇〕「莊澤」，四卷本誤作「莊繹」。

〔一一〕四卷本缺「刻」字，王應時誤成作者。

〔一二〕四卷本有「烏青志二卷」。

〔一三〕「蕩」字，據四卷本補。

〔一四〕卷數據原書補。

〔一五〕「荐」字，據四卷本補。

〔一六〕「宋尚書」，四卷本作「宋禮」。宋禮，永樂時工部尚書。

〔一七〕「晦」字，據四卷本補。

〔一八〕此條重出，已見「廣西省」，作「一卷」。

徐氏家藏書目卷之三

子部

諸子類

老子河上公注一卷
莊子郭象注十卷
莊子闕誤一卷　楊慎。
列子張湛注
荀子楊倞注十卷
楊子李軌柳宗元注十卷
文中子阮逸注十卷
韓子二十卷
淮南子二十八卷　劉績。
鬻子一卷　熊。
晏子二卷　嬰。
孔叢子三卷　鮒。
賈子二卷　誼。
陸子一卷　賈。
小荀子一卷　悦。
鹿門子一卷　皮日休。
文子二卷　辛鈃。
關尹子一卷
亢倉子一卷　王士源。
鶡冠子一卷　楚隱人。
黄石子一卷
天隱子一卷

無能子一卷

齊丘子一卷　即譚子《化書》。

玄真子一卷　張志和。

鄧析子一卷

尹文子一卷

公孫子一卷　龍。

慎子一卷　到。

鬼谷子二卷　王詡。

墨子一卷　翟。

子華子二卷　程本。

劉子二卷　晝。

抱朴子　葛洪。

伸蒙子二卷　林慎思。

廣成子一卷

草木子四卷　明葉子奇。

郁離子一卷　明劉基。

商子五卷　鞅。

管子十卷

三子白文

老莊翼十卷

三子口義十卷　林希逸。

老子集解二卷　薛惠。

郭子翼莊一卷

道德經釋略二卷　林兆恩。

南華膚解二卷　李光縉。

列子通義八卷　朱得之，靖江宗藩。

淮南鴻烈解三十卷

諸子考訂三卷

老子指玄二卷　田藝(衡)[蘅]。

老子無垢注二卷

老子解一卷　鄭之惠。
赤松子一卷
測莊子一卷
莊砭一卷
老子通義二卷　朱得之。
老子疏略二卷　新安吳汝紀。
道德指歸六卷　嚴君平。
於陵子一卷　陳仲子秘册。
子略四卷　高(嗣)[似]孫。百川。
龍門子四卷
空同子一卷
莊子膏肓四卷　葉秉敬。
廣莊一卷　袁宏道。
道德經解二卷　蘇子田。
牟子一卷　三十七篇。漢牟融。《弘明集》載。

文子通玄真經輯略二卷　潘恩刻。
老子億二卷　王道。
六子全書共二十册
道德經筌解
南華經新傳二十卷　宋王雱。
中説考七卷　崔銑著。
百子醍醐四卷
老莊精解□卷　陳懿典。
老子解四卷
九流緒論三卷　胡應麟。
諸子斟淑一卷　朱君復。
莊子解一卷　臨川曾如春。
老子繹二卷　金邦柱。

子類

劉向新序十卷
説苑二十卷
鹽鐵論十卷　漢桓寬。
潛夫論十卷　漢王符。
申鑒五卷　漢荀悦。明黄曾省注。
天禄閣外史八卷　漢王憲。
中論二卷　魏徐幹。
人物志三卷　劉劭。
晏子春秋十二卷
吕氏春秋二十卷
風俗通十卷　漢應劭。
論衡三十卷　漢王充。
性理抄□卷

太極圖説一卷
太極圖釋旨一卷
皇極經世十四卷
近思録十四卷
晁氏儒言一卷
性理大全七十卷
性理集要標題□卷
道南三書三卷　鄒守益輯。
朱子小學大全六卷
小學補一卷
伊洛淵源十二卷
閩南道學淵源
周子全書二卷　吕柟演。又《周子書》宋圭刻。
賈誼新書十卷
陸賈新書三卷　萬言策注。

文心雕龍十卷
楊升菴批點文心雕龍十卷
太平經國書十一卷　入禮。〔一〕
馬總意林五卷
含玄子十六卷　趙樞生。
續齊諧一卷　梁吴均。
劉子新論十卷　梁劉（盡）〔晝〕。
張横渠正蒙二卷　熊禾句解。
尚論篇一卷　王達善。
薛子約言一卷　惠。
上蔡先生語録一卷　宋謝良佐。
趙梅峯語録三卷　涇上趙仲全。
延平答問二卷　宋李侗。
三一測一卷　唐樞。
羅近溪語録□卷又盱壇真詮二卷　羅汝芳。
枝辭一卷
許敬菴語録二卷
宋學商求一卷　唐樞。
聖門事業圖一卷　宋李元綱。
館論一卷　唐樞。
魏莊渠體仁説一卷
真譚一卷
張子正蒙十卷
一菴語録一卷　唐樞。
張子正蒙訓十卷
酬物難一卷　唐樞。
性理要删□卷　黄洪憲。
庭幃紀録一卷
感學篇一卷　唐樞。
源流至論十卷　宋林駉。

轄環窩雜著一卷　唐樞。
後源流至論十卷　宋黄履翁。
積承録一卷　唐樞。
玄覽八卷　朱謀㙔。
因領録一卷　唐樞。
張横渠抄釋十卷
咨言一卷　唐樞。
經世要談一卷　鄭善夫。
疑誼一卷　唐樞。
海樵子一卷　王崇慶。
嘉禾問録一卷　唐樞。
客問一卷　黄省曾。
政問録一卷　唐樞。
澹思子一卷　王世懋。
沆瀣子二卷　蔣鐄。

病榻答言一卷　唐樞。
荆關語録六卷　葉秉敬。
吴子三原一卷
百忍箴四卷
性理群書二十三卷　宋儒熊節編，熊剛大（焦）［集］解。
學人言一卷　陳履祥。
晁氏客語一卷　宋晁迥。
筆疇一卷　王達善。
兩同書二卷　唐羅隱。
陳北溪字義二卷
鄒平阜日新編一卷
薛文清讀書録十七卷
胡氏居業録四卷　胡居仁。
羅氏困知記八卷續二卷附録二卷　羅欽順。

岱陽答問六卷 鄭世威。
宋文公政訓一卷
真西山心經一卷
省心録一卷 林逋。有跋辯。
慎言録二卷 敖英。
馮子質言一卷
迴瀾正諭一卷 馮柯。
馮子求是編四卷 馮柯。
來瞿塘日録内外編十四卷 來知德。
田家儀註一卷 陳鳴鶴。
西疇常言一卷 宋何垣。
芝園外集二十四卷 張時徹。
籟紀三卷
會議四卷 鄒南皐。
警語類抄八卷 程達。

書紳要語一卷 華淑。
正學格物通一百卷 湛若水。
二程子周子朱子張子抄釋共二十卷
研幾圖一卷 王柏。
胡致堂崇正辯三卷 宋儒胡寅。專闢佛法。
嘉靖丁酉江以達刻之閩中。
二先生遺言二卷 王守仁。
理學奥言二卷 何。[二]
聖學的派四卷 過庭訓撰。
童蒙初告□卷 郭子章。
警愚筆記二卷 臨卭王廷簡。嘉靖壬戌進士。
小兒語一卷
文公經世大訓
完初子心説二卷 唐汝用。
定性書釋一卷 太倉徐熿。

薛子道論一卷　薛瑄。
禮元剩語一卷　唐樞。
冥影契一卷　董穀。
宵練匣一卷　靖江朱得之。
善誘文一卷　宋陳録。
正學編一卷　陳琛。
訓兒俗説一卷　袁黄。
薛文清讀書續録十二卷
桓臺三編三卷　王之垣。
郎川答問一卷　余常吉。
槎菴燕語一卷　來道之。
世書一卷　吴見末。
丹甑一卷　袁伯修。
照心犀一卷　薛應旂。原名《紀述》。
王陽明語録三卷

韋弦佩一卷　屠本畯。
西山心經附註四卷　程敏政。
忠經一卷　馬融撰，鄭玄註。
遠齋告蒙一卷　虞復。
投明印心録一卷　王廷聘。
立齋語録一卷　馬森録。
柯子答問六卷
空同子二卷　李夢陽。
横渠正蒙句解二卷　宋熊禾解。
薛文清讀書録抄二卷　淩瑄。
鄉約便覽一卷　弘治中海陽周成。
續平準書一卷　吴時憲。
藝圃球瑯二卷　吴蔣以忠。
翊忠心旨一卷　陳勸。
續近思録

榕壇問業□卷　黄道周。

自檢篇摘略一卷　林鳴盛。

臆説集一卷　張大基。

顧行愚言一卷　謝汝泮。

壇書一卷格物書一卷　吴時憲。

江子新言十卷　江于修。

江子初言七卷　江于修。

警枕一卷　嘉興朱廷旦。

讀程愚得一卷　袁中道。

天游困學録四卷　楊應昭。

一源先生應山答問録一卷　門人張紹槃録。

周斗文吉辭一卷　四明周應辰。

齊古瑕録八卷　檇李彭鳳徵。

薛畏齋緒言四卷　江陰薛甲。

語溪宗輔録四卷　宋輔慶源注。朱文公同時。

陸瑞家學契三卷　金華人。

邵文莊遺書二十卷　邵寶著。曹荃刻。

薛文清語録　魏長春集。

道類

金丹大要十卷

龍虎經三卷　王道注。

參同契通真義三卷　彭曉。

抱一子參同契解三卷　陳顯微。

參同契分章注三卷

玄學正宗二卷

悟真篇注疏三卷

悟真篇直指詳説一卷

金丹四百字内外解一卷

金丹四百字注義一卷

黄自如注金丹四百字一卷
翠玄還源篇一卷
陳泥九翠虚篇一卷
金液還丹印證一卷
紫清指玄篇一卷
紫虚金丹大成集一卷
紫虚注解崔公入藥鏡一卷
紫虚注解吕公沁園春一卷
緣督子仙佛同源論一卷
許真人石函記一卷
郡仙珠玉集四卷
玉峯注敲爻歌一卷
老子道德經張洪陽注一卷
金穀歌注解一卷
李光玄海客論一卷

張洪陽注陰符經一卷
太上老君説清淨經注一卷
太上赤文洞古經注一卷　龜山長荃子。
太上大通經注一卷　李道純。
太上昇玄消災護命妙經注一卷　混然子。
洞元靈寶定觀經注一卷　幻真先生。
玉皇胎息經注一卷　李簡易。
無上玉皇心印經注一卷　李簡易。
老子説五厨經注一卷　尹愔。
青天歌注一卷
譚子化書六卷
（皇玉）［玉皇］訣三卷
規中指南二卷　陳虚白。
群仙要語二卷
玉清金笥寶録三卷

李清菴中和集七卷
鍾吕二仙傳道集三卷
吕純陽文集八卷
文始真經二卷
黄庭内景經注一卷　梁丘子。
黄庭外景經注一卷　梁丘子。
黄庭經五臟六腑圖説一卷
真詮四卷
玉樞經一卷
玉皇經髓一卷
坐功口訣一卷
修真知要一卷
談玄真秘一卷
采戰秘訣一卷
攝生要義一卷　河濱丈人。

文始真經三卷　即《關尹子》。劉向序。
九序摘言一卷
心性真指一卷
三峯玄談一卷
清虚玄規一卷
閨房修養法一卷
大道要訣一卷　黄興。
宗玄集一卷
玄宗内典諸經一卷
至道會旨一卷　閔齡。
陰符經翟文炳解一卷
靈壽丹一卷
螽斯集一卷
劉向列仙傳二卷
列仙正續全傳十八卷

白玉蟾集十二卷
霞外雜俎一卷　鐵脚道人。
太上感應篇二卷　蜀李昌齡傳注，閩松金杭補注。
太上感應篇註解八卷　冒起宗。
多男三煉法一卷　屠僧忍。
文昌帝君傳一卷　洧上范守己。
易外別傳一卷
金丹正理大全六十卷
曇陽太師傳一卷
玄門宗旨一卷
陰符經演一卷　虞淳熙。
張平叔清華秘文三卷
參同契箋註　東溪徐景休。
補塞遺脱篇一卷　徐景休。

和谷子十三篇　晉鍾離權。
梁丘子黄庭經註二卷
夏一夏三四卷　林子。
玄覽八卷　鬱儀王孫著。
葛洪神仙傳十卷　鬱儀校正。又見夷門。
真靈位業圖一卷　陶弘景。
陶隱居真誥□卷
周氏冥通記四卷　陶弘景。
養生類纂二十二卷　周守忠。
望崖録内外篇二卷　王世懋。
養生纂二卷　鄭柄。
天書遁甲符呪一卷
陰符經箴一卷
衆仙記一卷
疑仙傳一卷　王簡。

無上秘要一卷
三元延壽參贊書五卷　周守忠。
蜀中神仙記十卷　曹學佺。
幻真先生胎息經一卷　夷門。
赤鳳髓一卷
煉形内旨一卷
玉函秘典一卷
金笥玄玄一卷
逍遥子導引訣一卷
修真演義一卷　鄧希賢。
既濟真經一卷　純陽演，鄧希賢注。
唐宋衛生歌一卷　周履靖。
益齡單一卷　周履靖。
香案牘一卷　陳繼儒。
禄嗣奇談二卷　沖一真君。

靈笈寶章一卷　虚靖天師。
純一玄藻一卷　朱多㸅。
金丹集要一卷
采真直指一卷
闔闢仙經一卷
養生纂要一卷　先子著。
養生(生)[主]論[十六]卷〔三〕
呂洞賓集二卷
元始説道德經解註五卷　宋李嘉謀。
金丹大全□卷　陳致虚。
金丹四百字解一卷　(大)[天]台張伯端。〔四〕
玉壺遐覽四卷　胡應麟。
祈嗣真詮一卷　袁黄。
續仙傳一卷　唐沈汾。黄省曾(替)[贊]。
玄元子外集二卷

人元玉液還丹集一卷
太上戒語一卷
群仙降(亂)[乩]詩一卷
陰符經注解一卷　鄒昕。
清淨經註一卷　白玉蟾分章，王元暉增注。
剖玄真秘一卷　陳勸。
龍沙八百純一玄藻二卷　朱多爟。
常清淨經釋略一卷　林兆恩。
曾如春道德經解一卷
玄林群玉集二卷　真人陳應循。成[化]、弘治中。
國朝仙傳二卷　池顯方著。
玄訣二卷　池顯方。

釋類

心經宋濂注一卷

心經宗泐注一卷
心經科注二卷　宋釋性澄。
心經林子釋略二卷　林兆恩。
心經林子槩論一卷　林兆恩。
心經陳翰臣新解一卷
心經無垢注解一卷
心經大顛注解一卷
金剛經真解一卷　宗泐、如玘同注。
金剛經本旨一卷　沙門真愚。
金剛經林子統論二卷　林兆恩。
金剛經六祖口訣解一卷
金剛經論一卷　趙觀本刻。
楞嚴經要解十卷　徽州刻本。汪道昆纂注。
楞嚴白文十卷
楞嚴經會解十卷　沙門惟則。

華嚴經要解一卷　戒環集。
妙法蓮華經解七卷　斗峰刻板。
妙(經)[法]蓮花經白文七卷
楞伽經注解四卷　宋沙門正受注。
圓覺經白文一卷　三教堂刊。
圓覺經了義四卷　天都俞王言刊。汪道昆批點。
藥師經四卷　吳張應文刊。
六祖壇經一卷
心地勸經二卷　藍圻刊。
禪林僧寶傳三十卷　惠洪。
永嘉禪師語録一卷　(廣)[唐]沙門玄覺。
普覺禪師語録三十卷又年譜一卷武庫一卷
龍舒淨土文五卷　王日休。

大乘止觀一卷　天竺遵式。
天台小止觀一卷　隋智顗。
吞海集披雲集三卷　道通述。
萬善同歸三卷　廷壽集。屠本畯刊。
青州通玄一卷
宗門武庫一卷
禪源諸詮一卷
一礶醍醐二卷　閩古音上人著。蔡沈之裔，正德間人。
歸玄直指二卷　四明一元禪師。隆慶中。
法華三昧識一卷　遵式述。
決疑心願一卷　宋遵式。淨土。
悟證録二卷　王士琦刻。
宗鏡録節要
心賦原文注解五卷

頓悟要論二卷　唐沙門慧海。

成佛心要二卷　道殷集。

修淨業文一卷

永明禪師心賦心訣二卷　延壽。

四家語録四卷　馬祖、百丈、黄檗、臨濟。

大乘起信論一卷　法藏述。

大乘起信捷要二卷　盧山沙門正遠注。

禪要集一卷　《信心銘》、《心王銘》、《證道歌》、《頓悟論》。

古德心要二卷

永嘉集注解二卷

禪林寶訓二卷　淨善。

三教語録

心經梗槩一卷　傳燈。

心賦註解四卷　延壽注。

大藏經贊覽一卷　袁員融。

佛祖三經　《四十二章經》、《(僞)[潙]山警策》宋守遂注、《遺教經》。

淨土或問一卷　天如。

内德論一卷　李師政。

徹空内集五卷　天印。

弘明全集十四卷

廣弘明集四十卷

戒殺放生文一卷　袾宏註。

(補)[普]陀靈異録一卷　屠隆。

三教會編九卷

持齋辧惑一卷

竺乾宗解

淨土稽一卷

赤水玄珠一卷　翟仲子。

發矇篇一卷　屠隆。
破迷論一卷
法藏碎金抄四卷　宋晁迥。安成劉應鈳抄。
經懺直音一卷　鷲湖海心。
神僧傳九卷
西遊記廿卷
寒山拾得豐干詩五卷
斗降宗派一卷
沙彌律儀要略一卷
證道歌一卷　永嘉真覺。
禪談格致一卷　僧文欽。
圓覺經略疏四卷　宗密。
心學精藴二卷
修心訣一卷　高麗普照。
禪宗正統一卷　袁中道。
大顛祖師别傳一卷　潮州刊。
法華經要解七卷　戒環。
肇論三卷　秦僧肇。唐光(浧)[瑶]注。
旃檀林一卷　瞿汝稷輯。
心經集義一卷　僧真受。
釋迦成道記一卷　王(渤)[勃]撰。道誠注。
法藏碎金十卷　宋晁迥。
買靴圖説一卷　王應(璘)[遴]刻。
慈向集十三卷　沈泰鴻纂。
慈無量集四卷　王應(璘)[遴]。
擬寒山詩一卷　宋慈受。
正訛集一卷　雲栖蓮池。
禪源詮四卷　唐宗密。
原人論一卷
禪關策進一卷　蓮池。

佛國記一卷　宋法顯。
大藏一覽十卷　寧德陳實編。
正法眼一卷
永明道蹟一卷
修塔緣起一卷
山居詩一卷
中峯淨土詩一卷
佛曲一卷
傑峰語録八卷　衢州世愚。
竹窗二筆二卷　袾宏。
圓覺心經合刻　如圮注。
石屋法語二卷
蓮宗寶鑑十卷　釋優曇著。
長松茹退二卷　憨山。
湘山寂照禪師事狀十二卷

蜀中高僧記十卷
真心直説一卷　古德。
明州舍利塔緣起一卷
大方便佛報恩經七卷
佛説梵網經二卷
四分戒本二卷　唐懷素集。
梁皇懺十卷
目連開戒經二卷
地藏菩薩本願經二卷
無量義經一卷　齊曇摩伽陀耶譯。
蓮華經科解一卷
遺教經論一卷　陳天竺真諦譯。
如意輪呪一卷
仁孝皇后大功德經一卷
大乘本生心地觀經八卷

成唯識論十卷　玄奘譯。

圓覺大疏十二卷　宗密。

無量壽佛經一卷

淨土攝受經一卷

阿彌陀經一卷

後出阿彌陀偈一卷

淨土神呪一卷附不思議神力傳

大阿彌陀經二卷　袁中道音注。

止觀坐禪法要一卷　智顗述。屠本畯刊。

止觀法門四卷

元沙語録三卷　林宏衍刊。

(金)[全]閩祖師録三卷　林應起集。

大涅槃元義二卷　天台灌頂。

大乘百法明門論注一卷　曾文饒。

黄蘗心要一卷

八識略説一卷

諸經日誦二卷

圓覺略疏四卷　宗密述，如山注。

永嘉集一卷　唐沙門元覺。宋行靖注。

維摩詰經三卷

觀音讚一卷

中峯四十八願文一卷

顯密圓通二卷

禪林僧寶三十一卷　惠洪。

林間録二卷　宋惠洪。

羅湖野録二卷　宋曉瑩。

無諍三昧法門二卷　陳南岳思大[師]撰。

徑山集三卷　金華宗淨集。

宗鏡録一百卷　永明。《節要》三卷。

蓬居問疑二卷　張蔚然。

壽昌禪師語録續録四卷

戒殺放生辨疑一卷　聞淶。

瞻禮阿育舍利記一卷　王應遴。

觀音音六部經呪一卷　漳州王志超刊。

百丈清規語録十二卷

古梅禪師語録二卷　元盧山海弱。

四家頌古八卷　天童、雪竇、投子、丹霞。覺絶老人注。

徑山節要一卷　明秀。

宗門七志一卷　古之愚。

八識頌解一卷　玄奘。

天法城池一卷

心經本旨一卷　古真愚注。

湛然禪師語録十六卷　〔圓〕澄。〔五〕

華嚴經品旨一卷　别山續乘。

博山語録二十二卷　大艤。

大阿彌陀經二卷無量壽佛經二卷

玉芝語録六卷　祖覺等集。

天真語録四卷　嗣昂集。

傅大士語録四卷　清源序。

普覺禪師書牘二卷　慧然録。

雪竇禪師語録

雪峰語録二卷　唐義存。

禪宗正脉十卷

弘釋録三卷　元賢輯。

禪餘集三卷　元賢著。

有宋高僧傳三十卷　贊寧著。

續高僧傳三十卷　道宣。

高峰語録四卷　因師集賢。

永覺禪師語録二卷　元賢。

四明三佛傳一卷

四明妙宗抄六卷

沙彌律儀要略一卷

諸經釋字

二諦義一卷　梁蕭統。

廣放生論一卷　陳薦夫。

雙樹幼抄三卷　胡應麟。

方外一得一卷　蜀曾曰唯。

靜坐要訣一卷　袁黃。

袁生懺法一卷　袁黃。

護生品三卷　趙宧光。

九園史圖一卷　趙宧光。

頂門針一卷　徐卷石。

德山暑譚一卷　袁宏道。

影響論一卷　釋憨山。

碣石鬘語一卷　阮自華。

禪儒一卷　吴從先。

無盡燈一卷　（元）［原］名《客邸塵談》。來道之。

蒲團上語一卷　鮑在齊。

斷肉編一卷　閻舍卿。

瞻禮舍利記一卷　李封若。

回生記一卷

醒佛真機一卷　陳勸。

永明懷淨土師一卷　朱議徹。

宗傳咏古十卷　周汝登。

山樓小品一卷　陳澄。

造福寶筏二卷　雲谷禪谷。

永明禪師道蹟一卷

鼓山無異大師語録一卷頌古一卷淨土百首一卷

費隱禪師語録七卷

黄檗密雲禪師語録一卷

心經妙義一卷　武夷林明壽。

好生篇一卷　吴從誠。

保福從展語録一卷

金剛別傳一卷　袁中道。

心經要集一卷　真受。

博山參禪警語二卷

燄口施食規範一卷

妙法蓮花經白文七卷

大佛頂首楞嚴經呪三卷

淨慈要語二卷　元賢。

心經釋義一卷　廷山道沖。

楞嚴經玄覽一卷　四明善月。

慈海和中峰淨土詩一卷

大乘百法明門論一卷　普泰。

八識規矩補註一卷　普泰。

博山宗説等錫一卷

印心指歸集二卷　善粲。

古音增註括頌金剛經一卷

理惑論一卷　漢牟融。

奉法要一卷　晉郄超。並上總名曰《大法城池》。

心經宋濂宗泐合註一卷　法海寺板，廣旭刊。

古本金剛經正文一卷　三教堂刊。陳標序。

南華寺壇經一卷附六祖碑文題贊

四明崇教寺紀緣一卷

雪關答問一卷　智誾。

雪關禪鏡偈一卷　智誾。

智覺禪師心賦一卷　阮自華寫刻。

鵞湖養庵家常飯一卷

問羊集四卷　戒殺事。

曾如春心經解一卷　臨川人。

法華本旨一卷　雪峰定林如淨。

定林淨土吟一卷　如淨。

大乘本生心地觀經八卷　唐憲宗御製序。嘉興板。

楚石禪師語録二十卷　元慧辨。宋濂序。

元叟端禪師語録八卷　元徑山人。宋濂序。

恕中和尚語録六卷　元。

吴山端禪師語録二卷　宋。

虎丘隆和尚語録一卷　宋。

雲菴淨禪師語録一卷　宋。

應菴和尚語録十卷　宋。

楞嚴經義疏二十卷　子璿集。

親聞記二卷　淨土論。幽溪沙門受教著。

諸經字音四卷

阿彌陀經疏鈔四卷　雲栖蓮池述。

法舟和尚剩語一卷　嘉靖初人。

金華分燈録一卷　章有成。

華嚴綸貫一卷　復菴和尚。

華嚴三要三卷　《旨歸》、《金獅子》、《還源觀》。

禪宗永嘉集註解二卷　唐元覺撰。宋行靖注。

淨土指歸集二卷　沙門大祐。

佛法金湯十卷　沙門心泰編。皆帝王宰官護法姓名。

佛教編年通論二十卷　宋沙門祖秀編。

梵網經菩薩戒一卷　後秦僧肇序。

楞伽通義六卷　沙門善月述。

續原教論二卷　國初建安沈士榮。
輔教編原教要義三卷　契嵩。
教乘法數十二卷　圓淨。
普菴菩薩語録四卷
月上女經二卷
了心録二卷　論釋。
證心録二卷　論儒。
八識規矩補註二卷　明沙門普泰注。
無量義經二卷　已下四種共一册。
法華三昧經一卷
薩曇芬陀利經一卷
觀音普門品經一卷
法界次第初門四卷　陳隋國師智者大師撰。
教苑清規十卷
心經初參一卷　楊德周。

阿彌陀經疏鈔四卷　雲栖。
藥師琉璃光如來本願經一函
三昧水懺三卷一函
覺浪語録二卷
禪髓二卷　池顯方。

兵類

武經七書
行軍須知四卷
百奇法二卷
諸葛武(夷)[侯]便宜一卷
歷代兵制八卷
神機制敵太白經一卷
師律提綱一卷　太原陳璠。
武侯心書一卷　關西劉讓刊，有跋。

磁州保障録一卷　李文察。
舟師占驗一卷
三才秘要
武略神機九邊形勝圖一卷
火藥妙品一卷　胡獻忠。
八門神書一卷　胡獻忠。
兵覽三十二卷
兵律三十八卷
兵占二十四卷
握奇經一卷　公孫弘解。
武經要解七卷
武學經術傳二十四卷
將將記二十四卷　李材。
經武淵源十五卷　李材。
荆川武編　唐順之。

兵録　何仲升。
武略　魏濬。
八陣合變圖説一卷　東萊藍章。
武經總要□卷
百將傳續百將傳
何仲升兵録
將鑑博議十卷　宋戴少望。
八陣圖要訣二卷　霍文玉。
守筌五卷　冒起宗。
神器譜一卷　永嘉趙士禎。

卜筮類

河洛數二卷
易數二卷　陳摶。
萬物數二卷

六壬金口訣二卷
六壬畢法二卷
大六壬心鏡八卷
圖南河圖真數
日時懸鏡一卷
涓吉符二卷
樞機奥録一卷
諸葛萬年吉凶圖
決疑走失元理消息賦
相字心易訣一卷
斷易啟蒙三卷
靈棋經一卷
馬前卦一卷
千里馬一卷
易卦一卷

通書大全便覽三卷
未來曆一卷
七政臺曆星命全書十三卷
命理正宗四卷
袖裏璇璣三卷
定宅書一卷
營宅圓機四卷
卜居圖解秘髓四卷
風雲寶鑑一卷
星經　甘氏、石氏。一卷。
天文略
靈臺秘苑十五卷
天文祥異四卷
遁甲符應經一卷
步天歌一卷

少室集二卷
玉帳元樞一卷
肘後經
紫微斗數
火珠林一卷　見四同。
奇門遁甲經三卷
演禽全書三卷又抄演禽一卷
河洛太定數二卷
六壬撮要數四卷
風雲氣候一卷
出行選日一卷
神樞經一卷
發微五星二卷
太乙統宗十卷
六壬無惑鈐十卷

三極通二卷　馮柯。
天文秘略一卷　劉基。
五星大全二卷
陽宅十書四卷　王君榮。
測候圖説一卷　王臣夔。
黄帝玄女經一卷　見《夷門》。
黄帝宅經二卷
探春歷紀一卷　東方朔。
四字經一卷　唐德行禪師。見《夷門》。
天文占驗二卷　周[履靖]。〔六〕
又占驗一卷
渾蓋通憲圖説二卷　李之藻。
圜容較義一卷　利瑪竇。
郭氏元經一卷　郭璞。
六壬神定經四卷

諸家擇日書一册
六壬拔萃六卷
六壬兵帳直指鈐十卷
六壬集應鈐十二卷
六壬易鑑鈐一卷
六壬碎金集一卷
六壬祝秘鈐五卷
大六壬課要十卷
六壬心鏡一卷
六壬撮要□卷
六壬無惑鈐十卷
六壬纂義
太乙雜編
太乙年月局日局七十一卷
太乙演紀三卷
太乙統宗二十卷外集一卷
太乙淘金歌一卷
太乙七十二局一卷
太乙主客勝負圖三卷
六壬起例一卷
甲子占書
苗公鬼撮脚二卷
遁甲符應經
應變總録
禽遁全書
皇極通變三卷　宋張行成。
文武星案四卷
子平概論
臞仙肘後經
夢占逸旨八卷　陳士元。

曆法新書五卷　袁黄。
革象新書二卷　德清趙友欽。
袁天綱推背圖一卷
瑞雲圖頌一卷　胡僖。
管窺略三卷　黄履康。
皇極秘數占騐一卷　蔡士順。
羅經簡日圖解一卷　徐之鏌。
緯談一卷　魏濬。
異夢類徵□卷
禽遁易見四卷
(滑古)[滑吉]奇門五總龜四卷　宋郭子晟。
架造符呪一卷　抄。
算命一掌經一卷　抄。
遁甲秘法一卷　抄。
奇門要訣一卷　抄。

命理應天歌一卷
喬抝一卷　抄。
大統曆法二卷　抄。
紫微斗數六卷
金精鼇極擇日書六卷　熊宗立。
六壬直指節要二卷　弘治楊瓚。
六壬辨神推將集二卷
六壬開雲觀月經一卷
六壬金匱玉鎖全書一卷　茅山沖和子。
六壬畢法賦二卷　淳祐吕大有。
六壬神樞經一卷
六壬兵帳賦一卷
六壬神機遊都魯都法一卷
占龜經一卷
異夢全書四卷　張幹山編。

六壬心鏡一册

六壬纂要一册

奇門秘奥一册　天啟元年昆明袁善。

玉井奥訣四卷

地理類

地理雪心賦四卷

地理心法二卷

玉髓真經十四卷

人子須知二十五卷

地理正宗集要　馬森。

堪輿管見一卷　謝廷柱。

記師口訣一卷

地理發微一卷　宋蔡發。

造福秘訣三卷　吳天洪。

博山經

玉尺新鏡二卷　楊文明。

葬經一卷　(天兀欽灰)[兀欽仄]。〔七〕

琢玉斧□卷　徐之鏌。

頂門針□卷　徐之鏌。

羅經圖解一卷　徐之鏌。

郭璞葬書考三考　王繼芳。

堪輿辨惑一卷　徐(渤)[𤊹]。

仁孝要　林文熊。

葬度一卷　王文禄。

囊金二卷　黃應元。

青囊經一卷　唐曾文迪。

天玉經三卷　筠松。

玉尺經四卷　宋陳摶。

原經圖式一卷

催官篇一卷　宋賴文俊。
天玉經外傳一卷　宋景鸞。
四十八局圖說一卷
索隱元宗二卷　遁菴。
理氣秘旨七卷
地理形勢真訣三十卷　李國本。
墳墓放水訣一卷

醫類

黄帝素問五十卷
證類本草三十卷
神農本經會通十卷　西甌滕弘輯。
丹溪心法六卷
醫說十卷　宋張景、李明。
醫經
王氏脉經十卷　王叔和。
黄帝内經
華陀内照二卷
醫方捷徑二卷
傷寒論十卷
痘疹元機四卷
痘法指南二卷　吴宗洙。
痘疹心法二十三卷
萬氏保命歌括三十五卷
廣嗣十六卷
急救良方二卷　張時徹。
海上仙方一卷
簡便良方二卷
婦人良方一卷
幼科類萃二十八卷

保赤全書二卷
東垣秘藏□卷
體仁類編□卷
醫家大法四卷
食鑑本草二卷
原機啟微二卷
八十一難經四卷
王叔和脉訣四卷
明目神驗方二卷
萬氏家抄五卷
軒岐新意一卷　何繼高。
心印紺珠經二卷
名醫類案三十卷
潤經信法一卷　唐李筌。
六部一品一卷　張雲山。
褚氏遺書一卷　南齊褚澄。
中流一壺一卷
嗣養真書一卷　蔡時宜。
厚生訓纂二卷
虺後方一卷　喻政。
經驗良方一卷
痘疹活幼心法一卷　聶尚桓。
痰火耑門四卷　郢中梁學孟。
金匱要略二卷　張仲景。
攖寧生五臟補瀉心要一卷
治痘博愛心鑑二卷
丹溪醫案一卷
怪疴單一卷　周履靖。
病鑑一卷
張寄一醫印一卷

坐功引法一卷

易簡奇方二卷

奇效醫述一卷　聶尚弘。

活幼心法一卷　聶尚弘。

醫便五卷　海陽張受孔著。

千金方九十三卷　孫思邈。

東垣此事難知一卷

醫學全經

東垣脾胃論三卷　李杲。

傷寒指掌補註三卷　甌寧董養學著。

醫學約説

瀕湖脉學

濟生拔萃十九卷　廷祐二年杜思敬著。

仁齋直指二十四卷　景定甲子三山楊士瀛著。

仲景傷寒論十卷　成無己註解。

袖珍小兒方十卷　永樂中三衢徐用宣著。

(金)〔全〕嬰簡易方十卷　泰定中馮道元著。

劉河間保命集三卷　劉完素著。

傷寒類粹一卷　撫州丘先生著。

痰火膚見三卷　芝城吴洪著。

小兒家寶集二卷

諸方捷錦二卷

保嬰奇方五卷

脉經直指七卷　萬曆初錢塘方穀著。

痘疹會編十卷　吴洪著。

秘傳小兒科一卷婦人科一卷

滯下活法一卷

周華松傳方一卷

醫方雜抄一卷

喉風總論一卷　朱建峯著。

眼科一卷　朱建峯著。
出像眼科一卷
藥方選抄一卷
抄藥方一卷
陰虛爕理篇一卷　新安邵懋臣著。
抄驗醫方一卷
婦人十四問一卷
草藥性一卷
証治類編□卷　王肯堂。
宦邸便方
醫方選要
丹溪心法附餘
玉機微義
(金)[全]幼心鑑八卷　嵩陽寇平著。
急濟良方
三書集要
陶節菴〔八〕
經驗良方十卷　陳仕賢刻。
癰疽方□卷
明目良方
醫先一卷　王文禄。
群仙靈壽丹方一卷　陳楚良。
備藥籠中一卷　林材。
食物本草七卷　元李東垣著。
日用本草三卷　元吳瑞著。
傷寒湯散方一卷〔九〕
古方詩括一卷
藥性歌括一卷
難産諸方一卷
小兒手紋形症一卷

婦人産症一卷

雷公炮製八卷

薛氏醫案　黄承昊刻。

折肱　黄承昊刻。

農圃類

王氏農書□卷　元王禎。

種樹書二卷　郭橐駝。

南方草木狀三卷　晉嵇含。

農桑撮要一卷

笋譜二卷　宋僧贊寧。

群物奇制一卷　周[履靖]。

竹譜一卷　宋戴凱之。

梅譜一卷　宋范成大。

梅品一卷　宋張功甫。

牡丹榮辱志一卷　丘(璩)[濬]。

花品一卷　曹蕃。

洛陽牡丹記一卷　歐陽修。

荔枝乘一卷　曹蕃。

天彭牡丹譜一卷　宋陸游。

花木紀一卷　曹蕃。

亳州牡丹志一卷

牡丹史四卷

芍藥譜四卷　宋王觀。

海棠譜三卷　宋陳思。

荔枝譜一卷　宋蔡襄。

荔枝通譜八卷　徐(渤)[㶿]。

橘譜三卷　韓彦直。

百菊集譜七卷　宋史鑄。

茶經三卷　陸羽。

茶譜二卷　顧元慶。

酒譜一卷　徐炬

酒經二卷　宋朱大隱。

酒經三卷　焦茲序，謂不著撰人姓名。專編造酒大法。

(疏)[蔬]食譜一卷　本心翁。

易牙遺意二卷　韓奕。

北山酒經一卷　宋(李惊)[朱肱]。

山家清事一卷　宋林洪。

野菜譜一卷　王磐。

茹草編四卷　周[履靖]。

蟹譜二卷　宋傅肱。

食時五觀一卷　黃庭堅。

禽蟲述二卷　袁達。

酒克一卷　句章馮元仲。

牛經一卷　齊甯戚。

蜂經疏二卷　徐(渤)[㶿]。

獸經一卷

禽經一卷　晉張華注。師曠著。

促織經一卷

食品紀二卷　曹蕃。

相鶴訣一卷　宋王安石訂。

馬經四卷

田家月令一卷　陳鳴鶴。

閩中海錯疏三卷　屠本畯。

多能鄙事四卷

臞仙神隱六卷

相貝經一卷

土牛經一卷

養魚經一卷

質龜經一卷
橘録一卷
品茶要録一卷　黃儒。
北苑貢茶録一卷　熊(番)[蕃]。
瓊芳集一卷
北苑別録一卷　熊(客)[克]。
東溪試茶録一卷　朱子安。
蔡端明茶録一卷　宋蔡襄。
顧元慶茶譜一卷
屠本畯茗笈三卷
陳繼儒茶話一卷
陸樹聲茶寮記一卷
黃龍德茶説一卷
許然明茶疏一卷
羅廩茶解一卷

陳克勤茗林一卷
郭三辰茶筴一卷
高元濬茶乘四卷
喻政茶集二卷
徐𤊹茗譚一卷
陳師茶考一卷
屠隆茶説一卷
萬邦寧茗史二卷
茶董二卷
田藝(衡)[蘅]煮泉小品一卷
王氏蘭譜一卷　宋王貴學。
金漳蘭譜一卷　宋趙時庚。
蘭譜奥語一卷
梅花新譜一卷
山居養志譜一卷

山居四要五卷
稻品一卷
種芋法一卷
蠶經一卷　黄省曾。
蠶書一卷　秦觀。
菊譜一卷　宋劉家。
菊譜一卷　周履靖。
花疏六卷　高元濬。
藝菊書六卷　黄省曾。
學圃雜疏三卷　王世懋。
鶴經十二卷　温陵蔣德璟。
虎苑二卷　王穉登。
虎薈六卷　陳繼儒。
四季須知二卷　吳嘉言。
酒顛四卷

蟲天志十卷　沈弘正。
便民圖纂十卷
瓶史一卷　袁宏道。
壽親養老新書三卷　宋鄒鉉。
灌園草木識六卷　陳正學。
瓶花譜一卷　崑山張謙德。
馬記一卷　郭子章。
菊譜一卷　范成大。
肉攫部一卷　唐段成式。
耒耜經一卷　唐陸龜蒙。
菌譜一卷　宋陳仁玉。
齊民要術十卷　後魏賈思(協)[勰]。
蟫史十一卷　穆希文。
茶具圖贊一卷　宋審安老人。
寶坻勸農書一卷　袁黄。

臞仙神隱五卷

鄧慶采荔枝譜一卷

宋珏荔枝譜一卷

品茶要録補一卷　程百二。

安雅堂酒令一卷　宋曹紹。

花案一卷　何偉然。

花錫新命一卷　佘君翼。

花殿最一卷　廣陵女士。

海味索隱一卷　張九峻。

香聯一卷　屠本畯。

盆史一卷　屠本畯。

耕禄稿一卷　胡錡。

酒史六卷　馮時(花)[化]。

蒙史二卷　武陵龍膺。

張伯淵茶録一卷　張源。

鳳談一卷　趙世顯。

異魚圖贊二卷　楊慎。

茶事彙輯四卷　抄本。一名《茶藪》。朱子价、盛仲交較。

羅鐘齋蘭譜二卷　崑山張應文。

茶經一卷　崑山張謙德。

缾花譜一卷蘭譜一卷藝菊書一卷老圃一得一卷

種蘭書一卷　吳郡袁晉。

芋記一卷　四明楊德周。

器用類

米襄陽硯石一卷

硯譜一卷　茅康伯。

端溪硯譜一卷　宋無名氏。

方于魯墨譜六卷

雲林石譜三卷　宋杜綰。

宣和石譜一卷

漁陽石譜一卷

香譜二卷　宋洪芻。

顧氏印藪六卷

印説一卷　周應愿。

古今印史一卷　吳徐官。

印正五卷　甘旭。

古玉考一卷　朱德潤。

印談二卷

錢譜十五卷　宋洪遵。一名《泉志》。

格古要論五卷

十處士傳一卷　支中天。

古奇器録一卷　陸深。

銅劍贊一卷　梁江淹。

古今鼎録一卷　梁虞荔。

古今刀劍録一卷

燕几圖一卷　宋黄伯思。

程君房墨苑十卷

墨經一卷

群物奇制一卷

醉茗軒印品二卷

投壺儀節一卷

詩牌譜一卷

欣賞印譜一卷　沈津。

十影君傳一卷　嘉善文廷訓。

劍記一卷　郭子章。

大石山房十友譜一卷　顧元慶。

博古圖三十卷

文苑四先生集
牋紙譜一卷　元費著。
蜀錦譜一卷　元費著。
歙州硯譜一卷　宋無名氏。
歙硯説一卷　曹繼善訂。
文苑四史一卷　鍾泰華。
文房圖贊一卷　宋林洪。
續文房圖贊一卷　宋羅先登。
文房四友除授制一卷　安晚先生。
硯箋三卷　高嗣孫著。高元濬刻。
清宛堂石譜一卷　范明泰。
玉史一卷　趙世顯。
清秘藏二卷　張應文。
焚香略一卷　張應文。
大禹九鼎圖述一卷　王希旦。

印章問字編二卷　黄起聲。
柿葉齋印林一卷　鄭履祥。

藝術類

金鵬十八變棋勢一卷
秋仙遺譜
六博碎金四卷　臧懋循。
雙陸譜五卷　洪邁序。
打馬圖一卷　李易安序。
除紅譜一卷　元朱河。
牌譜一卷　顧應祥。
弈選一卷　乘逢春序。岑生著。
古局象棋圖一卷　宋司馬光。
拳勢口訣二卷
䏚陣篇一卷　袁福徵。

九歸方天法一卷

麻衣相法一卷

古今元相一卷

許負相法一卷

周髀音義一卷　趙君卿。

周髀算經二卷　唐李籍。

術數紀遺一卷　漢徐岳。

弈家捷徑一卷　吕三説。

主紅譜一卷

梅花令譜一卷

贏詘令名牌一卷　汪道昆。

嘯旨一卷　唐無名氏。

兼三圖一卷　屠本畯。

玉局鉤玄一卷　項世芳。

投壺儀節一卷　汪禔。

五木經一卷　唐李翱。

詩牌譜一卷　王良樞。

丸經一卷

同文算指通編八卷前編二卷　利瑪竇。

骰譜一卷　張大命。

弈旦評一卷　句章馮元仲。

弈律一卷　王思任。

麯部觥述一卷　屠本畯。

觴政一卷　袁宏道。

胎骨遺相一卷

校注

〔一〕卷二「禮類」著録：「《太平經國書》十二卷。宋鄭伯謙。」

〔二〕四卷本作「聖學粤言二卷。何」。

〔三〕 元王珪有「《泰定養生主論》十六卷」。四卷本作「《養生主編》」。

〔四〕 「大台」，四卷本作「天台」。

〔五〕 圓澄禪師，號湛然，天啟六年圓寂。

〔六〕 「履靖」，據四卷本補。下同。

〔七〕 四卷本作「兀欽仄注」。

〔八〕 四卷本有「《陶節菴傷寒湯散方》一卷」。

〔九〕 著者疑爲陶華，號節菴。見前注。

徐氏家藏書目卷之四

［子部］

彙書類

藝文類聚一百卷
唐類函二百卷
玉海二百卷　宋王應麟。
文獻通考三百四十八卷　馬端臨。
事文類聚二百二十一卷
合璧事類三百卷
事言要玄二十八卷
錦繡萬花谷一百五十卷
群書集事淵海四十七卷
考古彙編二十六卷
山堂考索二百十二卷　宋章如愚。
通志略五十一卷　宋鄭樵。
事類賦三十卷　宋吳淑。
卓氏藻林八卷　卓明卿。
楮記室十五卷　淮陰潘塤。
白孔六帖一百卷　白居易。
山堂肆考
太平御覽一千卷　宋太宗詔編。
杜氏通典二百卷　杜佑。
初學記三十卷　唐明皇詔，徐堅等編。
荊川稗篇一百二十卷
太平廣記五百卷　宋太宗詔編。

事林廣記六卷　宋陳元靚。
劉氏類山十卷　桐城劉[胤]昌。
稽古彙編十二卷
漢雋十卷
選雋十卷
文選類林二十卷
事類通考十卷
五侯鯖十二卷　彭儼。
海録碎事二十二卷　宋葉廷珪。
記纂淵海二百卷　潘如愚。
天中記六十卷　陳耀文。
翰墨大全書一百四十五卷
璧水群英集八十二卷
劉氏鴻書
屠赤水鴻包四十八卷

事典考略六卷　徐袍著。孫學聚刊。
修詞指南二十卷
群書備數
小學紺珠　宋王應麟。
文奇豹斑
詞叢類採八卷續八卷　古田林濂。
黄氏日抄九十七卷　宋黄震。
事物原始三十卷　杭徐炬。
事物紀原十卷　亡名氏。
事物考八卷
黔類十八卷　郭子章。
穆氏説原十六卷　穆希文。
玉林摘粹八卷　建安朱東光。
事林廣記十卷　元人陳元靚著。
醒俗勸懲便録四卷　括蒼勿非子撰。

韻類

五音篇海韻海三十卷

貫珠集一卷

詩韻釋義五卷

古今韻一卷

切韻圖譜五卷　葉學夔。

切韻指南一卷

韻補五卷　宋吳棫著。

韻府群玉二十卷

續韻府群玉四十卷

洪武正韻十卷

玉門重譯一卷

中原音韻一卷　周德清。

文韻攷衷十二卷　葉學夔。

萬籟中聲二十卷　吳元滿。

諧聲指南一卷　吳元滿。

毛詩古音攷四卷　陳第。

韻法二筌二卷　白下李世澤著。

古今韻括五卷　吳汝紀刊。

詩韻集略五卷　上海潘恩刻。

古音轉注五卷　楊慎。

古音餘五卷　楊慎。

古音叢目五卷　楊慎。

古音獵要五卷　楊慎。

古音略例一卷　楊慎。

古音拾遺五卷　楊慎。

古音複字五卷　楊慎。

古音駢字五卷　楊慎。

古文韻語三卷　楊慎。

古今韻註撮要五卷　甘雨。
韻會小補二十卷　李登。
林朴齋韻考三十卷
詩韻纂註　汪其俊。
奚囊韻海五卷
直音編七卷
四聲等子刊定一卷　趙宧光。
四聲表一卷　趙宧光。
五聲表一卷　趙宧光。
千字文音韻二卷《百家姓》附。
(詩)[袖]韻要釋五卷[一]　沈伯(成)[咸]。
平聲近體詩韻二卷
字母詮略一卷　新安楊貞一。
五車韻瑞
韻學攷古音釋五卷　建陽袁中道。

字類

六書精蘊六卷　魏校。
許氏説文□卷　漢許慎。
説文字源一卷　唐李騰集。元周伯琦訂正。
有跋。
佩觿三卷　宋郭忠恕。
古文字考五卷
海篇心鏡
海篇直音
六書本義三卷
漢隸分韻五卷
玉鍵五卷
字類辨疑五卷
海篇大成

楷隸正譌一卷
六書正義一卷　吳元滿。
六書正譌五卷　周伯琦。
六書序目一卷
諸書字考略二卷　林茂槐。
問奇集一卷　張位。
石鼓文一卷
六書略五卷　鄭樵。
雜字韻實五卷　楊慎。
經子難字二卷　楊慎。
真篆千字文百家姓二卷
僮學書程一卷　豐道生。
法書通釋一卷　張紳。
干祿字書一卷　顏真卿[書]。[二]
趙凡夫帚談八卷

從古正文二卷　黃諫。
四體千文一卷
古文奇字十二卷　朱謀㙔。
六書攷正　詹玉鉉。
讀史難字□卷
石倉字説　曹學佺。
認字測三卷　關中周宇著。
龍龕手鑑四卷　契丹。
彙堂摘奇一卷　王佐。
説文表一卷　趙宧光。
子母原一卷　趙宧光。
長箋解題凡例二卷　趙宧光。
悉曇經傳二卷　趙宧光。
問奇初編一卷　古堇楊秉錡。

書類

法書要録十卷　唐張彦(雲)[遠]集。
米海岳書史二卷　宋米芾。
急救篇四卷　顧師古。
孫過庭書譜一卷　唐。
書法鉤玄四卷
字學新書一卷　蘇子啟。
姜夔讀書譜一卷
寶章待訪録一卷　宋米芾撰。
歐陽公試筆一卷
高宗翰墨志一卷
法帖譜系二卷　曹世冕。
學古篇二卷　吾[丘]衍著。
宋學新摘抄一卷　武夷劉惟忠。
東觀餘論十卷　《法帖刊誤》在内。宋黄伯思著。
廣川書跋十卷　宋董逌著。
淳化帖釋文十卷　劉次莊。
書法雅言一卷　周應愿。[三]
書輯三卷　陸深。
墨池瑣録一卷　楊慎。
書斷列傳四卷　宋張懷瓘。
金石録三十卷　趙明誠。
蘭亭博議一卷　宋葉世昌。
庾肩吾書品一卷
邢子愿帖凡一卷
墨妙纂六卷　鄢茂才。
湯堯文書旨一卷　墨刻本。
僮學書程一卷
袁氏書評一卷　宋袁昂。

海岳名言一卷　宋米芾。
法帖刊誤二卷　宋黄伯思。
(痊)[瘞]鶴銘考一卷　顧元慶。
書史紀原一卷　夏浸之。
青(縷)[鏤]管夢一卷　項德純。
禹碑一卷　湛若水譯。
蘭亭奇本題跋一卷　朱謀䤩。
姜東溪書法一卷　姜立綱。
淳化帖書評一卷　豊坊。

畫類

古畫品録一卷　南齊謝赫撰。
續畫品録一卷　唐李嗣真撰。
後畫品録一卷　唐沙門彦悰集。
續畫品一卷　陳姚最撰。

貞觀公私畫史一卷　唐裴孝源撰。
沈在中圖畫歌一卷
筆法記一卷　唐荆浩撰。
王維山水論一卷
歷代名畫記十卷　唐張彦遠撰。
聖朝名畫記三卷　宋劉道醇撰。
唐朝名畫記一卷　宋朱景元撰。
五代名畫補遺一卷　宋劉道醇撰。
益州名畫録四卷　黄休復撰。
米海岳畫史一卷
畫繼十卷
梁元帝山水松石格一卷
荆浩山水賦一卷
李成山水訣一卷
郭熙林泉高致一卷

郭思山水論一卷
紀藝一卷
宣和雜評一卷
山水純全集一卷
李澄叟畫山水訣一卷
論畫山水歌一卷
李薦畫品一卷
華光和尚梅品一卷
李衎竹譜詳録一卷
張退公墨竹記一卷
畫鑒一卷　元湯垕。
圖繪寶鑑四卷　夏文彦。
畫法權輿二卷
畫家要訣四卷　竹、蘭、梅、(島)[鳥]。
閫畫記十卷　徐(渤)[㶿]。
茅氏繪妙一卷　欣賞。茅一相。
吴郡丹青志一卷　王穉登。
書畫史一卷　陳眉公。
雲煙過眼録四卷　周密。
畫説一卷　莫是龍。
蜀中畫苑四卷　曹學佺。
畫評會海二卷　周[履靖]。
天形道貌一卷
淇園肖影二卷
羅浮幼質一卷
九畹遺容一卷
春谷嚶翔一卷
繪林題識一卷
寓意編一卷　都穆。
悦生近語一卷　臨清徐爾垣。

唐寅畫譜三卷　附集内。
畫塵一卷　沈顥。附集内。
雪湖梅譜四卷　劉世儒。
書畫金湯一卷　陳繼儒。
畫圖説一卷　莫是龍。

小説類

酉陽雜俎三十卷　唐段成式。
拾遺記十卷　晉王子年，名嘉。
續齊諧記二卷　梁吴均。
漢武故事一卷　班固。
漢武帝内外傳三卷
蔡邕獨斷一卷
世説新語八卷　宋劉義慶。
神異經一卷　東方朔。
海山記一卷
洞冥記四卷　漢郭憲。
開河記一卷
述異記二卷　任昉。
迷樓記一卷
古今注三卷　崔豹。
隋遺録一卷　唐顔師古。
中華古今注三卷　宋馬縞。
隋唐嘉話三卷　劉餗。
博物志十卷　晉張華。
唐語林八卷
續博物志十卷　宋李(后)[石]。
翰林志一卷　唐李肇。
六朝事迹二卷　宋張敦頤。
松窗雜録一卷　唐李濬。

楓窗小牘二卷　宋百歲袁老人。
次柳氏舊聞一卷　唐李德裕編。
經外雜抄二卷　宋魏了翁。
朝野僉載一卷　唐張鷟。
晉乘一卷　吾衍子。
卓異記一卷　唐李翺。
楚檮杌一卷
開天傳信記一卷　唐鄭棨。
博異記一卷　唐谷神子，名還古。
開寶遺事二卷　唐王仁裕。
集異記二卷　薛用弱。
江行雜録一卷　宋廖瑩中。
漢雜事秘(卒)[辛]一卷
中朝故事一卷　唐尉遲(謜)[偓]。
東京夢華録十卷　宋孟元老。

龍城録一卷　唐柳宗元。
録異記八卷　唐杜光庭。
避暑漫抄一卷　宋陸游。
幽閒鼓吹一卷　張固。唐人。
搜神記二十卷　晉干寶。
北夢瑣言二十卷　唐孫光憲。
搜神後記十卷　陶潛。
杜陽雜編三卷　蘇(鄂)[鶚]。
異苑十卷　宋劉敬叔。
物類相感志一卷　宋蘇軾。
尚論前編一卷　王達善。
鼠璞二卷　宋戴埴。
還魂記二卷　顏之雅。
楚新語
王氏談録一卷

江南別録一卷　宋陳彭年。
脚氣集二卷　天台車若水。
默記一卷　宋王銍。
三楚新録三卷　宋周羽冲。
蜀檮杌一卷　宋張唐英。
歸田録三卷　歐陽修。
燕翼貽謀録五卷　宋王林。
經鋤堂雜志八卷　宋倪思。
孫公談圃三卷　宋孫升。
聞見雜録一卷　宋蘇舜欽。
行營雜記一卷　宋趙葵。
鐵圍山叢譚五卷　宋蔡卞。
高齋漫録一卷　宋曾慥。
師友談記一卷
談淵一卷

兼明書五卷
春明退朝録三卷　宋宋敏求。
螢雪叢説二卷　宋子俞子。〔四〕
玉堂雜記三卷　宋周必大。
賈氏談録一卷　張洎。
錢氏私志一卷　宋錢世昭。
乾貞堂璧疏一卷　淩登名。
桐陰舊話一卷　宋韓元吉。
五湖漫語二卷　張本。
揮麈録二卷　宋楊萬里。
王氏揮麈録八卷　宋王明清。
冀越集一卷　元熊太吉。
晉公談録一卷　宋丁謂。
道山清話一卷　宋王(暐)[暐]。
王文正筆録一卷　宋王曾。

畫簾緒論一卷　宋胡大初。
貴耳集一卷　宋張端義。
呂氏官箴一卷　宋呂居仁。
古杭襍説一卷　元李有。
學齋呫嗶四卷
國老談苑二卷　宋王銍。
希通録一卷　元蕭參。
清夜録一卷　宋(余)[俞]文豹。
(比)[北]里志一卷　唐孫(啟)[棨]。
宣政雜録一卷　宋江萬里。
南國續稿十卷　張志淳。
艮岳記一卷　宋淏。
留青日札四十卷　田藝(衡)[蘅]。
閒燕常談一卷　宋董弅。
金罍子四十三卷　陳[絳]。

退齋筆録
避戎夜話二卷　宋石茂良。
雲溪友議十二卷　宋范攄。
葆光録三卷　潁川陳氏龍明子。
刊誤一卷　唐李涪。
朝野遺記一卷　(宋)[唐]張鷟。
唐(樜)[摭]言一卷　宋王(保定)[定保]。
白獺髓一卷　宋張仲文。
老學菴筆記十卷　陸游。
齊東野語二十卷　元周密。
(程)[桯]史十五卷　宋岳珂。
東軒筆録十五卷　宋魏泰。
遼志一卷　元葉隆禮。
明道雜志二卷　宋張耒。
宜齋野乘一卷　宋吳枋。

碧雲騢一卷　宋梅堯臣。
吴社一卷　王穉登。
金志一卷　元宇文懋昭。
獨異志二卷　唐李亢。
劉賓客嘉話録一卷
東觀奏記三卷　宋裴廷裕。
北轅録一卷　宋周煇。
大唐新語十二卷　唐劉肅。
蒙韃備録一卷　宋孟珙。
因話録六卷　唐趙璘。
北邊備對一卷　宋程大昌。
玉泉子一卷　唐人。
西使記一卷　元劉郁。
樂善録二卷　宋李昌齡。
自警編九卷　宋趙善僚。

蠡海集一卷　宋王逵。
當機録二卷　馮孜。
厚德録二卷　宋李元綱。
過庭録一卷　宋范公(稱)[偁]。
卧游録一卷　宋吕伯恭。
閒窗括異志一卷　宋李應龍。
芥隱筆記一卷　宋龔[頤正]。
搜采異聞録五卷　宋永亨。
艾子一卷　宋蘇軾。
青箱雜記十卷　宋吴處厚。
南村輟耕録三十卷
霏雪録一卷　宋孟熙。
遂昌山樵雜録一卷　元鄭元祐。
游宦紀聞十卷　宋張世南。
玉堂嘉話八卷　元王惲。

漁樵問對一卷　宋邵雍。
廣客談一卷
尚書故實一卷　唐李綽。
祛疑記一卷　宋儲泳。
家世舊聞一卷　宋陸游。
剪勝野聞一卷　徐禎卿。
墨莊漫録十卷　宋張邦基。
野記二卷　祝枝山。
懶真子五卷　宋馬永卿。
因論一卷　唐劉禹錫。
宋景文筆記一卷　宋宋祁。
清溪暇筆一卷　金陵姚福。
龍川别志四卷　宋蘇轍。
瑯琊漫抄一卷　吴郡文林。
冷齋夜話十卷

病逸漫記一卷　陸釴。
(雪)[雲]麓漫抄四卷　宋趙彦衛。
雲澤紀聞一卷　王鏊。
蒙齋筆談二卷　宋鄭景望。
大業雜記一卷
石林燕話十卷　宋葉夢得。
北户録一卷　唐段公路。
靖康朝野僉言一卷
清波雜志三卷　宋周(輝)[煇]。
異聞總論四卷　元人。
三水小牘一卷　皇甫(枝)[枚]。
清尊録一卷　宋廉宣仲。
墨客揮犀十卷　宋彭乘。
續墨客揮犀一卷
侯鯖録六卷　宋趙德麟。

三朝野史一卷

景仰撮書一卷　王達善。

孔氏雜志一卷　孔平仲。

尚論廣編一卷　王應山。

瀟湘録一卷　宋李隱。

負薪瑣言一卷　王應山。

古(禳)[穰]雜録一卷　李賢。

釋異類纂一卷

兩湖麈談録一卷

薛子名言一卷

復齋日記一卷　許浩。

燕閒彙纂一卷　屠本畯。

暌車志一卷　宋陸偉。

江海殲渠記　長(州)[洲]祝允明。

損齋備忘録一卷　金陵梅純。

前定録二卷　上唐鍾輅，下宋洪邁。

諧史一卷　宋沈淑。

雞肋一卷　宋趙崇絢。

畫墁録一卷　宋張舜民。

談藪一卷　宋龐元英。

話腴一卷　宋陳郁。

可談一卷　宋朱(或)[彧]。

拊掌録一卷　宋邢居實。

樂郊私語一卷　桐江姚桐壽。

山房隨筆一卷　元蔣子正。

資暇録三卷　李濟翁。

夷堅志五十卷　宋洪邁。

虞初志八卷　梁吴均。

艷異篇四十五卷

(瑯環)[琅嬛]記三卷　元伊世珍。

緝柳篇三卷　沈膺元。
誠齋雜記二卷　元周達觀。
雲仙雜記十卷　唐馮贄。
溪蠻叢笑一卷　宋朱輔。
蓬軒別記一卷　吳黄暐。
馬氏日抄一卷　吳馬愈。
養痾漫筆一卷　宋趙晉。
文昌雜録一卷　宋陳襄。
隣幾雜志一卷　宋江休復。
庚巳編四卷　陸粲。
周文襄見鬼紀一卷
異林一卷　徐禎卿。
語怪四編一卷　祝枝山。
猥談一[卷]　祝允明。
高坡異纂三卷　楊儀。

艾子後語一卷　陸灼。
説聽四卷　陸延枝。
劍俠傳四卷　弢菴居士。
娱耳集十二卷　華亭張重華。
耳談
談林三卷
譚輅二卷　張鳳翼。
譚苑醍醐九卷　楊慎。
王文恪筆記　王鏊。
衡翁世行録
石田雜記一卷　沈周。
立齋閒録一卷
昨夢録一卷　宋康譽之。
俟命編一卷　曾才漢。
東坡志林十二卷

菽園雜記二卷　陸(客)[容]。
縣笥瑣探一卷　吳郡劉昌。
君子堂日詢一卷　王濟。
外夷諸賦一卷
安南奏議一卷
平蠻録一卷
馬端肅三記
許襄敏西番録
元氏掖庭記一卷　元陶宗儀。
清異録二卷　五代陶穀。
夢溪筆談二十卷　沈(枯)[括]。
西溪叢語二卷　姚寬。
(客)[容]齋隨筆七十四卷　宋洪邁。
避暑録話十卷　宋葉夢得。
鶴林玉露十六卷　宋羅大經。

五色綫三卷
鄴中記一卷　晉陸翽。
丹鉛總録三十七卷　楊慎。
金壁故事
書言故事
禪寄筆談十二卷　陳師。
禪寄續談五卷　陳師。
何氏語林三十卷　何元朗。
剪燈叢話八卷
灼艾集六卷　萬表。
世説新語補二十卷
談資二卷　秦鳴雷。
七修類稿五十一卷　郎瑛。
玉照新志六卷　王明清。
蓬窗日録八卷　陳全之。

輟耰述四卷　陳全之。
群談采餘十卷　倪綰。
前聞記一卷　祝允明。
藝林剩語十二卷　雲間顧成憲。
藝苑巵言八卷　王世貞。
（尊）［遵］生八箋二十卷　高濂。
藝林伐山六卷　楊慎。
筆叢二十四卷　胡應麟。
瑯琊代醉篇四十卷　張鼎思。
焦氏筆乘六卷　又續八卷　焦竑。
鳳洲筆記二十八卷　王世貞。
野客叢書十二卷　宋王楙。
困學紀聞二十卷　宋王應麟。
格古要論十三卷　雲間曹昭。
西征記一卷　三衢盧襄。
焚椒録一卷　遼王鼎。
獨異志三卷
澠水燕談録十卷　宋王闢之。
趙飛燕三傳一卷　漢伶玄。
農田餘話二卷　吳張翼。
水東日記三十八卷　崑山葉盛。
見聞搜玉八卷　山陰高鶴。
林泉隨筆一卷　淮浦張綸。
江湖紀聞二卷
日損齋雜著□卷　王世懋。
龍江夢餘録四卷
女紅志二卷　龍氏。
廣玉壺冰一卷　張邦侗。
燃犀集三卷

幽怪録十二卷　唐牛僧（儒）［孺］著，李復言續。
澄懷録二卷　宋周密。
吹劍録二卷　宋俞文豹。
璅語篇一卷　楊慎。
讕言編一卷　曹安。
西軒客談一卷
拘虚寱言一卷　陳沂。
就日録一卷
碧湖雜記一卷
義山雜纂一卷　唐李商隱。
邵氏聞見記二十卷　宋邵伯温。
荆溪林下偶談八卷　宋子良。
封氏見聞記十卷　唐封演。
寓簡十卷　唐沈作喆。
紺珠集十三卷　宋亡名氏。
青溪寇軌一卷　宋方（勺）［勺］。
醫閭漫記一卷　遼東賀欽。
桑榆漫志一卷　陶輔。
雙溪雜記一卷　洮汾王瓊。
東園友聞一卷
明斷篇一卷　樂平程楷。
比事摘録一卷
蘿山雜言一卷
蒙泉雜言一卷
未齋雜言一卷　臨川黎久。
南山素言一卷　上虞潘府。
松窗寱言一卷　鄴都崔銑。
井觀瑣言一卷　閩南鄭瑗。
天都載六卷　馬大壯。

程氏演繁露二十二卷　大昌。
劇談録二卷　宋康駢。
泊宅編十卷　宋方(匀)[勺]。
梁溪漫志十卷　宋費衮。
偶記二卷　明池州佘翹。
一得齋瑣言一卷　趙世顯。
偶客談一卷　唐樞。
鶯花夢餘録一卷　鄭登明。
未學學一卷　唐樞。
郭孝廉夢紀一卷　鄂郭嵩。
清暑筆談一卷　陸樹聲。
求福點景篇一卷　胡僖。
蓼花洲閒録一卷　宋高文虎。
安得長者言一卷　陳繼儒。
玄亭涉筆一卷　王志達。

芝圃叢談六卷　趙仁甫。
松亭晤語六卷　趙仁甫。
客窗隨筆六卷　趙仁甫。
甲乙剩言一卷　胡應麟。
聽子二卷　趙仁甫。
考槃餘事一卷　屠隆。
藏一話腴一卷　見《説(郭)[郛]》。
陳一齋謬言一卷　陳第。
讀書鏡十卷　陳繼儒。
二酉委談一卷　王世懋。
香案牘一卷　陳繼儒。
碣石叢談四卷　郭造卿。
狂夫之言并續共五卷　陳繼儒。
碧里雜存一卷　董穀。
譚林三卷

見聞録八卷　陳繼儒。
珍珠船四卷　陳繼儒。
妮古録四卷　陳繼儒。
群碎録一卷　陳繼儒。
（暱）［偃］曝餘談二卷　陳繼儒。
岩栖幽事一卷　陳繼儒。
枕譚一卷　陳繼儒。
太平清話四卷　陳繼儒。
書（焦）［蕉］二卷　陳繼儒。
筆記二卷　陳繼儒。
丙丁雜佩一卷　曹蕃。
簷曝偶談一卷　顧元慶。
讀書雜抄二卷　宋魏了翁。
可談一卷　宋朱彧。
蜩笑偶言一卷　閩鄭瑗。
冥寥子游二卷　屠隆。
長水日抄一卷　陸樹聲。
三事遡真一卷　李豫亨。
觚不觚録一卷　王世貞。
伏戎紀事一卷　高拱。
耄餘雜識一卷　陸樹聲。
西堂日記一卷　楊豫孫。
尚書故實一卷　唐李綽。
桂苑叢談一卷　唐馮翊。
東谷所見一卷　宋李彦之。
談苑四卷　宋孔平仲。
後山叢譚四卷　宋陳師道。
林下偶譚四卷　宋荆溪吴氏。
賢奕編四卷　劉元卿。
羅湖野録四卷　宋釋曉瑩。

脉望八卷　趙台鼎。
銷憂四卷　陳繼儒。
辟寒四卷　陳繼儒。
稽古彙編十二卷　林光華。
張大復筆談六卷
薛千仞筆餘二卷　薛岡。
謬言一卷　陳第。
學圃藼蘇六卷　陳燿文。
萬柳溪邊舊話一卷　宋尤玘。
陳氏宦譚二卷　學伊。
自樂編十六卷附録一卷　華亭李豫亨。
畜德集一卷　臨海秦禮。
舌華録九卷　新都曹臣。
沈氏弋説六卷　杭沈長卿。
珩璜新論二卷　宋孔平仲著。

西學凡一卷
自得語三十卷　朱懷吳。
玄亭涉筆一卷　王志遠。
潛穎録一卷　陳益祥。
臆見彙考五卷　豊城游曰陞。
問奇一臠三十卷　郭良翰。
思問初編十二卷　温陵陳元齡。
仕學規範八卷　宋張鎡。
古言四卷
今言四卷　鄭曉。
聞雁齋筆談六卷　張大復。
升菴新語四卷
蜀檮杌一卷　宋張唐英。
近言一卷　顧璘。
經世要談一卷　鄭善夫。

聽雨紀談一卷　都穆。

棲逸傳一卷　何良俊。

海樵子一卷　王崇慶。

祝子小言一卷　祝允明。

客問一卷　黄省曾。

彭文憲筆記二卷

蘇譚一卷　楊循吉。

含玄子十卷　趙樞生。

雨航雜録二卷　馮時可。

草木子四卷　括蒼葉子奇。

虚谷閒抄一卷　宋方回。

日格類鈔三十卷　王所。

寶櫝記一卷

鄭明選秕言四卷

聞見解三卷　曾曰唯。

何之子一卷　周弘禴。

檢蠹隨筆三十卷　楊崇吾。

林居漫録六卷

賓榻悠談八卷　葉繼熙。

闇然堂日録十一卷　新安潘士藻。

三餘贅筆二卷　都(印)[卬]。

岱宗拾遺記一卷

游海夢談四卷　惠安朱一龍。

徐氏筆精十卷　徐(渤)[𤊹]。

傃菴野紀一卷　蔡士順。

吳氏叢語十二卷　華亭吳恫。

月山叢談四卷　宜山李文鳳。

畜德録二卷　陳良策。

楊子卮言二卷　楊慎。

博識考事二卷續編四卷　戴應鰲。

息園雜著一卷　陸樹聲。
病榻寤言一卷　陸樹聲。
儒林公議二卷　宋亡名。
紀聞彙編四卷　竇子明。
辨惑編四卷　元（昆）［毘］陵謝應芳。續編九卷　吳顧寅亮。
劉子威雜俎六卷
燕語一卷　劉鳳。
新知録三十卷　盧（應）［陵］劉（士）［仕］義。〔五〕
祝子罪知録十卷　祝允明。
續問奇類林三十卷　林兆珂。
王元美讀書後　王世貞。
士翼三卷　崔銑。
王氏筆麈四卷　金（玹）［壇］王肯堂。
山林友議二卷　屠本畯輯。

兩山墨談十八卷　陳霆。
閲古隨筆二卷　都穆。
顧太初説略三十卷　顧起元。
廣交友論四卷　嘉興朱廷旦。
警枕集一卷　朱廷旦。
二俠傳二十卷　男俠、女俠。拓浦徐廣輯。
歸正集十卷　林祖述。
西堂紀聞四卷　麻城鄧楚望。
説儲八卷續説儲八卷　陳禹謨。
續自警篇十六卷　金溪黄希憲。
千百年眼十二卷　瀟湘張燧。
于穀峰筆麈十八卷　于慎行。
霞外麈談十卷　周應治。
蟭蠹篇二卷　沈顥。
青樓集一卷　元黄雪蓑。

山居閒考一卷　林弘衍。
鼂采清課二卷　费元禄。
没古叢語一卷　陸樹聲。
玉壘意見一卷　陳于(陞)[陛]。
薛文清從政録一卷　薛萱。
東谷贅言二卷　敖英。
木几冗談一卷　彭汝讓。
席上腐談二卷　俞琰。
夢遇神女略一卷　江萬仞。
青藤山人路史二卷　徐渭。
崖州城隍除妖記一卷　陳朝定。
讀書筆記一卷　祝允明。
丹鉛續録考證六卷　楊慎。
食色紳言二卷　褚皆春居士。
海沂子五卷　王文禄。
廉矩一卷　王文禄。
機警一卷　王文禄。
求志編一卷　王文禄。
文昌旅語一卷　王文禄。
庭聞述略一卷　王文禄。
暇老齋雜記三十二卷　茅元儀。
戍樓閒話四卷　茅元儀。
福唐寺貝餘五卷　茅元儀。
青光十卷　茅元儀。
澄水帛十三卷　茅元儀。
青油史漫二卷　茅元儀。
六月譚十卷　茅元儀。
掌記六卷　茅元儀。
廣艷異編三十五卷　吳大震。
五雜俎十六卷　謝肇淛。

麈餘四卷　謝肇淛。
巵言餘録十三卷
朱鬱儀異林十六卷　朱謀㙔。
文海披沙八卷　謝肇淛。
菊徑漫談十四卷　石磐。
經籍會通四卷　胡應麟。
四部正譌三卷　胡應麟。
二酉綴遺三卷　胡應麟。
華陽博議二卷　胡應麟。
莊嶽委譚二卷　胡應麟。
丹鉛新録八卷　胡應麟。
藝林學山八卷　胡應麟。
高齋筆記二卷　高頤和。
捫虱新話十五卷　宋陳善。
史[該]三卷〔六〕　林果。

爲善陰隲十卷　太宗御製。
筠堂偶録二卷　張睿卿。
玉堂叢話八卷　焦竑。
珠淵八卷　王路清。
王仲遵約言一卷　王路清。
菜根譚二卷　洪自誠。
博物異苑十卷　王世貞。
廣諧史
牧鑑八卷　楊昱。
唐世説十三卷　唐劉肅。
正楊四卷　陳燿文。
青泥蓮花記十三卷　梅鼎祚。
芝園外集二十四卷　張時徹。
葉氏説類六十二卷　葉向高。
望崖録内外編二卷　王敬美。

澹思子一卷　王敬美。
遠壬文一卷　王敬美。
談冶録十二卷　浦城徐廣。
課餘拾古一卷　倪鍾醇。
五湖外史一卷　倪鍾醇。
小窗清紀五卷　吳從先。
廣清紀四卷　吳從先。
小窗別紀四卷　吳從先。
小窗新語一卷　吳從先。
疑耀七卷　張萱。
漱石閒談一卷　王兆雲。
湖海搜奇一卷　王兆雲。
白醉瑣言二卷　王兆雲。
説圃識餘二卷　王兆雲。
揮麈新談二卷　王兆雲。

烏衣佳話六卷　王兆雲。
茂對集八卷　朱廷佐。
露書十四卷　莆田姚吉。
六匌曼一卷　趙宧光。
剪燈新話二卷　錢塘瞿佑。
剪燈餘話三卷　廬陵李禎。
覓燈因話二卷　邵景詹。
知命録二卷　陸深。
淮封日記一卷　陸深。
南遷日記一卷　陸深。
願豐堂(慢)[漫]書一卷　陸深。
谿山餘話一卷　陸深。
玉堂(慢)[漫]筆三卷　陸深。
停驂録一卷續録三卷　陸深。
中和堂隨筆二卷　陸深。

春風堂隨筆一卷　陸深。
春雨堂雜抄一卷　陸深。
同異録二卷　陸深。
傳疑録二卷　陸深。
河汾燕閒録二卷　陸深。
金臺紀聞二卷　陸深。
玄羽隨筆八卷　張大齡。
軼史隨筆二卷　吳中支允堅。
時事漫紀三卷　吳中支。
軼語考鏡三卷　吳中支。
藝苑閒評二卷　吳中支。
林居漫録六卷　吳伍表萃。
秋濤一卷　原名《會心篇》。王聖俞。
光明藏一卷　原名《醒言》。倪允昌。
晉塵一卷　已下四十五種俱《快書》。
螢燈一卷
月鏡一卷
白雲梯一卷　李何事。
驚筵（辯）[辨]一卷　張虞侯。
鑑古瑣譚一卷　徐以清。
黄辭一卷　黄俞言。
雅述一卷　王廷相。
枕餘一卷　徐汝廉。
存論一卷　天台野人。
玉振一卷　昌巖。
閒情（撫）[憮]一卷　蘇文昌。
石桃丙舍草一卷　蔣德（講）[璟]。
書憲一卷　吳季子。
讀書通一卷　孫國光。
睡鄉記一卷　鄭之惠。

交友觀一卷　吴從先。

七幅菴一卷　傅遠度。

九發一卷　支華平。

鴛鴦譜一卷

惑溺供一卷　林子。

錢罟一卷　支華平。

客齋使令一卷　俞(密)[蜜]僧。

雅俗(辯)[辨]一卷　黄孟威。

才鬼記一卷　(楊)[梅]鼎祚。

法楹合删一卷

一聲鶯一卷　張來初。

于穀山瑱言一卷雜記一卷

松霞館贅言一卷　李長卿。元名《偶譚》。

秋粧樓眉判一卷　何偉然。

瀾堂夕話一卷　張次仲。

千一録客談一卷　方弘靜。

玉笑零音一卷　田藝(衡)[蘅]。

尋常事一卷　西韓生。

月喉一卷　淩仲望。

秋水鏡一卷　洪月誠。原名《臆見》。

審是帙一卷　張靖之。原名《雜言》。

正法眼一卷　佘津雲。原名《偶記》。

倉庚集一卷　魏昆陽。

有情癡一卷　吴季子。

山游十六觀一卷　沈懋功。

識小編一卷　周賓所。

長嘯餘一卷　孫燕貽。

嘔絲一卷　何偉然。

戲瑕一卷　簡栖。

閒情小品十卷　[華]淑。〔七〕

讀書十六觀一卷　陳繼儒。
演讀書十六觀一卷　屠本畯。
權子雜俎一卷　耿定向。
憨子雜俎一卷　屠本畯。
艾子外語一卷　屠本畯。
無事編二卷　嘉興項真。
燕書一卷　宋濂。
北窗瑣語一卷　鄞余永麟。
聾觀一卷　屠本畯。
齊諧軼篇一卷　黄履康。
廣聞録一卷　黄履康。
知命篇一卷　屠隆。
狀游發一卷　王思任狀，屠本畯發。張可大翻。
笑贊贊一卷
怕婆經一卷
游録一卷　何槐。
初仕録一卷　吴遵。
劉西江霏雪録一卷
見聞紀訓二卷　吴興陳良謨。
黄頷臛一卷　魏濬。
西室核疑二卷　黄履康。
竹素雜攷三卷　黄履康。
書紳外紀一卷　曹蓋卿。
湘山野録三卷　吴僧文瑩。
黄鳥啼春一卷　韓夢雲。
陰德録二卷　袁黄。
闇然録最四卷　潘去華。
平巢事蹟考一卷　茅元儀。
黄徵甫偶然語一卷　（抹）[秣]陵黄應登。
與知篇一卷　黄應遴。

鏡古録三卷　張燮。
文林叢語一卷　沈德琛。
海岳別稿五卷　郭造卿。
訓俗通言一卷　汪道亨。
陳貞鉉雜著一卷　陳正學。
採疊緒言一卷　張燮。
緒諧史二卷　徐興公。
輿識隨筆十二卷　楊德周。
訓學訓政篇四篇　朱東光。
鏡古篇五卷　董鳴瑋。
邇言原始三卷　張燮。
西峰淡話四卷　茅元儀。
野航史話四卷　茅元儀。
言提録二卷　黄元龍。
西樵野記十卷　吳郡侯甸。

香奩四友傳一卷　鏡梳脂粉。(昆)〔毘〕陵陸奎章著。
荒政紀略一卷　楊德周。
孤鶴亭録一卷　徐浦。
車塵雜述一卷　陳國禎。
尊攘正書二卷　謝宮花。駁西學。
皇華筆諏一卷　諸葛羲。
鄭孔肩偶語一卷
篝燈碎語一卷　陳衎。
槎上老舌一卷
山游十六卷　沈延賞。
史覩四卷　鄭奎光。
邊事小紀六卷　周文郁。
邊務要略一卷　蔡鼎。
甌東私録六卷　永嘉項喬。

傳奇類

温太真玉鏡臺
白江（洲）［州］青衫淚
鐵拐李借屍還魂
鐵拐李度金童玉女
陶學士醉寫風光好
蕭淑蘭情寄菩薩蠻
開壇闡教黃（梁）［粱］夢〔八〕
呂洞賓三醉岳樓
包（侍）［待］制智斬魯齋郎〔九〕
包（侍）［待］制智勘後庭花
呂洞賓桃柳昇仙夢
馬丹陽三度任風子
杜蕊娘智賞金線池
錢大尹智寵謝天香
鄭孔目風（雲）［雪］酷寒亭〔一〇〕
大婦小婦還牢（來）［末］
唐明皇秋夜梧桐雨
玉簫女兩世婚姻會
杜牧之詩酒揚州夢
李亞仙花酒曲江池
李雲英風送梧桐葉
謝金蓮詩酒紅梨花
荆楚臣重對玉梳
裴少俊墻頭馬上
禰正平漁陽三弄
兩和尚翠（卿）［鄉］一夢
木蘭替父從軍
黃崇嘏女狀元

楚襄王高唐夢
鴟夷子扁舟五湖
張京兆閨閣畫眉
陳思王洛浦懷舊
倩女離魂
錢大尹智勘緋衣夢
竇娥冤感天動地
呂洞賓三度城南柳
唐帝妃遊春
秦觀蘇軾賞夏
韓熙載陶穀月宴
戴王訪雪
趙(晒)[盼]兒風月救風塵
羅李郎大鬧相國寺
包(侍)[待]制三勘蝴蝶夢

漢鍾離度藍采和
半夜雷轟薦福碑
豫讓吞炭
秦修然竹塢聽琴
李太白匹配金錢記
馬丹陽度劉行首
王昭君孤鴈漢宮秋
西華山陳摶高卧
宋太祖龍虎風雲會
劉阮誤入天台
尉遲恭單鞭奪槊
龍濟寺野猿聽經
江南張鼎勘頭巾
王清菴錯送鴛鴦被
醉思鄉王粲登樓

張孔目智勘魔合羅
勘問呂蒙
琵琶記
西廂記
南北西廂記
香囊記
投筆記
玉簪記
明珠記
雙珠記
祝髮記
雙烈記
紫簫記
鳴鳳記
青衫記

葛衣記
義乳記
風教記
分錢記
灌園記
玉玦記
四節記
雙忠記
金貂記
竊符記
傳臚記
玉鐲記
雙環記
十義記
紅拂記

玉魚記
奪解記
玉香記
太和記
存孤記
乞漿記
紅葉記
題橋記
曇花記
狐白記
曇陽記
目(蓮)[連]記
董解元(吉)[古]西廂記
王百户南西廂記
陳三磨鏡記
陶潛歸田記

李密陳情記
千斛記　王應山。
夢境記
鮫綃記
女豪傑小齣
觀燈記　林初文編。
李丹記
青虬記　林章。
異夢記　陳价夫。
中山狼記
蝴蝶夢記　謝弘儀。
牡丹亭還魂記
鈿盒記　戴應鰲。
二閣記
獅吼記
崔氏春秋補傳　屠田叔。

萬事足記　馮夢龍。
凌霞新劇　三十五種，俱茅維著。
十錯記
樂府珊珊集二卷
續琵琶胡笳記
珍珠衫記二卷
情緣記二卷
二郎神醉射鎖魔鏡
崑崙奴劍俠成仙
蘇子瞻醉寫赤壁賦
紫陽仙二度常椿壽
陳華仙三度十長生
群仙慶壽蟠桃會
呂洞賓花月神仙會
清河縣繼母大賢
梁狀元志不服老
漢王允美女連環
張伯騰煮沙門海
宴清都洞天玄記

校注

〔一〕　書名、著者據原書改正。
〔二〕　《干禄字書》，唐顔元孫撰，顔真卿書。
〔三〕　著者疑爲項穆。
〔四〕　四卷本作「宋俞紫芝」。
〔五〕　《新知録摘抄》一卷，劉仕義著，見《紀録彙編》。其中「登科録」條謂「予金陵産也，而稱廬陵者，不忘本也」。
〔六〕　書名據四卷本補。
〔七〕　著者據四卷本補。
〔八〕〔九〕〔一〇〕　書名據四卷本改正。

徐氏家藏書目卷之五

集部

總集類

古文苑二十一卷
昭明文選白文三十卷
文選六臣註六十卷
文選纂註三十卷　張鳳翼。
唐文粹一百卷　姚鉉。
文苑英華一千卷
文章正宗二十三卷　真德秀。
廣文選六十卷　劉節。
廣廣文選二十四卷　周應治。
名世文宗二十卷
古文崇正十二卷
文章軌範三卷　謝枋得。
古文世編一百卷
荊川文編六十四卷　唐順之。
經濟類編一百卷　馮珂。
學約古文三卷　何景明。
兩漢書疏十八卷
漢詔令八卷
漢詔疏八卷　陳衎。
崇古文訣三十二卷　宋樓昉。
古文雋□卷　趙胤昌刻。
文儷六十卷　陳翼飛。

宋文鑑一百五十卷　宋呂祖謙。
元文類六十卷
古文品外録二十四卷
文章精義二卷　元李塗。
陳騤文則二卷　一關中趙瀛刻，一四明屠本畯刻。
古文短篇二卷　敖英。
成都文類五十卷　扈仲榮。
婺賢文軌四卷
金華正學篇十卷
臺閣人文十三卷
金華文徵二十卷
温陵文獻集□卷
莆陽文獻集□卷
潭陽文獻集□卷

皇明文範六卷
皇明文則□卷
皇明文選十二卷
明文奇賞四十卷　陳仁錫。
古逸書□卷
三蘇文範□卷
三蘇文選□卷
文翰彙選大成一百六十三卷　李伯璵。
歷代名臣奏議三百五十卷
唐文鑑二十二卷　賀泰。
唐文類□卷
八大家文選□卷
皇明文衡□卷
文府滑稽□卷　鄒迪光。
古今議論參□卷　林德謀。

秦漢文選四卷　胡纘宗。
赤城論諫録二卷
小窗艷紀十四卷　吳從先。
古文類鈔□卷
秦漢文四卷　胡纘宗。
古賦辨體十卷
騷略一卷　宋高似孫。〔一〕
續文選纂註　陳仁〔子〕。〔二〕
文苑英華摘粹
適志編一卷　詹軫光。
袖珍息游編二卷　黄從淳。
明文翼統四十卷　楊瞿崍。
文選章句二十八卷　唐李善注，明陳與郊章句。
古文世編一百卷　西吳潘士達選。
明文翼運〔六十〕卷〔三〕

總詩類　漢至六朝

風雅逸篇十卷
漢魏詩集二卷
漢魏詩乘二十卷
漢魏百篇一卷　趙世顯。
古選詩一卷
情采編二十六卷　屠本畯。
周詩遺軌八卷
古詩紀三十六卷　馮惟訥。
古詩所五十六卷　臧懋循。
選詩外篇九卷
六朝聲偶七卷
玉臺新咏十卷　徐陵。
近體始音五卷

選詩補註十三卷　劉履。
選詩補遺續編六卷　劉履。
苑詩類選三十卷　包節。
詩雋類函　俞安期。
風雅廣逸七卷　馮惟訥。
七言古選□卷
五言律祖二卷
漢魏詩十四卷　何景明校正。
詩準三卷
詩苑醍醐四卷
建安七子集二十四卷　陳朝輔刻。
詩選則要一卷
石倉古詩選十二卷　曹學佺。
古今風謡一卷　楊慎。
禪藻集二十八卷　古今僧詩。

古今諺一卷　范欽。

總詩類　唐

雅音會編十二卷　康麟。
國秀集一卷
河岳英靈集三卷
中興間氣集一卷
搜玉小集一卷
極玄集二卷
篋中集一卷
唐三體詩箋註二十卷　周伯弜。
唐音十卷　楊伯謙。
唐詩鼓吹註解八卷
唐詩品彙九十卷　高(棣)[棅]。
唐詩正聲二十二卷

初唐詩選三卷
唐律類鈔二卷
李于鱗唐詩選七卷
詩家全體十四卷　李之用。
古今詩刪三十四卷　李攀龍。
瀛奎律髓四十九卷　宋方回。
詩林廣記十卷
唐科試詩四卷
絶句辨體八卷　楊慎。〔四〕
唐絶爭奇五卷　楊慎。
萬首唐詩絶句一百卷　洪邁。
初唐彙詩七十卷
盛唐彙詩一百二十四卷
詩雋類函□卷　俞安期。
唐僧弘秀集十卷　李龏。

歷代宮詞四卷
石倉唐詩選一百三十卷　曹學佺。
閩南唐雅十二卷　費道用、楊德周刻。
光岳英華十五卷　楊軓選。唐、元、國初，不選宋。

總詩類　宋元

宋藝圃集二十二卷續集三卷
濂洛風雅二卷　金履祥輯。
元音十二卷
元詩體要二十卷　宋公傅。
石倉宋詩選一百七卷　曹學佺。
石倉元詩選五十卷　曹學佺。
元西湖竹枝詞一卷　一馮夢禎，一林有麟。
至正庚辛唱和一卷

皇元風雅八卷
中州集十卷
中州樂府一卷
月泉吟社一卷
谷音二卷 杜本選

總詩類 本朝

皇明風雅四十卷 徐泰。
明詩正聲六十卷 盧純學。
皇明詩抄十卷 楊慎。
皇明近體詩抄一卷 楊慎。
明詩粹選十二卷
明音類選十二卷 黎民表。
明詩七言律選 穆文熙。
明詩古選四卷
明十二家詩選十二卷
明七子詩選七卷
明詩妙絶五卷 陸應(陽)[暘]。〔五〕
皇明律範二十卷
明七言律傳五卷 彭會。
明仕林詩類□卷

總詩類 各省

閩中正聲七卷 鄧元岳。
晉安風雅十二卷 徐熥。
三山詩選八卷 陳元珂。
徽詩類編四十二卷
四明風雅□卷 張時徹。
吴興詩選六卷
檇李英華十六卷

蕭山詩選一卷
四明歷代僧詩一卷　名《湖南別集》。
清風六卷　廖淳。
晉詩雅選十卷
金華詩選□卷　楊德周。
皇明古虞詩集二卷　上虞謝讜輯。自洪武至隆慶。
江田陳氏詩系三十六卷　陳肇曾輯刻。
江西晉唐詩選
赤城詩集六卷　謝鐸選。
鄞詩清派四卷　永嘉何白選。
轅門十咏二卷
武林怡老會詩一卷　抄本，有畫像。
今雨瑶華一卷　鄴岳岱選。
楓杜三卷　紹興府。

睡鸚鵡詩一卷

詞調類

草堂詩餘四卷
名賢詞府十二卷
花間集四卷
詞品六卷　楊慎。
梧院填詞一卷　陳元明。
詞林摘艷十卷
吴騷初集六卷
續草堂詩餘二卷
夏桂州詩餘一卷
金元詞餘十卷
南吕九宫譜十卷
詩餘圖譜四卷　張綖。

詞評一卷　王世貞。
曲藻一卷　王世貞。
南詞韻選
曲譏一卷　天都逸史。
王辰玉歸田詞一卷　王衡。
鹿鶴軒小詞一卷
笑詞一卷　屠本畯。
俞仲茅近體樂府一卷　俞彦。

詩話類

全唐詩話六卷
鍾嶸詩品三卷
唐詩紀事八十卷　計敏夫。
六一詩話一卷　宋歐陽修。
吕東萊詩話一卷

陳後山詩話一卷　宋陳去非。
韻語陽秋二十卷　宋葛立方。
詩法源流三卷　元傅與礪。
杼山詩式五卷　皎然。
楊升菴詩話四卷　補遺三卷
唐本事詩一卷　孟(啟)[棨]。
都元敬詩話二卷　都穆。
李西涯麓堂詩話一卷
瞿宗吉歸田詩話三卷　瞿佑。
風雅叢談六十八卷　王應山。
藝苑遡源一卷　張煒。
胡元瑞詩藪二十卷
容齋詩話六卷　陳基虞。
翰林詩法十卷
王南谷詩話一卷

茅一相集詩法一卷
詩學大成三十卷
詩林廣記四卷
蘭莊詩話一卷　閔文振。
趙仁甫詩談二卷
王敬美藝圃擷餘一卷　王世懋。
王元美藝苑巵言八卷　王世貞。
皇甫百泉解頤新語八卷　皇甫汸。
詩學須知一卷
嚴滄浪詩法一卷　宋嚴羽。
徐昌穀談藝録一卷
陳白沙詩教十五卷
詩學聲容二卷　陳紹功。
珊瑚鈎詩話三卷　宋張表臣。
劉貢父詩話一卷　宋劉攽。

謝曰可維園鉛摘一卷
曹能始蜀中詩話四卷
范梈木天禁語三卷
郭青螺豫章詩話六卷
周履靖騷壇秘語二卷
張懋賢詩源撮要一卷
南溪詩話三卷　睦（挈）〔欅〕《書目》云「程啟元著」。〔六〕
屠田叔茗椀譚一卷
張惟成西園詩塵二卷
葉少洲詩話二卷
續全唐詩話十卷　闞淩雲。
顧元慶夷白齋詩話一卷
朱承爵存餘堂詩話一卷
庚溪詩話二卷　宋陳巖肖。

謝在杭小草詩話四卷
吳環溪詩話三卷　宋吳(杭)[沆]。
詩林正宗四卷
詩言五至五卷　屠本畯輯。
詩話總龜四十八卷　阮(一)[閱]。
吏隱軒詩話二卷　李蔭。
讀陶隨筆一卷　袁崇友。
詩人玉屑□卷
風月堂詩話一卷　宋朱弁。
七人聯句一卷　王古直、王存敬、徐栗天、趙栗夫、陳一夔、楊君謙、侯公繩。
文録一卷　宋唐庚。
深雪偶談一卷　宋方岳。
許彥周詩話一卷　宋許顗。
温(文)[公]詩話一卷　宋司馬光。

竹坡老人詩話一卷　宋周少隱。
菊坡叢話二十六卷　單宇。
石林詩話三卷　宋葉夢得。
藝(活)[話]甲編五卷　茅元儀。
姜容塘詩話二十卷　姜南。
語海珠璣二卷
墨池浪語二卷　胡維霖。
詩外別傳二卷　袁黃。
彈雅集十卷　趙宧光。
懶仙詩評一卷　竹林懶仙。
獨鑒録一卷　轂齋主人。

啟劄類

尺牘清裁十一卷　楊慎。
尺牘清裁益本二十八卷　王世貞。

蘇黄尺牘九卷

孫尚書内簡尺牘　宋孫仲益。

山谷刀筆二十卷

名公尺牘二卷

宋羣公小(東)[柬]四卷

王百谷謀野集十卷乙集十卷

胡元瑞尺牘二卷

馮咸甫尺牘四卷

名家竿牘四卷

名公翰藻二十卷

湯海若赤牘二卷

張東沙交游書翰四卷

詞林片玉四卷

魚腹編四卷

翰苑瓊琚□卷

雙魚集四卷　顏繼祖。

柳如是尺牘一卷

四六類

濡削選章三十卷

四六類編二十四卷

四六標準四十卷　李梅亭。

四六雕龍□卷

李橘山四六二十卷　宋李廷忠。

連繼芳鸞鳩小紀二卷

葉樞駢文玉楮四卷

陳克勤啟函二卷

張舜叙啟稿四卷〔七〕

李朴啟稿四卷

蔡復一啟稿四卷

堯山堂偶雋七卷　晉陵蔣一(蔡)[葵]。
四六爭奇八卷
耿長公四六稿四卷　黄州耿汝愚。
四六宙函□卷
宋人表二卷
詞致録十六卷
四六菁華二卷
四六類鈔二卷
四六鴛鴦譜四卷
秘笈新書十七卷　宋謝枋得。
宋王公四六話二卷　王銍。
四六談麈一卷　宋謝伋。
啟蒙對偶二卷　東安孟瀫。
錦繡聯□卷
鄭孔肩

唐詩聯選□卷

連珠類

陸機演連珠一卷
王子充演連珠一卷
劉基擬連珠一卷
趙世顯演連珠一卷
珠采集一卷　何偉然。

家集類

王氏文獻集□卷
金華宋氏傳芳録八卷
閩中義溪世稿□卷
閩長林世存録□卷
長樂陳氏江田詩系二十卷　陳肇曾編。

吳中文氏家藏集六卷

□□吳氏家集四卷

蕭山丁氏乘選一卷

莆田方氏藏山集二卷

三山鄭氏家集三卷　瑛、珞、亮。

莆田周氏岩藏稿□卷

新安吳氏倡□篇一卷　唐吳少徵、吳鞏。宋吳自牧、吳自中。〔八〕

德清嵇氏世德録四卷

麻沙劉氏忠賢集五卷

張氏孝友堂遺稿三卷

林氏竹田世咏稿二卷

南豐朱氏家集三卷　宋朱京、朱彥、朱褒，明朱紘。

薛氏世風删□卷

葛氏家藏詩抄十六卷　上虞人。貞、浩、啟、銘、錬、木、昂、梅。

餘杭盛氏家乘七卷　盛應期編。

凰山鄭氏家集三卷　孔道、人達、瀧、大亨。

校注

〔一〕四卷本書名誤作「《騷路》一卷」，未録著者。

〔二〕四卷本作「《續文選集注》，陳仁子」。

〔三〕卷數據四卷本補。

〔四〕四卷本書名誤作「絶句變體」。

〔五〕四卷本著者誤作「陸應揚」。

〔六〕此書有正德五年程啟充刊本。朱睦㮮《萬卷堂書目》（觀古堂彙刻書）作「《南溪詩話》三卷，程啟元」，「元」字訛誤。

〔七〕張舜叙，四卷本作「張舜叔」。按萬曆三十九年，從化人張舜叙任侯官教諭，應即此書著者。

〔八〕四卷本書名作「新安吳氏倡于篇」。

徐氏家藏書目卷之六

[集部]

別集類

宋玉集三卷
賈誼集三卷
司馬相如集二卷
董仲舒集二卷
東方朔集二卷
王褒集二卷
揚雄集五卷
馮衍集二卷
班固集四卷
張衡集五卷
蔡邕集十二卷
孔融集二卷
諸葛亮集二卷

右漢

魏武帝集五卷
魏文帝集十卷
曹植集十卷
王粲集三卷
陳琳集二卷
阮籍集五卷
嵇康集六卷

右魏

傅玄集六卷
孫楚集二卷
夏侯湛集二卷
潘岳集六卷
傅咸集四卷
潘尼集二卷
陸機集八卷
陸雲集八卷
郭璞集六卷
孫綽集二卷
陶潛集五卷

右（宋）［晉］

謝靈運集八卷
顏延之集五卷
鮑照集六卷
謝惠連集二卷
謝莊集四卷
謝朓集六卷
王融集四卷

右宋齊

梁武帝集十二卷
梁昭明太子集五卷
梁簡文帝集十五卷
梁元帝集十卷
江淹集十卷
沈約集十六卷
陶弘景集四卷
任昉集六卷

王僧孺集四卷
陸倕集二卷
劉孝標集二卷
王筠集二卷
劉孝綽集二卷
劉潛集二卷
劉孝威集二卷
庾肩吾集四卷
何遜集二卷
吴均集四卷

右梁

陳後主集三卷
徐陵集十卷
沈炯集三卷

江總集五卷
張正見集二卷

右陳

高允集二卷
温子升集二卷

右北魏

邢卲集二卷
魏收集三卷

右北齊

庾信集十六卷
王褒集三卷

右北周

隋煬帝集八卷

盧思道集三卷

李德林集二卷

牛弘集三卷

薛道衡集二卷

右隋

楚辭王逸章句十七卷

楚辭白文二卷

楚辭朱子集註八卷後語八卷

古篆楚辭五卷

楚騷協韻一卷

離騷草木疏四卷　宋吳仁傑。

騷略一卷　宋高(嗣)[似]孫。[一]

陶潛集何孟春註十卷

翻宋板陶集八卷

應瑒集一卷

阮瑀集一卷

陰鏗詩一卷

文集類　唐

唐太宗詩一卷

唐玄宗詩一卷

王勃詩二卷文集□卷　漳新刻。

楊炯詩二卷楊盈川集十三卷　漳新刻。

盧照鄰詩二卷文集□卷

駱賓王集十卷　黄用中注。

駱賓王註釋文集　陸弘祚。

陳子昂集十卷

杜審言詩一卷

沈佺期詩三卷

宋之問詩二卷文集□卷　漳刻。

魏徵諫録六卷

張説燕公詩二卷

張九齡曲江集六卷

李嶠詩一卷

王維右丞集六卷　顧可久註。

王維文集類箋　百家註。

李白詩文集三十卷　百家註。

杜甫詩文集二十卷　百家註。

杜律五言趙註四卷　趙汸。

杜律七言虞註二卷　虞集。

杜律衍義二卷　張伯成。

杜詩通十六卷

讀杜愚得□卷又杜律單註　俱單復。

杜律箋言二卷　謝杰。

杜律批點一卷　郭正域。

孟浩然詩四卷新刻襄陽集三卷　五唐人。〔二〕

高適詩十卷

岑參詩八卷

韓文公集五十卷

柳宗元文集四十五卷

元稹長慶集六十卷

白居易長慶集七十一卷

韋應物集詩十卷

孟郊詩十卷

皮日休文藪十卷

陸龜蒙甫里集二十卷

皮陸松陵唱和集十卷

歐陽詹四門集十卷
黃滔御史集十五卷
陸宣公奏議二十四卷
李翺文公集十八卷
元結文集十卷
沈亞之文集十二卷
孫樵文集十卷
劉蛻文集六卷
王績文集二卷　漳刻。
許渾詩六卷　毛（音）〔晉〕刻。
韋莊浣花集十卷
李群玉文山集二卷　毛（音）〔晉〕刻。
方干玄英集十卷
曹唐詩二卷
許渾詩六卷

温（廷）〔庭〕筠詩七卷
李賀詩五卷李長吉詩選四卷　吳秉志。
李賀詩註五卷
羅隱詩十卷
李頻梨岳集二卷
儲光羲詩五卷
獨孤及詩三卷
劉長卿詩十二卷
錢起詩十卷
盧綸詩十卷
崔峒詩一卷
孫逖詩一卷
劉禹錫詩六卷
張籍詩八卷
王建詩八卷

賈島詩十卷
李商隱詩六卷
虞世南詩一卷
許敬宗詩一卷
喬知之詩三卷
祖詠詩一卷
常建詩三卷
崔顥詩三卷
嚴武詩一卷
蘇頲詩一卷
王昌齡詩三卷
李(傾)[頎]詩三卷
皇甫冉詩二卷
皇甫曾詩一卷
韓翃詩一卷

司空曙詩一卷
郎士元詩一卷
權德輿詩二卷
戴叔倫詩二卷
包何詩一卷
包佶詩一卷
李端詩三卷
顔真卿集
秦系詩一(集)[卷]
耿湋詩一卷
李益詩二卷
顧況詩二卷
武元衡詩二卷
盧仝詩三卷
張(佑)[祐]詩五卷

劉滄詩一卷
章孝標一卷
于濆一卷
馬戴一卷
李建勳三卷
呂温一卷
朱慶餘一卷
嚴維一卷
司馬札一卷
曹鄴二卷
羊士諤一卷
戎昱一卷
于鵠一卷
唐求一卷
項斯一卷
喻鳧一卷
姚鵠一卷
劉威一卷
曹松一卷
羅鄴一卷
李洞三卷
章碣一卷
劉駕一卷
張喬四卷
張蠙一卷
伍喬一卷
于鄴一卷
李遠一卷
崔塗詩一卷
于武陵詩一卷

蘇拯詩一卷
周曇咏史三卷
周賀詩一卷
鄭巢詩一卷
秦韜玉詩一卷
陳詡詩一卷
林寬詩一卷
陳去疾詩一卷
儲嗣宗詩一卷
陳通方詩一卷
劉叉詩三卷
林滋詩一卷
劉兼詩一卷
林藻詩一卷
李昌符詩一卷

歐陽玭詩一卷
李山甫詩一卷
歐陽袞詩一卷
牟融詩一卷
徐(寅)[夤]詩四卷
李咸用詩一卷
江爲詩一卷
邵謁詩一卷
翁承贊詩一卷
孟貫詩一卷
陶陳詩一卷
許琳詩一卷
韓偓詩一卷
王周詩一卷
殷文珪詩一卷

羅虬詩一卷
無名氏詩一卷
僧靈一詩一卷
僧齊己詩一卷
僧無可詩一卷
僧清塞詩一卷
僧皎然杼山集四卷
僧尚顔詩一卷
僧貫休詩一卷
道士吴筠宗元集
女冠魚玄機詩一卷
薛濤詩一卷
趙嘏詩一卷
李中碧雲集七卷
吴融詩一卷

許棠詩一卷
鄭谷雲臺篇一卷
姚合詩一卷
薛能詩一卷
劉方平詩一卷
陳陶詩二卷
聶夷中詩一卷
鮑溶詩一卷
韓琮詩一卷
薛逢詩一卷
白香山諷諫詩一卷
劉禹錫連載一卷
樊宗師絳守居園池記一卷　元吴師道注。
賀知章秘監集一卷
李頻梨岳集三卷　建州新刻。解學尹、徐㶿序。

李紳追昔遊三卷　唐五人。
孟郊東野集十卷　唐五人。
温庭筠金荃集八卷　唐五人。
韓偓香奩集一卷　唐五人。
李百藥詩一卷
楊師道詩一卷
董思恭詩一卷
劉庭芝詩一卷
盧僎詩一卷
李嘉祐詩一卷
蕭穎士集□卷
李邕文集□卷

文集類　北宋

徐鉉騎省集三十卷
趙抃清獻集十五卷
韓琦安陽集五十卷
文彦博集四十卷
林逋和靖集四卷
余靖武漢集二十卷
李覯盱江集四十卷
蔡襄忠惠集三十六卷
曾鞏元豐類稿五十卷
歐陽修文忠集一百五十卷
梅堯臣宛陵集六十卷
王安石臨川集一百卷
司馬光温公集一百卷
邵雍擊壤集二十卷
文同丹淵集四十卷
蘇洵嘉祐集十五卷

蘇軾東坡集一百九卷
蘇轍（灤）［欒］城集一百卷
程顥明道集五卷
程頤伊川集九卷
羅（徒）［從］彦豫章集十七卷
楊時龜山集二十八卷
游酢豸山集二卷
尹焞和靖集二卷
鄭俠西塘集二十卷
秦觀淮海集四十卷
黄（廷）［庭］堅山谷集六十七卷
黄庶伐檀集二卷
陳師道後山集十四卷
賀方回慶湖遺老集
張耒文潛集略十二卷

陳瓘了齋言行録八卷
鄒浩道鄉集四十卷
晁説之景迂集二卷
晁（仲）［沖］之具茨集一卷
陳與義簡齋集十五卷
晁文元道院集要三卷[三]
范浚香溪集二十二卷
鄧肅栟櫚集二十五卷
范仲淹文正公集三十二卷
王珪宫詞一卷
包拯孝肅奏議十卷
葉適水心集三十卷
周敦頤濂溪集六卷
黄希旦支離子集二卷
徐鹿卿清正公集

徐經孫文惠公集
徐積節孝集
唐子西集□卷
范忠宣奏議三卷
許棐梅屋獻醜集一卷
宋伯仁雪巖詩集二卷
僧契嵩鐔津文集二十二卷
僧覺範石門文字禪三十卷

文集類　南宋

張九成橫浦集二十卷
歐陽徹飄然集六卷
汪藻浮溪文粹十五卷
沈與求龜溪集十二卷
葛長庚海瓊集
朱松韋齋集十二卷
朱文公大全集一百卷
朱槔玉蘭集一卷
黃榦勉齋集二十卷
宗澤忠簡集四卷
岳飛忠武集二卷
劉子翬屏山集二十卷
高登東溪集二卷
范成大石湖集三十四卷
陸游渭南集三十卷劍南集六卷
陸九淵象山集二十八卷
真德秀西山集五十六卷
林光朝艾軒集二十卷
王十朋梅溪集五十卷
陳傅良止齋集五十二卷

陳亮龍川集四十卷
劉宰漫塘集
羅願鄂州集五卷
崔與之清獻集十卷
楊萬里誠齋文膾二十四卷
嚴羽滄浪吟二卷
陳潛室水鍾集十一卷
王鎡月洞詩一卷
劉鑰雲莊集十二卷
吕聲之遺音二卷
吴儆文肅集二十卷
辛棄疾稼軒詞十二卷
黄公度知稼集二卷
真山民詩四卷
裘萬頃詩六卷
曾(鐖)[幾]茶山詩二卷
徐靈暉詩一卷
翁靈舒詩一卷
趙靈秀詩一卷
徐靈淵詩一卷
魏了翁鶴山集一百十卷
文天祥文山集三十二卷
謝翱晞髮集六卷
熊禾勿軒集四卷
方逢辰蛟峯集八卷
林景熙霽山集十卷
王(廷)[庭]珪盧溪集
杜範清獻集十九卷
陳普石堂集二十二卷
陳淳北溪集二卷

李昴英文溪集二十卷
趙萬年裨幄集一卷
戴復古石屏集四卷
朱熹張栻林擇之南岳倡和一卷
謝枋得叠山集十六卷
李綱忠定奏議一百二十卷
楊簡慈湖遺書
姬志真雲山集二卷
劉處玄仙樂集一卷
無名氏漸悟集一卷
無名氏草堂集一卷
郝大(過)[通]太古集一卷
方大琮鐵菴集

文集類　金元

元好問遺山集四十卷
趙孟頫松雪集四卷
薩天錫詩集二卷
楊維禎鐵厓樂府文集十卷
虞集道園學古録五十卷
丁鶴年詩集一卷
黄鎮成秋聲集十卷
余闕忠宣集六卷
盧琦圭峰集四卷
韓信同遺書二卷
王柏魯齋集十卷
吴澄草廬集三十卷
黄淵四如集六卷

陳高不繫舟漁集十二卷
陳剛中詩集四卷
朱澤民存復齋集十卷
劉仲修詩文集七卷　名永之。
劉靜修集三十卷　名因。
傅(汝)[與]礪詩集八卷
袁桷清容集二卷
洪希文續軒渠集十卷
歐陽玄圭齋集二卷
周權此山集四卷
嚴士貞桃溪百咏一卷
張雨句曲外史集二卷
貢奎雲林集六卷
陳旅安雅集十一卷
黃清老樵水集一卷

任士林松鄉集十卷
吳萊淵穎集十三卷
陳樵鹿皮子詩四卷
馬祖常石田集十六卷
何太虛知非集六卷
岑安卿栲栳史集一卷
戴良九靈山人集三十卷
張思廉玉笥集十卷
宋(元)[无]啽囈集一卷
劉躍淵泉集三卷
郭子章望雲集二卷
丁復檜亭集十卷
許有(任)[壬]圭塘集四卷
劉壎劉麟瑞忠義録七卷
王翰友石山人詩一卷

倪瓚雲林集七卷

袁凱海叟集三卷

成原常居竹軒集四卷

揭曼碩文安集六卷文粹一卷

許謙白雲集四卷

吴景奎藥房樵唱三卷

石屋和尚詩二卷

黄縉文獻公集十卷

中峰和尚梅花百咏一卷

李孝光五峰集

王惲秋澗集九十二卷

蔣易鶴田集

李俊民莊靖集十卷　山西沁水人，金承安中狀元，官翰林。正德中鄉人李瀚序而刻之。

邵復孺蛾術詞選四卷詩選八卷野處集四卷

雲間人。生於元。

戴表元剡原文集□卷詩集六卷

楊鐵崖咏史拾遺一卷

元好問遺山詩集二十卷

馬臻霞外詩集十卷

倪瓚雲林詩集六卷

薩天錫詩集三卷

顧瑛玉山草堂集二卷

張雨句曲外史集四卷

乃賢金臺集二卷

宋(元)[无]翠寒集一卷啽囈集一卷

陶九成南村詩集四卷

楊鐵厓樂府十卷麗則遺音六卷

杜本谷音集一卷

王義山稼村集三十卷

校注

〔一〕四卷本書名誤作「騷路一卷」，未録著者。

〔二〕「五唐人」，指汲古閣刊五唐人集。餘四種爲李紳《追昔遊》、孟郊《東野集》、温庭筠《金荃集》、韓偓《香奩集》，俱見下。

〔三〕晁迥，字明遠，謚文元。

徐氏家藏書目卷之七

［集部］

別集類

南京

蘇州府

高啟大全集二十卷鳧藻集五卷扣舷集一卷缶鳴集十二卷

字季迪，號槎軒。長洲人。洪武初，召修《元史》，授翰林院編修。史成，拜户部侍郎。卒年三十九。

徐賁北郭集六卷

字幼文。長洲人。洪武初，累官廣東左布政使。

楊基眉菴集十二卷

字孟載。本蜀嘉州人。父仕江左，遂家吳中。國初以薦累官山西按察使。平日之詩甚富，盛年稿已散失。今流傳人間十無二三。天順間，郡人鄭教授刊行。萬曆中，浙江參政陳邦瞻合高、楊、張、徐爲國初四大家。太學生汪汝淳重梓之。

王行半軒集十三卷

字止仲。吳縣人。號半軒。初父賣藥，行髫年能記千品。弱冠工古文辭。洪武初，郡庠延爲經師。晚更號楮園。有《楮園集》十五卷、《半軒集》六卷、《學言稿》十卷、《四六劄子》二卷、《宋系統圖》二卷。洪武二十八年卒于金陵，年六十有四。同社杜瓊爲之傳。成化癸卯，同郡張習得抄本，彙而録之，總名曰《半軒集》十二卷，《補遺》一卷。

劉鉉文恭集六卷

字宗器。長洲人。永樂間，徵入翰林，領京闈鄉試，授中書舍人。宣德、正統間，預修三朝實録。天順改元，擢少詹事，卒于官。成化初，追贈禮部侍郎，謚文恭。所著有《假菴集》六十卷。嘉靖己酉，玄孫畿梓之，僅得六卷。文徵明爲之序。

陳鎰僖敏集六卷

字有戒，號介菴。吳縣人。舉永樂壬辰馬鐸榜進士。累官太子太保、都察院左都御史。景泰七年卒，年六十有八。（有八）［從］子僎，四川僉事。

周倫貞翁淨稿十二卷

字伯明，號貞菴。崑山人。弘治己未進士。累官南京刑部尚書致仕。卒年八十，贈太子少保，謚康僖。文徵明爲之傳。嘉靖戊午，男鳳起梓之。

張泰滄洲集八卷

字亨父。太倉人。天順甲申進士。官翰林簡討。〔一〕

王鏊文恪集三十六卷

字濟之，號守溪。吳縣人。成化甲午，鄉薦第一，乙未會試第一，廷試第三。累官户部尚書，兼文淵閣大學士。卒謚文恪。

王禹聲白社詩草一卷

字遵考，原名倬，號聞溪。〔二〕鏊之曾孫。萬曆己丑進士。承天知府。

楊循吉南峰集四卷

字君謙。吳縣人。成化二十年進士。官禮部侍郎。

文洪括囊集二卷

字功大。長洲人。成化乙酉舉(試)[人]。官涞水教諭。

文林温州集一卷全集十二卷

字宗儒。洪之子，稱交木先生。成化八年進士。官温州刺史。

文森中丞集一卷

字宗嚴，號白湖。洪之仲子。成化二十三年進士。官終右僉都御史。

文徵明甫田集三十五卷

字徵仲，號衡山。林之子。正德中以薦辟，官翰林待詔，兼修國史。卒年九十。

文彭博士集二卷

字壽承。徵明之子。號三橋。嘉靖中以貢官國子博士。卒年七十有六。

文嘉和州集一卷

字休承。徵明之子。號文水。嘉靖中以貢授和州學正。卒年八十有三。

文肇祉録事集□卷

字基聖。彭之子。萬曆中官上林録事。

文元發蘭雪齋集二卷

字子悱。彭之子。官衛輝府同知。

文從龍碧梧齋集一卷

字夢珠。肇祉之子。萬曆乙酉鄉舉。

文震亨岱宗遊草一卷岱宗拾遺一卷又新集十卷

字啟美。彭之孫，元發之子。

周用恭肅集十六卷

字行之，號白川。吳江人。弘治壬戌進士。太子太保、吏部尚書。謚恭肅。

桑悦思玄集十六卷

字民懌。吳縣人。成化中鄉舉。官長沙通判，調柳州。

方鵬矯亭集十八卷

字時舉，號矯亭。崑山人。正德三年進士。官太常寺卿。卒年七十。

徐禎卿迪功集六卷

字昌穀。吳縣人。弘治十八年進士。官國子博士。又著《談藝録》一卷，《新倩集》一卷，別見。

沈周石田集三卷

字啟南，號石田。長洲人。弘治中布衣。

祝允明枝山集略三十卷

字希哲。弘治中鄉舉。官應天府通判。

蔡羽林屋集二十卷南館集十三卷

字九達。長洲人。弘治中歲貢士。官南京翰林孔目。卒年七十餘。無子。文徵明之師也。羽居洞庭山中，善行草書。

唐寅伯虎集四卷

字子畏，一字伯虎，號六如。長洲人。弘治中南京解元。善畫。

王寵雅宜集十卷

字履吉。吳縣人。正德中歲貢士。卒年四十。

黄省曾五岳集三十八卷

字勉之。吳縣人。弘治中鄉舉。高隱不仕。

黄姬水淳父集二十四卷

字淳父。省曾之子。嘉靖中布衣。

黄雲丹崖集十卷

字應龍。崑山人。正德中，高安教諭。門人

朱寔昌按吳爲梓其集。

袁袞胥臺集二十卷

字永之。吳縣人。嘉靖丙戌進士。廣西提學僉事。卒年三十有六。

袁尊尼魯望集十二卷

字魯望，號吳門。袞之子。嘉靖乙丑進士。山東提學副使。［卒］年五十二。

皇甫涍少玄集二十四卷

字子安，號少玄。汸之弟。吳縣人。嘉靖壬辰進士。官浙江僉事。

皇甫汸司勳集六十卷三州詩一卷

字子循，號百泉。嘉靖己丑進士。官雲南僉事。卒年八十。昆弟四人，皆以科甲文學著名。

瞿景淳文懿集十六卷内制集一卷科制集四卷

字師道，號昆湖。常熟人。嘉靖甲辰會元及第。累官禮部侍郎。謚文懿。《文集》門人王錫爵序之，《内制集》同郡王世貞序之。

王世貞弇州四部稿一百七十四卷續稿二百十八卷

字元美，號鳳洲。太倉人。嘉靖丁未進士。官刑部尚書。

王世懋奉常集五十四卷

字敬美，號麟洲。嘉靖己未進士。世貞之弟。官南京太常少卿。卒年五十三。

徐學謨歸有園集二十二卷海隅集三十卷

字叔明，號太室。吳縣人。嘉靖庚戌進士。官少保、禮部尚書。

馬一龍游藝集十九卷

字負圖，號孟河。吳縣人。嘉靖丁未進士。

國子監司業。

嚴訥文靖集十二卷

字敏卿，號養齋。常熟人。嘉靖辛丑進士。累官太子太保、武英殿大學士。卒年七十四，贈少保，謚文靖。

劉鳳全集五十二卷澹思集十六卷

字子威，號羅陽。長洲人。嘉靖甲辰進士。累官河南僉事。

張鳳翼處實堂集八卷續集八卷

字伯起，號靈虛。長洲人。嘉靖中鄉舉。高隱不仕，閉門著述。

張獻翼文起堂集十卷新集一卷五言詩一卷

字幼□，號□□。嘉靖中太學生。

王穉登燕市青雀采真雨航客越晉陵竹箭明月金昌延令荆溪梅花共十二集計二十四卷謀野集十卷乙集八卷

字百穀，號玉遮。吳縣人。卒年七十九。

顧大典清音閣集十卷

字道行，號衡宇。吳江人。隆慶戊辰進士。官福建提學副使。卒年五十六。

周時復天谷集七卷

字懋修。長洲人。

沈郊憶閒集一卷

字用遠。吳縣人。嘉靖中山人。

沈野詩集六卷

字從先。郊之姪。萬曆中山人。

徐漢穉虛游草一卷

字二孺。吳縣人。

申時行文定集三十卷

字汝默，號瑶泉。吳縣人。嘉靖壬戌狀元。

官太師、中極殿大學士。謚文定。

趙樞生含玄集四卷別集十六卷

字彦材。嘉靖中布衣。

趙頤光寒山集

字凡夫。樞生之子。

彭城清音集一卷江天合喙一卷杞夏稿一卷舊雨一卷

字興祖。吴縣人。

陸文組鴻里北山江上共六卷

字纂父，一字子絲。吴縣人。

曹子念快然閣集十卷

字以新。吴縣人。萬曆中布衣。

王在晉越鐫二十一卷

字明初，號岵雲。黎陽人。萬曆壬辰進士。官都御史、兵部尚書。

翁應祥杭川集二卷

字兆吉。常熟人。萬曆中鄉舉。官光澤令、朔州知州。

孫七政松韻堂集十二卷

字齊之。常熟人。萬曆中布衣。

葛一龍鍾陵社草一卷

字震甫。吴縣人。天啟中，官福建理問。

林雲鳳梅花詩一卷紅樹吟一卷

字若撫。吴縣人。

胡梅玄岳草一卷閩游草三卷

字白叔。吴縣人。

蔣鐄浮湘集六卷

字公鳴。長洲人。萬曆中鄉舉。官福州府同知。

陸嘉觀信州稿一卷酒民集一卷

字彥先。長洲人。萬曆中布衣。

徐應雷社中稿一卷

字聲遠。吳縣人。萬曆中布衣。

王在公初稿一卷

字孟肅。崑山人。萬曆中布衣。

陸夢鯉緑玉齋集一卷

字化卿，號仲子。吳縣人。

吳運嘉西游雜記二卷東還雜記二卷浙閩雜記一卷游泉雜記二卷卧遊草一卷

字叔嘉。長洲人。萬曆中布衣。

陳登明俟秋吟一卷息機草一卷閩游草一卷密邇居草一卷

字仲升。崇明人。天啟中貢士。廣文。

申紹芳詩一卷

字惟烈，號清門。吳縣人。文定之孫。萬曆丙辰進士。

葛承夏童烏小言一卷

字京伯。吳郡人。

盧江閩游草一卷

字一清。吳縣人。

張寰川上稿二卷

字允清，號石川。崑山人。正德辛巳進士。累官通政司參議。

莫叔明水次篇二卷

字公遠。長洲人。萬曆中布衣。

陳善詩一卷

字元者，號阿樗。吳縣人，流寓南昌。

虞臣竹西迴文一卷

字□□。崑山人。

魏校莊渠遺書十六卷雜著十卷

字子才。崑山人。弘治乙丑進士。太常卿。謚文簡。胡松序，崑山知縣張煒刻。

湯珍小隱堂詩草八卷

字子重，號雙梧。吳縣人。嘉靖中歲貢。崇德縣丞。孫給事中聘尹刻。

吳寬匏翁家藏集三十卷

字原博，號匏菴。成化壬辰會試、廷試俱第一。官至禮部尚書。謚文定。此集只詩，文尚缺。

王衡緱山集二十七卷

字辰玉。太倉人。萬曆辛丑會元、榜眼。文肅錫爵之子。官翰林院編修。卒年五十二。馮時可、陳繼儒序。

徐應雷白毫集二十二卷

字聲遠。吳縣人。萬曆中布衣。没後，蘇州[同知]關中龐源未識面，臨其喪，捐俸梓其集。丁元薦序。[三]

文寵光晴雪齋稿一卷

字仲吉。吳縣人。彭之孫。

徐栻南臺奏疏四卷

字世寅，號鳳竹。常熟人。進士。

沈顥雜刻八卷

字朗倩，號朗癯。吳縣人。布衣。

章煥陽華漫稿十四卷

字茂寔。吳縣人。嘉靖戊戌進士。歷官副都御史，以謫戍廣東，自號羅浮山人。卒年五十八。

方鳳改亭奏草一卷

字時鳴，號改亭。崑山人。鵬之弟。正德戊辰進士。監察御史、提學僉事。

皇甫汸司勳集六十卷

字子循，號百泉。吳縣人。嘉靖己丑進士。

歷官吏部稽勳司郎中。萬曆乙亥年刻，太僕卿顧存仁、范惟一，僉事劉鳳序。重出。〔四〕

周光祚西湖遊一卷寓園詩一卷惜玉篇一卷集陶一卷

字承明。長洲人。

張溥七録齋集六卷

字天如。太倉人。辛未進士。翰林院。

施洪先秋鳴一卷

字湘文。吳縣人。戊寅年卒。

顧聖之詩集五卷

字聖少，一字季狂。吳縣人。嘉、隆間布衣。

吳訥思菴集十一卷

字敏德。常熟人。永樂中以賢良薦，官至左副都御史。其孫御史淳編刻。

徐(晉)[縉]文敏公集六卷

字子容。吳縣人。弘治乙丑進士。吏部左侍郎。

張元凱伐檀齋集十二卷

字左虞。蘇州衛指揮使。王世貞序。

劉鳳魏學禮比玉集七卷

鳳，字子威。嘉靖甲辰進士。河南僉事。學禮，字季朗。嘉靖□□進士。〔五〕

袁景休拾稿一卷

字逸孟。吳縣人。布衣，賣卜。林雲鳳序。

徐縡在笥集十卷

字紹卿。吳郡洞庭山人。文敏縉之弟。弘、正中隱士。

王同祖太史集六卷

字繩武。吳縣人。正德辛巳進士。國子監司業。〔六〕

王叔承吴越游七卷
字承父，號昆侖。吳縣人。嘉靖中布衣。

陸粲貞山集八卷
字子餘，一字浚明。嘉靖丙戌進士。官給事中。

王留匏葉詩二卷燕載二卷
字亦房。穉登之子。

顧孟林衡門集一卷
字山甫。吳郡人。萬曆中山人，自稱兀然先生。（著）

馮夢龍詩集六卷
字猶龍。吳郡人。崇禎初鄉貢，壽寧知縣。

徐波新舊詩二卷
字元歎。吳郡人。

吴仕頤山私集十卷〔七〕
字克學。崑山人。正德甲戌進士。福建提學副使。

黄承聖碧雲集一卷
字奉倩。吳郡人。

胡汝淳柏齋集一卷
字遠志。吳縣人。萬曆癸丑進士。工部主事。

劉廣武夷游集一卷
字元博。吳縣人。

毛文蔚真逸集十六卷
字豹孫。吳郡人。

錢允治少室先生稿
字功甫。長洲人。萬曆中布衣。

汪邦柱南池新咏一卷
字孺石。吳縣人。

施武楚游草二卷

字魯孫，號青山。長洲人。

黃翼聖客燕草一卷

字子羽。吳郡人。

劉錫名授石軒詩一卷

字虛受。吳郡人。

薛益詩集二卷

字虞卿。長洲人。崇禎中蜀中訓導。

楊翥晞顔先生集一卷

字仲舉。吳縣人。洪武中薦入翰林，官禮部尚書。

孫西川詩一卷

名字集中俱不載。乃吳人，與沈周同時。

陸釴春雨堂稿三十卷

字鼎儀，號靜逸。崑山人。天順癸未會元、榜眼。右春坊諭德。卒年五十。原祖育于吳，冒吳姓，《登科考》尚作吳釴。

何温然似鷗草二卷

字栗叔。崑山人。

應天府

莊昺定山集十卷

字孔暘。江浦人。成化丙戌進士。官南京吏部郎中。

謝承舉詩集十四卷

字子象。上元人。成化中布衣。

謝少南粵臺稿二卷

字應午，號與槐。承舉之子。嘉靖壬辰進士。官河南參議。閩中門人王應鍾梓之。

顧璘憑几集五卷息園存稿十卷山中稿一卷

浮湘稿二卷名山百咏一卷

字華玉，號東橋。江寧人。弘治丙辰進士。官終南京刑部尚書。

徐霖名山百咏一卷

字子仁，號髯仙。金陵人。正德中布衣，善書畫。武宗三幸其家。長於小詞，別號九峰。

李瑛名山百咏一卷

字廷玉，號璞菴。句容人。弘治中隱君，結社茅山，與揮使王守仁倡和。守仁，字孟德。

許穀武林稿一卷二臺稿一卷省中稿四卷歸田稿十卷

字仲貽，號石城。□□人，祖移居金陵，爲上元人。嘉靖乙未會元。累官太常卿。

余孟麟學士集三十卷

字伯祥，號幼峰。上元人。萬曆甲戌榜眼。累官翰林學士、國子監祭酒。

焦竑澹園集四十九卷續集二十七卷

字弱侯，號漪園。上元人。萬曆己丑狀元。官翰林修撰。

何棟如攝園稿一卷南音一卷

字子極，號玉峴。上元人。萬曆戊戌進士。官襄陽推官，忤稅璫，罷歸。

朱之蕃使朝鮮稿一卷紀勝詩一卷詩餘二卷

字元介，號蘭隅。上元人。萬曆乙未狀元。官吏部右侍郎。

王元貞卧癡閣稿一卷

字孟起。金陵人。

胡宗仁知載齋詩草二卷韻詩一卷

字彭舉。上元人。萬曆中布衣。顧起元

序之。

顧起元落花詠一卷

字鄰初。江寧人。萬曆戊戌進士。

徐文若山居詩一卷

字昭質。江浦人。

蔣主孝樵林摘稿一卷

字□□，號樵林。句容人。天順中布衣。父用文，官太醫判，謚恭靖。子誼，成化丙戌進士。主孝所著有《務本集》若干卷，不傳。

陳弘世咏物詩一卷

字延之。上元人。

黃復儒振秀閣集一卷

字叔遜。上元人。萬曆太學生。

顧存仁使蜀稿一卷居庸集一卷

字伯剛，號東白。太倉人。嘉靖壬辰進士。户科給事中，以諫廷杖，謫戍居庸三十年。

佘大成四夢稿四卷

字集生，號□□。上元人。萬曆丁未進士。官僉都御史。

姚汝循錦石齋稿二十卷

字叙卿。上元人。嘉靖丙辰進士。官大名知府。

朱潤祖寓軒集十卷　只有律絕，無上卷。

字□□。溧水人。洪武初，官淳安教諭。

徽州府

程敏政篁墩文粹二十五卷

字克勤。休寧人。天順中以神童舉，詔讀書翰林院。成化丙戌探花。累官禮部右侍郎。公全集一百四十卷。此乃族子曾摘抄，而婺源戴銑銓次，門人大庾張天衢刻之者也。

謝復西山類稿六卷

字一陽。祁門人。别號無慮子、廢翁。正統中大儒。卒年五十六。

王寅十徽集四卷

字仲房。歙縣人。嘉靖中諸生。胡少保宗憲序而行其集。

汪道昆太函集一百二十卷

字伯玉，初字玉卿，號南溟。歙縣人。嘉靖丁未進士。累官兵部侍郎。全集未行時，先有副墨七卷，傳于世。

王野吹劍稿二卷

字太古。歙縣人。萬曆中布衣。吳國倫、李維禎、鄒迪光爲序。

王世爵青山社草二卷

字仲修。歙縣人。萬曆中布衣。

閔齡一漚集六卷華陽篇二卷同亭詩蜕一卷

我寓集一卷蓬藁集二卷

字壽卿。歙縣人。萬曆中山人，寓居金山寺。

畢良晉詩選一卷

字康侯。新都人。桐城阮自華序。

畢懋康管涔集二卷

字孟侯，號東郊。歙縣人。萬曆戊戌進士。官僉都御史。

程鵬起武夷游草一卷兩都賦一卷

字相如。新都人。參戎。

程應衢玄鑒室初稿二卷

字康伯。歙縣人。萬曆中官中書舍人。

潘之恪詩集一卷

字穉恭。新安人。太學生。

潘之恒詩一卷蒹葭館續草一卷

字庚生。之恪之弟。

唐承恩游草二卷

字奉孝。新都人。

曹臣山居詩一卷

字蓋之。新都人。

吴兆金陵遊閩豫章姑蘇東歸廣陵諸稿共八卷

字非熊。新安人。李維禎爲之序。

吴汝紀遊燕草一卷西山草一卷

字肅卿。歙縣人。福建布政司理問。

吴拭武夷游稿二卷

字去塵。歙縣人。

金鵠白嶽草一卷

字季黄。休寧人。

汪元范詩草二十四卷

字明生。貫新安人，流寓臨清州。萬曆中山人。天啟初，從南中丞開府閩中，爲梓其集。

范文熙詩八卷

字穆其。新安人。

程之英詩一卷

字彦之。新安人。

丁世明雪咏一卷

字元亮。歙縣人。

殷光立虚舟草一卷

號晚節。新安人。萬曆中官生，謫布政司經歷。

吴子玉瑞穀集十六卷

字瑞穀。歙縣人。萬曆中太學生。郭正域、劉鳳爲之序。

潘緯象安詩集四卷

字象安。歙縣人。嘉、隆中布衣，太學生。許國序。

潘潢樸溪奏議十卷

字□□。歙縣人。嘉靖□□進士。官福建提學副使，歷户部尚書。〔八〕

戴嘉謨寓粵藁二卷

字□□，號白泉。績溪人。嘉靖中貢士。官廣東按察使司經歷。

吳孝標嘯雲稿二卷

字建伯。休寧人。

胡宗憲督撫奏疏六卷

字汝貞，號梅林。嘉靖戊戌進士。官兵部尚書。

黃允交嶺上集三卷

字元龍。歙縣人。

吳守淮虎臣詩集二卷

字虎臣。歙縣人。萬曆中布衣。

蘇祐古雪堂續草一卷西園合草一卷

字啟先。休寧人。吳道榮，字尊生。休寧人。合草。

程恩岐阜樵歌二卷

字志榮，號懶樵。休寧人。成化中處士。卒年七十二。

吳道榮山雨樓詩一卷

字尊生。休寧人。

汪汝謙春星堂集十種

字然明。歙縣人。

松江府

張弼東海詩集五卷文集三卷

字汝弼。華亭人。成化丙戌進士。官南安知府。卒年六十三。其子弘宜、弘至皆舉進士。弘至官翰林時梓之,李文正東陽爲序。

唐錦龍江集十四卷

字士(問)[絅]。華[亭]人(亭)。陸文裕之婿。弘治丙辰進士。官江西按察副使。卒年八十。尚書潘恩爲序。

孫承恩使郢稿一卷

字真甫,號毅齋。華亭人。正德辛未進士。官禮部尚書。謚文簡。謝少南爲之序。

何良俊翰林集二十八卷

字元朗,號柘湖。華亭人。嘉靖中以貢官翰林孔目。

潘恩笠江集十二卷近稿十二卷

字子仁。上海人。嘉靖癸未進士。累官左都御史。卒年八十七,謚恭定。

馮遷長鋏齋稿七卷

字子喬。上海人。隆慶中與朱察卿皆以布衣稱詩,品重於時。尚書潘恩爲序。新安門人汪德馨梓之。

顧正誼詩史十五卷

字仲芳,號亭林。華亭人。萬曆中太學生,官中書舍人。既咏二十一朝人物,爲五言古詩,又自註之,古今咏史之第一手也。善畫山水,得宋人筆法。

李豫亨梅花咏一卷

字元薦。華亭人。嘉靖中太學生。官鴻臚寺

序班。

曹蕃游草四卷郊居篇一卷龍湫篇一卷一劍篇一卷問夜篇一卷驪珠篇一卷雪輪篇一卷綠榕篇一卷

字介人。華亭人。萬曆丁酉鄉舉。官荊州府通判。著作甚富。

張振藻西爽編一卷

字去華。華亭人。

李紹箕詩一卷

字茂承。華亭人。善畫。

唐爲新雪廬稿四卷

字孟熙。華亭人。

馮大受竹素園諸集共十卷

字咸甫。華亭人。萬曆中鄉舉。

張鼒客居箋一卷

字侗初。華亭人。萬曆甲辰進士。禮部侍郎。

沈弘正沈中草四卷

字公路。華亭人。

張誼餐霞館集二卷

字履道，號曉麓。青浦人。嘉靖中鄉貢。

張從律蓴湖遺稿一卷

字谷吹。誼之子。萬曆中鄉舉。官刑部主(部)[事]。〔九〕

張儁留槎小草二卷

字朗之。從律之子。萬曆中鄉貢。處州府訓導。

張穆修文館遺稿

字文儒。儁之子。萬曆中諸生，年不永。

秦城飛蓬草一卷

字千秋。華亭人。

管訥蚓竅集八卷

字時敏。華亭人。洪武中官[楚]府左長史。[一〇]

朱朝賡虎丘草一卷

字孟光。華亭人。萬曆中庠生。

馮時可元成集八十三卷

字元成，號文所。華亭人。隆慶辛未進士。湖廣參政。

諸慶源北枝堂稿八卷

字君餘。華亭人。

沈東屏南集十卷

字元震，號水南。華亭人。嘉靖中歲貢。興化教官，仕至湖州同知。徐少師階是其受業門人也。給事中門人張承憲爲之梓，唐樞、徐獻忠、沈愷爲之序。

蔡[昂]鶴江詩二卷

(字)[號鶴江]。(華亭)[淮安衛籍嘉定]人。(嘉靖□□進士)[正德甲戌探花]。歷官禮部(尚書)[侍郎]。

徐階存齋文集七卷

(字文貞)華亭人。嘉靖癸未探花。歷官大學士。謚文貞。

俞汝爲缶音集四卷留樞稿二卷銅鞮稿二卷

字毅夫。華亭人。嘉靖丙辰進士。官山東副使。

董其昌容臺集十四卷別集六卷

字元宰，號思白。華亭人。萬曆己丑進士。官禮部尚書。

沈愷環溪詩選六卷漫集八卷

字□□，號鳳峰。華亭人。嘉靖己丑進士。太僕卿。

朱曜玉洲集八卷

字景暘。上海人。(嘉靖)〔正德〕中鄉貢。官提舉，以子豹封御史。〔二〕

朱豹福州集六卷

字子文，號青岡。上海人。曜之子。(嘉靖)〔正德丁丑〕進士。官御史，擢福州知府。

章懋文池上集六卷寶樹樓稿一卷

字子敬。華亭人。

戴畹芬閬風詩草四卷

字九如。華亭人。

林景暘玉恩堂集十卷

字紹熙，號弘齋。華亭人。隆慶戊辰進士。太僕卿。

張鶚翼中丞詩選六卷

字習之，號須野。上海人。嘉靖辛丑進士。都御史。

林有麟扣舷雜咏一卷

字仁甫，號衷齋。景暘之子。官龍〔安〕府知府。

顧清東江集十卷

字士廉。華亭人。弘治癸丑進士。禮部侍郎。

張泰階北征草十二卷

字爰平。上海人。萬曆己未進士。官潞安知府。

何良(博)〔傅〕禮部集十卷

字叔(皮)〔度〕。華亭人。嘉靖辛丑進士。官祠祭郎中。

章台垣季子遺稿一卷

字子師。華亭人。

章簡視夜樓集三卷

字次弓。台垣之子。崇禎庚辰副榜。官羅源知縣。

陸深文裕全集一百卷

字子淵，號儼山。上海人。弘治乙丑進士。歷官詹事、翰林學士。謚文裕。

常州府

徐溥文靖集八卷

字時用，號謙齋。宜興人。景泰甲戌進士第二人。弘治中入内閣。謚文靖。越三十年，仲子中翰弘弼始彙刻之。門人朱希周序。

邵寶容春堂集二十卷別集十卷勿藥集十四卷

字國賢，號二泉。無錫人。成化甲辰進士。官南京禮部尚書，謚文莊。正德甲戌刻於家塾。

白圻中丞遺稿二卷

字輔之，號敬齋。武進人。成化甲辰進士。官右副都御史。子悦彙刻。廖道南爲之序。

吴仲鴻爪集八卷

字亞甫，號劍泉。武進人。正德丁丑進士。官太僕卿。子撝謙，字幼安；履謙，字幼元，與王百穀友善。

顧彦夫瀛海集十三卷

字承美，號錫岩。無錫人。正德中鄉舉。官河間通判。

薛章憲鴻泥堂稿八卷

字堯卿，號浮休先生。江陰人。正德中布衣。卒年六十。子甲叟按察副使，梓行。都穆序。詩中與吴寬、沈周倡和爲多。

華察巖居稿四卷

字子潛，號鴻山。無錫人。嘉靖丙戌進士。官翰林學士。龔用卿、王慎中爲序。

唐順之荆川集十七卷外集三卷續集六卷

字應德。武進人。嘉靖己丑會元。累官副都御史。

薛應旂方山文録

字仲常。武進人。嘉靖乙未進士。官陜西副使。

龔勉尚友堂集九卷

字子勤，號毅所。無錫人。隆慶戊辰進士。嘉興知府。茅坤、王世貞、王穉登序。

鄒迪光二酉齋稿八卷鷦鷯集六卷荆溪遊草一卷調象菴集三十三卷青藜館集四卷

字彦吉，號愚谷。無錫人。萬曆甲戌進士。甲申爲閩提學副使，以諸生爲中丞所辱，即日挂冠，終老于家。閩士思之，爲建風節亭于西郊。善書畫，海内貴重之。

毛應翔望舒閣稿八卷

字鳳卿。無錫人。鄒迪光之甥。

許用卿報春堂集四卷

字□□，號鹿野。宜興人。萬曆乙卯鄉舉。官光澤知縣。

俞安期寥寥閣集二十八卷閩中稿二卷麻源稿二卷鴈字詩一卷

字羨長。宜興人。

董應芳落花詩一卷

字□□。武進人。

顧憲成小心齋劄記四卷

字叔時，號涇陽。無錫人。萬曆庚辰進士。

吏部郎中。

華白滋香草亭稿一卷石葉齋稿一卷閩游注一卷

字長白。無錫人。崇禎癸酉，遊閩見訪，余爲之序。

吴仕頤山詩稿二卷

字克學。宜興人。正德甲戌進士。歷官福建提學副使、四川參政。

高攀龍就正録二卷

字雲從，號景逸。無錫人。萬曆己丑進士。官左僉都御史。

徐遵湯葉賸六卷

字仲昭。江陰人。崇禎戊辰恩貢。

沈鼎科蕉露篇一卷

字鉉臣，號弇邱。江陰人。崇禎辛未進士。官建陽知縣。

尤瑛迴溪遺稿二卷

字汝白。無錫人。嘉靖癸卯解元、甲辰進士。廣東參政。卒年五十。

黄道吉燕山琳琅和鳴集三卷

字吉甫。武進人。嘉、隆間處士。王穉登序。

華善述被褐先生稿十七卷

字仲達。無錫人。萬曆中布衣。

吴鍾巒梁園佳話一卷

字巒穉。武進人。崇禎甲戌進士。官長興知縣。

秦金鳳山詩集八卷

字國聲。無錫人。弘治癸丑進士。官工部尚書。謚端敏。

邵珪半江詩集五卷

字文敬。宜興人。成化己丑進士。官思南府知府。

華淑空山唄一卷

字聞修。無錫人。

曹筌守潼稿□卷

字元宰。無錫人。崇禎戊辰進士。

孫維垣詩集一卷

字汝詩。無錫人。萬曆中太學生。王百穀序。

周文郁止菴詩四卷

字蔚宗。宜興人。天啟中遼東副總兵。

陸簡龍皐文集十九卷

字廉伯。武進人。成化乙酉解元、丙戌榜眼。官侍講學士。卒年五十四。

揚州府

王磐西樓樂府一卷

字鴻漸。高郵人。正德中布衣。

張綖南湖集四卷

字世文。高郵人。西樓王磐之婿也。正德癸酉鄉舉。官武昌通判。

宗臣子相集二十五卷

號方城。興化人。嘉靖庚戌進士。累官福建參議。卒年三十六。先是吳國倫守邵武，爲刻其集，僅十二卷。兹晉陵鄒之麟校刻，爲全集也。

顧大猷總草一卷廣陵懷古一卷

字所建。江都人。

盧純學詩八卷白下吟六卷

字子明。通州人。萬曆中山人。陳文燭

爲序。

柳應芳詩七卷

字陳父，號二餘。通州人。萬曆中布衣。

冒夢齡兵餘集一卷

字汝九。如皋人。萬曆中鄷都縣令。

冒起宗七游草四卷寤言一卷萬里吟二卷武夷小照一卷

字宗起。夢齡之子。崇禎戊辰進士。

朱應登陵溪集十八卷

字升之。寶應人。弘治己未進士。官雲南參政。

朱曰藩山帶閣集三十三卷

字子价，號射陂。應登之子。嘉靖甲辰進士。

(□□副使)〔一二〕

汪廣洋右丞集五卷

字朝宗。高郵人。洪武初拜右丞相，特進榮禄大夫、右柱國，知軍國事。後貶海南，卒於道。

崔桐東洲續集十卷

字來鳳。海門人。正德丁丑探花。禮部侍郎。

王勣游藝集一卷陳大震一卷

字汝嘉。通州人。大震，字思靜。

錢兆賢游藝集一卷　白書一卷　淩東京一卷

字子愚。通州人。書，字政夫。東京，字伯大。淩飛閣，字上卿。

李思訓粵遊草一卷

字于庭。興化人。

李春芳貽安堂詩存一卷

字子實，號石麓。興化人。嘉靖丁未狀元。官中極殿學士，少師。謚文定。

陳堯梧岡集五卷

字敬甫。江都人。嘉靖乙未進士。官副都御史。

冒襄寒碧吟樸巢香儷詩二卷

字辟疆。如皋人。起宗之子。

鎮江府

鄔紳中憲集六卷

字佩之，號南涯。丹徒人。嘉靖癸未進士。累官西蜀按察使。

鄔佐卿芳潤齋集九卷纏頭集八卷金陵篇一卷

字汝翼。紳之孫。萬曆中布衣。卒年六十有三。風流文采，冠于江左。《纏頭集》三百餘篇，皆游金陵曲中與諸名妓倡酬者。情詞艷語，可方（王）〔玉〕臺云。

陳永年懶真集四卷

字從訓。鎮江人。

茅溱四爻齋草十卷

字平仲。鎮江人。萬曆中布衣。

黄道吉寄潤篇一卷客白篇一卷游魯稿一卷

字□□。丹徒人。

郭第廣遊篇一卷

字次甫。鎮江人。萬曆初山人。陳文燭爲序。

于湛素齋先生集五卷附褒恤録一卷

字瑩中。金壇人。正德辛未進士。官副都御史。萬曆癸卯，孫孔兼梓之。

張祥鳶華陽洞稿二十卷

字道卿，號虛菴。金壇人。嘉靖己未進士。

雲南知府。

姜寶鳳阿集三十八卷

字廷善。丹徒人。嘉靖癸丑進士。南京禮部尚書。

楊一清石淙詩集二十卷

字應寧。(丹徒人)成化壬辰進士。武英殿大學士、太傅。謚文襄。巴陵人。〔一三〕

呂高江峰漫稿十二卷

字山甫。丹徒人。嘉靖己丑進士。(監)〔僉〕都御史。〔一四〕

于孔兼春曹書疏五卷

字元時。湛之孫。萬曆庚辰進士。禮部郎中。

周鑣十四哀詩

字仲馭。金壇人。崇禎戊辰進士。

淮安府

葵時春三友軒集一卷枕戈集一卷征帆集一卷雅歌集一卷倡和集一卷

字生甫，號熙陽。淮陰人。官福建都司。

王鳴鶴站鳶集四卷西征集二卷

字羽卿。淮陰人。武進士。官廣西都督同知，掛征蠻將軍印。朱之蕃、顧起元爲之序。

高永祉游藝集一卷

字介夫。淮陰人。

王醇嚶鳴雲籟二卷

字先民。山陽人。

安慶府

阮自華霧靈山人集三十卷

字堅之，號澹宇。桐城人。萬曆戊戌進士。初任福州推官、慶陽太守，再起邵武太守。集刻于邵武，未幾挂冠歸。

汪國士簡軒集二卷

字君酬，號皖公。桐城人。崇禎辛未進士。閩縣知縣。

吳檄兵部集一卷

字□□，號皖山。桐城人。正德丁丑進士。官[雲南]副使。

趙釴無聞堂稿十八卷

字鼎卿，號八柱。桐城人。嘉靖庚子解元、甲辰進士。歷官給事中、僉都御史、巡撫貴州。羅汝芳序。卒年五十八。

齊登輔守城紀咏一卷

字員倩。桐城人。

吳國琦懷茲堂集□卷

字公良，號雪厓。桐城人。崇禎辛未進士。

太平府

陶安學士集十五卷

字主敬。當塗人。洪武初累官翰林院學士。

潘謐翠雲亭稿一卷

字季詳，號梅岩。當塗人。萬曆壬辰進士。觀吏部政，卒。

湯一統誰園集五卷

字惟一，號□□。蕪湖人。萬曆乙卯鄉舉。官光澤知縣、保定府同知。

夏汝舟遺稿一卷

字懷遠。蕪湖人。嘉靖中庠生。

張士端太乙遺稿一卷

字穎初。蕪湖人。萬曆中庠生。

寧國府

周怡訥溪集二十七卷

字順之。太平縣人。嘉靖戊戌進士。累官太常少卿。

王廷幹岩潭集七卷

字維禎。涇縣人。嘉靖壬辰進士。官南安知府。其集守郡時所梓，少司寇劉節爲序。板存郡齋。

沈懋學郊居遺稿十卷

字君典，號少林。宣城人。萬曆丁丑狀元。授翰林院修撰，卒。

梅守箕居諸集四卷

字季豹。宣城人。詩起自萬曆庚辰至丁亥。王世貞爲之序。

梅鼎祚詩□卷

字禹金。宣城人。

梅蕃祚王程稿二卷

字子馬。鼎祚之弟。

湯賓尹睡庵集十卷二刻四卷三刻四卷

字嘉賓，號霍林。宣城人。萬曆乙未會元。官國子祭酒。

王鏤鼎撚鬚草步騷霞次蘭言共四卷

字龍光。宣城人。

李勝原盤谷遺稿五卷

字源澤。太平縣人。國初從高皇帝取復江州，有繡袍、銀碗之賜。後歸美溪，保障一方。卒，無子。高皇帝遣官致祭。遺稿藏于族人。嘉靖戊午，葉一清始得而梓之。南京解元祁門王諷爲序。

鳳陽府

盛世培秋水吟二卷

字鯤溟。定遠人。嘉靖中布衣。天啟中，諸孫民衡令閩邑，刻之。陳一元、邵捷春序。

陳從舜閩遊草一卷

字志元，號春池。天長人。官兵馬指揮。先是萬曆丁酉入閩，訪郭方伯，與予兄弟交最歡。《游草》予所訂定者。

朱宗吉詩草八卷

字汝修。濠梁人。善書。

薛蕙考功集十卷

字君采，號西原。亳州武平衛人。正德甲戌進士。官吏部郎中。嘉靖初，因議大禮，下詔獄。尋復職，絶意仕進。卒年五十三。

李言恭青蓮閣草十卷貝葉齋四卷

字惟寅，號秀岩。盱（眙）［眙］人。萬曆初襲爵臨淮侯。

趙庭重遊草一卷

字克訓，號淇竹。臨淮人。福建參將、副總兵官。

池州府

柯暹東岡集十二卷

字啟暉，一字用晦。貴池人。永樂中鄉貢，預修大典。仁宗在東宫，聞其名，召拜户科給事中。正統中，陞雲南、浙江按察使。卒年六十一。

滁州府

胡松莊肅集八卷

字汝茂，號栢泉。滁州人。嘉靖己丑進士。累官吏部尚書。謚莊肅。

江以東岷岳遺集四卷

字貞伯。全椒人。隆慶戊辰進士。官江西提學副使。

楊于庭遊郢草二卷全集三十二卷

字道行，號冲所。全椒人。萬曆庚辰進士。官兵部郎中。

浙江

杭州府

瞿佑香臺集三卷

字宗吉。錢塘人。永（累）［樂］中官周府長史。予曾得其鈔本詩三册，爲張惟誠求去，即杭人亦難得也。

于謙肅愍奏議十卷

字廷益，號節菴。錢塘人。永樂辛丑進士。官兵部尚書。卒年四十九，謚肅愍，後改謚忠肅。

胡世寧奏議十卷

字永清，號靜菴。昌化人。弘治癸丑進士。官刑部尚書。謚端敏。

許相卿雲邨集十四卷

字伯台，號杞山，又號蹇翁。海寧人。正德丁丑進士。官兵科給事中。卒年七十九。

田汝成叔禾集十二卷

號豫暘。錢塘人。嘉靖丙戌進士。官福建提學副使。

田藝蘅集二十卷

字子藝，號香宇。汝成之子。隆慶中歲貢。

官徽州教授。

方九叙遺篋稿九卷

字禹績，號十洲。錢塘人。嘉靖甲辰進士。官承天知府。

沈仕詩一卷

字懋學，號青門。錢塘人。

張瀚詩略一卷

字子文，號元洲。仁和人。嘉靖乙未進士。官吏部尚書。謚恭懿。

高應冕光州集二卷

字文中，號穎湖。仁和人。嘉靖甲子鄉舉。官光州知州。

楊祐興國集二卷

字汝成，號丹泉。錢塘人。嘉靖己丑進士。官江西、湖廣僉事。

李珠山湖上篇一卷

字□□。錢塘人。嘉靖中布衣。

沈淮三洲詩膾四卷

字徵伯。仁和人。嘉靖丁未進士。參議。

金學曾撫閩奏疏六卷

字子魯，號省吾。錢塘人。隆慶戊辰進士。官福建巡撫、副都御史。

卓明卿光禄集三卷

字澂父。仁和人。萬曆中以太學生官光禄署正。

虞淳熙西湖采蓴曲一卷落花咏一卷又瓘霧集

字長孺，號德園。錢塘人。萬曆癸未進士。官吏部主事。

虞淳貞西湖采蓴曲一卷落花咏一卷

字僧孺。淳熙之弟。萬曆中布衣。

淩登名詩集八卷

字元孚，號梓崖。錢塘人。隆慶庚午鄉舉。廣西太平知府。

徐夢華天明爾樓詩艸四卷

字子善。錢塘人。

徐桂采蕁曲一卷

字茂吾，號大滌。餘杭籍，本長洲人。隆慶戊辰會試、丁丑進士。官袁州推官。

沈朝煥勞人艸一卷雁字詩一卷

字伯含，號太玄。仁和人。萬曆壬辰進士。官工部主事、福建參政。

黃汝亨玉版三洞諸集十卷寓林集三十八卷

字貞甫，號寓庸。仁和人。萬曆戊戌進士。江西提學僉事。

張蔚然長溪彙草一卷岳遊譜一卷

字惟成，號青林。仁和人。萬曆丁酉鄉舉。官福安知縣。卒年六十三。

吴大山傲素軒詩二卷

字仁仲。錢塘人。萬曆辛卯鄉舉。官中書舍人、(貴州)[雲南]按察使。〔一五〕

許光祚詩六卷

字靈長，號中岳。錢塘人。萬曆庚子鄉舉。寧國府推官。

鄭之惠武夷紀游詩一卷睡鄉記一卷

字孔肩。錢塘人。萬曆中歲貢。官平樂知縣。改名奎。

徐象梅閩游稿一卷

字仲和。錢塘人。萬曆中諸生。

李大生雅歌堂集二卷

字健也，號玉赤。錢塘人。官福建都司都指

揮使，終惠潮參將。

陳雲武瞻雲漫稿一卷

字定之。錢塘人。萬曆中太學生。

吴之鯨瑶草園集一卷

字伯霖。錢塘人。萬曆中鄉舉。上饒令。卒于官。

吴鵬歷任疏稿三十卷

字萬里，號默泉。海寧人。嘉靖癸未進士。官吏部尚書。

吴人龍落花詩一卷

字仲飛。錢塘人。

楊兆坊薜荔園稿一卷

字思悦。錢塘人。封監察御史。

何偉然梨雲館初集十二卷二集十四卷

字仙臞，一字仙郎。仁和人。

沈守正雪堂集八卷

字無回，號□□。錢塘人。萬曆壬子鄉舉。都察院司務。

馬邦良公餘寄興草二卷

字君遂，號象湖。富陽人。萬曆丙戌進士。官福建按察司副使、行太僕寺卿。

陳善黔南彙稿八卷

字思敬，號敬亭。錢塘人。嘉靖辛丑進士。廣西、雲南提學副使。

張墉冶城詩一卷桂留草一卷

字石宗。錢塘人。

顧文淵滄江集四卷

字靜卿。錢塘人。成化中諸生。孫男郎中言刻其集。

顧汝學淩清堂集六卷

字思益，號悅菴。文淵曾孫。萬曆癸未進士。雲南按察使。

施經虎泉集四卷

字引之。杭州衛千户。

陳鳳青芝山人吟稿二卷

字□□。杭州衛指揮。

張坅雪箋九華江上黄山彭蠡集五卷

字幼青。仁和人。蔚然之子。

張遂辰塘上草一卷客舍草一卷

字卿子。仁和人。

徐允詡楚蜀游草一卷

字孟夌。錢塘人。

馮覲小海存稿八卷

字晉尗。錢塘人。嘉靖甲辰進士。廣東按察使。〔一六〕

張瀚奚囊蠹餘集二十卷

字□文，號元洲。仁和人。嘉靖乙未進士。吏部尚書。謚恭懿。

邵鋭端峰集四卷

字思抑。仁和人。正德戊辰進士。太僕寺卿。贈右都御史，謚康僖。

張淶懷仙集十二卷窮居集八卷

字文東，號少華，又號華山。

寧波府

楊守陳文懿諸稿二十五卷

字維新，號鏡川。鄞縣人。景泰辛未進士。官吏部侍郎。謚文懿。

楊守阯詩選八卷文選八卷

字維立，號碧川。守陳之弟。成化戊戌進士。

官吏部尚書。卒年七十七。

楊承鯤碣石篇二卷西清閣詩卅四卷

字伯翼。守陳族孫。萬曆初太學生。

楊德政夢鹿軒前稿二卷

字叔向，號楚亭。守陳之玄孫。萬曆丁丑進士。累官翰林院編修、福建按察使。

屠大山司馬詩一卷

字國望，號竹墟。鄞縣人。嘉靖癸未進士。官兵部侍郎。

屠本畯詩卅六卷

字田叔，一字豳叟，號漢陂。大山之子。萬曆中以任子官福建運同、辰州知府。

屠隆由拳集二十三卷白榆集二十卷棲真集三十卷南游草二卷橫塘集一卷

字長卿，又字緯真，號赤水。鄞縣人。萬曆丁丑進士。官□。

陳沂拘虛集五卷

字宗魯，又字魯南，號石亭。鄞縣人。正德丁丑進士。官山東參政、行太僕寺卿。

張(鉄)[鈇]碧溪詩集六卷

字子威。慈谿人。正德中布衣，善艸書。其孫堯年登嘉靖乙未進士，令金壇時，彙梓其集。雲間陸深爲序。

陳(東)[束]后岡集一卷

字約之。鄞縣人。嘉靖己丑進士。官河南提學副使。卒年三十三。

馮光浙鳴春集八卷

字邦鎮，號北湖。慈谿人。嘉靖中歲貢。福州訓導。孫烶官福建提學副使時所刻。

管大勳休休齋集六卷

字世臣，號慕雲。鄞縣人。嘉靖乙丑進士。官福建布政使、南京光禄寺卿。

沈明臣豐對樓集四十三卷 又《折柳》、《丁艾》、《(萷)[蒯]稼》、《越草》、《帆前》、《用拙》、《孤憤》、《青溪》。

字嘉則。鄞縣人。别號句章山人。萬曆中布衣。長洲王世貞、劉鳳、屠隆爲之序。

沈一貫喙鳴集十八卷文集二十一卷奏疏二十卷

字肩吾，號蛟門。明臣之姪。隆慶戊辰進士。累官禮部尚書、武英殿大學士。謚文恭。

張時徹芝園集五十一卷勝遊録四卷 倡和詩。

字維靜，號東沙。鄞縣人。嘉靖癸未進士。累官兵部尚書。

張邦侗諸艸共十卷

字孺愿，號越門。時徹之子。官光禄署丞。

張邦岱烟波閣集一卷勝遊録三卷

字孺宗。時徹次子。萬曆中太學生。

豐道生摘稿二卷

字存(叔)[禮]，號南禺。鄞縣人。初名坊。嘉靖癸未進士。官吏部主事。

李循義珠玉遺稿二卷

字時行。鄞縣人。正德中鄉舉。

余寅農丈人集二十卷

字君房，一字僧杲，號漢城。鄞縣人。萬曆庚辰進士。官太常寺卿。

周應浙栩栩生外篇二卷雜篇一卷

字方回。鄞縣人。萬曆中諸生。子昌晉，登進士，令東莞時刻也。

王荁太史詩艸一卷

字季孺。慈谿人。萬曆癸未進士。官翰林院

編修。卒年三十有二。屠本畯爲之序。

蔡學用詩略一卷薊門賡草一卷

字子行，號青山，又號用拙。鄞縣人。萬曆中山人。《薊門賡草》，與屠田叔倡和者。

錢文薦翠濤閣集一卷麗矚集□卷

字仲舉。慈谿人。萬曆丁未進士。官□。

薛岡天爵堂集二卷淮集一卷南池集一卷

字千仞。鄞縣人。

羅廩（補）［普］陀游艸一卷

字高君。慈谿人。萬曆中歲貢。

虞伯龍詩集四卷

字公普。鄞縣人。

丁繼嗣蒼虬館稿六卷紫芝亭艸一卷

字國雲，號禹門。鄞縣人。萬曆癸未進士。官福建副都御史。

李德繼借樹齋艸六卷

字子同。鄞縣人。萬曆中諸生。

聞龍詩略一卷幽貞廬艸四卷行樂吟一卷

字隱鱗。鄞縣人。萬曆中布衣。

吴士瑋文江詩選一卷菊花百咏一卷美人篇一卷

字潛玉。鄞縣人。

李峻盟鷗集一卷

字公起。鄞縣人。

汪彦雌溪艸堂集十卷

字穆如。鄞縣人。

汪其俊諸艸十卷

字士元。鄞縣人。官□□參軍。

王士奭冷然艸四卷遠志篇一卷桂石軒艸一卷夷困録五卷

字右仲，號於越。鄞縣人。萬曆庚子鄉舉。崇禎初永福知縣、涪州知州。

章載道竹圃集四卷雁山游一卷

字長輿。鄞縣人。

張邦奇文定集五十卷

字常甫，號甬川。鄞縣人。弘治乙丑進士。南京吏部尚書。謚文定。

徐時進鳩兹集選七卷

字見可，號九瀛。鄞縣人。萬曆乙未進士。大理卿。

李生寅詩二卷

字賓父。鄞縣人。萬曆中山人。

李德星文杏館雜咏二卷

字子五。鄞縣人。

戎衣待月軒詩集二卷

字公錦。鄞縣人。

林祖述感懷草一卷

字□□，號槐庭。鄞縣人。萬曆丙戌進士。官翰林庶吉士、廣西提學僉事。

周汝觀壺領漫吟二卷

字以孚，號南陽。鄞縣人。萬曆□□鄉舉。官雲南副使。子朝彥，崇禎壬申至闈，見貽。

趙參魯端簡奏疏六卷

字宗傳，號心堂。鄞縣人。隆慶辛未進士。福建提學副使、巡撫都御史、南京刑部尚書、太子太保。謚端簡。孫琦徵，崇禎壬申至闈，見貽。

楊德周六鶴齋詩選八卷銅馬編二卷武夷綴稿四卷

字南仲，一字孚先，別字齊莊，號□石。鄞縣人。萬曆癸卯鄉舉。古田知縣。太宰守阯玄孫。

何三鳳詹詹草二卷

字泰徵。鄞縣人。崇禎中官泰寧訓導。

周應賓月湖草七卷

字嘉甫，號寅所。鄞縣人。萬曆癸未進士。禮部尚書。謚文穆。

周應治玉几山房十卷

字君衡。號鼎石。

豐應元鳴皋集一卷

字吉甫。道生之孫。萬曆中布衣。婿王嗣奭爲梓其集。聞龍爲之傳。

陸符（補）［普］陀詩一卷紫柏辭一卷

字文虎。鄞縣人。

王樹檀集社一卷

鄞人。徐中乾、蔡起白、張大成、齊天民、萬象、李瑋、李桐、李文纘、李文爟、釋弘灝、弘澄、靈滋、悟藏、祖繹相倡和者。

袁煒文榮集八卷詩略二卷

字懋中，號元峰。慈谿人。嘉靖戊戌會元。禮部尚書、大學士。謚文榮。

戴鱀中丞遺集八卷

字時量，號東石。鄞縣人。正德丁丑進士。副都御史。卒年六十七。

烏斯道春草集十一卷

字繼善。慈谿人。洪武初薦爲永新縣令。集久不傳。崇禎二年泰和蕭基爲浙江按察使，梓而行之。有宋濂、解縉二序。

豐越人詩集四卷

字正元。鄞縣人。道生之孫。萬曆中布衣。

豐建浪吟一卷

字基仲。越人之子。天啟乙丑進士。官工部

員外。

汪玉敝篋留稿二卷

字汝成，號雷峰。鄞縣人。正德戊辰進士。歷官僉都御史。

汪（垣）［坦］石盂集十七卷

字仲安，號識環。汪玉之子。嘉靖中國子生。官程蕃通判。

陸寶台宕遊一卷霜鏡集十七卷辟塵集二卷

字敬身。鄞縣人。崇禎初中書舍人。

汪禮約

字長文。萬曆中太學生。（垣）［坦］之子。

萬表玩鹿亭稿二卷

字民望。寧波衛人。官南京中府都督僉事。

周應辰綠莊詩采九卷六觴一卷

字農半，一字斗文。鄞縣人。

范欽天一閣集三十卷

字安卿，號東明。鄞縣人。嘉靖壬辰進士。兵部侍郎。

沈九疇曲轅居集八卷

字箕仲，號東霍。鄞縣人。萬曆丁丑進士。官江西布政使。

張邦伊京兆草二卷高州艸一卷

字孺覺。時徹之子。萬曆中以任子官治中、知府。

楊言后江集三卷奏議一卷

字惟仁。鄞縣人。正德辛巳進士。官禮科給事中。

張琦白齋集九卷

字君玉。鄞縣人。正德辛巳進士。官興化知府、福建參政。

汪鏜餘清堂定稿三十二卷

字□□，號遠峰。鄞縣人。嘉靖丁未進士。官禮部尚書。

戴燠杜曲集十一卷

字有斐，號斐君。奉化人。萬曆癸丑進士。

沈泰鴻閒止樓詩掄二十八卷

字雲將。一貫之子。以廕官尚寶卿。

吴鐄遊梁詩集二卷

字汝震。鄞縣人。嘉靖中布衣。

潘訪岳五石瓠詩集三卷

字師汝。鄞縣人。

吴禮嘉太白樓稿一卷

字會之。鄞縣人。萬曆庚辰進士。官監察御史。

柴以觀詩選

字我生。鄞縣人。天啟中貢士。

汪樞瓢草一卷泡園草一卷

字伯機。鄞縣人。鏜之孫。

陸起元蒼山剩草一卷

字元兆。鄞縣人。

朱金芝秋聲咏四卷

字漢生。鄞縣人。

李洞雜詩六種 《偶存》、《蒹葭》、《芻言》、《瑶華》、《丹山》、《咏註》。

字封若。

葉銘臻厚澤堂稿一卷

字維新。鄞縣人。永樂甲申進士。韓府伴讀。

葉世治存稿三卷

字□□。銘臻之孫。官國子博士。

葉太叔思烟集二卷賁玉集二卷

字鄭朗。鄞縣人。萬曆初布衣。

徐學進

字行可。鄞縣人。崇禎中□。

陳言清橋遺稿一卷

字實父。鄞縣人。萬曆中遵化教諭。

楊秉錡荔枝雜興一卷

字亦劉。鄞縣人。德周之子。

鄔銓明廣陵紀游一卷

字簡在。慈谿人。崇禎丙子鄉舉。

應雄北征草一卷秋懷一卷

字佛大。慈谿人。

趙昊拮据堂遺稿一卷

字子明。慈谿人。嘉靖丙戌進士。官□□御史。

趙世禄玉芝集□卷

字文叔。鄞縣人。萬曆［辛丑］進士。官蘇州知府。

趙士駿臨雲閣草□卷

字西星。世禄之子。

陸釴少石集十三卷

字舉之。鄞縣人。正德辛巳榜眼。歷山東提學。

紹興府

陳贄和唐音二卷

字惟成，號蒙軒。餘姚人。正統中以薦辟，官廣東參議。

薛綱三湘集二卷

字之綱，號未齋。山陰人。天順甲申進士。官雲南布政使。

王守仁陽明集二十二卷

字伯安。餘姚人。弘治己未進士。官兵部尚書。謚文成。從祀孔子廟庭。

王瀛西湖治興二卷

字元溟。會稽人。正德中布衣。

王畿龍溪先生集二十卷

字汝中。山陰人。嘉靖壬辰進士。官終南京兵部郎中。陽明先生之高弟也。卒年八十六。

聞人詮芷蘭集一卷

字邦正，號北江。餘姚人。嘉靖丙戌進士。官南京提學副使。

胡安趨庭集十二卷

字仁夫，號樂山。餘姚人。嘉靖甲辰進士。官[陝西]參政。

孫鑛居業次篇五卷

字文融，號月峰。餘姚人。萬曆甲戌進士。官南京兵部尚書。

徐渭全集二十九卷

字文長。山陰人。嘉靖中諸生。

朱賡文懿奏議十二卷

字少欽，號金庭。山陰人。隆慶戊辰進士。累官吏部尚書、文華殿大學士。謚文懿。

黃之璧娑羅館藏稿二卷

字白仲。上虞人。萬曆中布衣。

丁應宗括蒼游稿一卷北征稿一卷

字文統，號少厓。蕭山人。萬曆中官龍溪縣丞。

謝弘儀秉桴吟一卷和陶詩一卷

字簡之，號寤雲。會稽人。萬曆中武狀元。崇禎初官福建都督。

何思唐唐艸一卷

字性中，號欽思。會稽人。萬曆中太學生。

周汝登宗傳詠古一卷

字繼元，號海門。嵊縣人。萬曆丁丑進士。累官雲南參政，刑部侍郎。

張元忭不二齋文集五卷

字子藎，號陽和。山陰人。隆慶辛未狀元。修撰。鄒元標序。

陳有年恭介公集十二卷

字登之，號心穀。餘姚人。嘉靖壬戌進士。官吏部尚書。謚恭介。

呂光洵皆山堂稿四卷

字信卿，號期齋。新昌人。嘉靖壬辰進士。官南京兵部尚書。

陶望齡歇菴集十六卷水天閣集十三卷附功臣傳一卷

字周望，號石匱。會稽人。萬曆己丑進士。官翰林院編修、少詹事、祭酒。謚文簡。

王思任避園擬存一卷雜文序一卷詩文序一卷廬山咏一卷歷游記一卷律陶一卷游唤一卷廬游記一卷弈律一卷

字季重，號遂東。山陰人。萬曆乙未進士。官户部郎中。

陶崇政野紘閣集十四卷北游草二卷

字仁表，號剡□。會稽人。官生。延平府同知。

嚴時泰牢盆集一卷

字□□。餘姚人。正德中鄉舉。官福建運同。

呂本期齋集十四卷

字□□，號南渠。餘姚人。嘉靖壬辰進士。官武英殿大學士、少傅。

翁大立奏議十二卷

字□□，號見海。餘姚人。嘉靖戊戌進士。官兵部侍郎。

陳鶴海樵集二十一卷

字鳴野。紹興衛百户。

趙陛韵醉篛集八卷

字孟遷。

金華府

宋濂學士集三十二卷

字景濂，號潛溪。金華人。洪武初官翰林院學士、承旨。卒于夔州，謚文憲。

蘇伯衡平仲文集十六卷

字平仲。金華人。洪武中官翰林院承旨。

王禕忠文集二十四卷

字子充。義烏人。洪武初官翰林院侍制。謚忠文。

胡翰仲子集十卷

字仲申。金華人。洪武初薦爲衢州府教授，徵入史館修《元史》。宋濂序之。洪武十四年刻也。

程銈十峯集十卷

字瑞卿，號方岩。永康人。弘治己未進士。官四川按察副使。卒年七十。

程文德松溪集十卷

字舜敷。銈之子。嘉靖己丑榜眼。吏部侍郎。

唐龍漁石集四卷奏議五卷

字虞佐。蘭谿人。正德戊辰進士。官兵部尚書。謚文襄。

李有朋興中稿二卷

字□□，號樂吾。東陽人。嘉靖丙午鄉舉。官福安知縣。

胡僖竹林雜興一卷十景詩一卷

字伯安，號公泉。蘭谿人。嘉靖己未進士。官雲南副使。

胡應麟文園續稿四卷述征稿八卷還越稿一卷兩都稿二卷少室山房全集一百二十卷

字元瑞，號少室。僖之子。萬曆丙子鄉舉。

龔一清扣聲篇八卷

字貞夫，號日池。義烏人。萬曆甲戌進士。官福建巡按御史、廣西副使。

葉夢斗苾蒭園七卷

字叔明，號澹宇。蘭谿人。萬曆中以太學生官滇南通判。

徐學聚撫閩疏艸三卷公移一卷

字□□，號石樓。蘭谿人。萬曆癸未進士。累官福建巡撫、副都御史。

章有成大雲山和艸一卷片玉齋一集二卷

字無逸。金華人。懋之孫。

章懋楓山集九卷遺文一卷

字德懋。蘭谿人。成化二年會試第一。官南京禮部尚書。卒年八十六，謚文懿。

姜貞飄飆草二卷

字固仲，號羊石山人。蘭谿人。

戴應鰲寄嘯集一卷攜柑集一卷

字波臣。金華人。

潘希曾竹澗文集八卷奏議四卷

字仲魯。金華人。弘治壬戌進士。官給事中，劾劉瑾，廷杖。瑾誅，起原官。使安南，賜一品服。歷官兵部右侍郎。卒年五十七，贈尚書。

章極樸菴文集八卷

字以道，號樸菴。蘭谿人。弘治壬戌進士。官工部侍郎。謚恭惠。楓山文懿公猶子也。

趙時齊焚餘稿四卷

字子巽，號巽齋。蘭谿人。嘉靖丙辰進士。官監察御史。

淩瀚岩亭集四卷

字德容。蘭谿人。嘉靖乙酉經魁。周府紀善。

章行甫宮詞一卷

字行甫。蘭谿人。

唐邦佐北部集三卷

字良父。蘭谿人。隆慶戊辰進士。官刑部主事。

徐應亨樂在軒稿一卷十笏齋稿五卷

字伯陽。蘭谿人。天啟中鄉舉。

唐汝淮效顰集二卷

字子清。蘭谿人。萬曆中太學生。龍之子。

吳復月冷詩一卷

字鹿畊。蘭谿人。

章琥梅花詩二卷梅花集句二卷

字廷瑞。蘭溪人。號草窗。弘治庚戌進士。官工部郎中。

湖州府

沈彬蘭軒集五卷

字原質。武康人。正統壬戌進士。官刑部郎

中。卒年五十九。

孫一元太白山人漫稿八卷

字太初。本關中人，正德中居吴越間，自稱太白山人，遂爲湖人。卒年三十七，葬于湖之道塲山。舊刻未全，萬曆乙未吴興張睿卿蒐輯梓之。初刻鄭善夫爲序，重刻謝肇淛爲序。

蔡汝楠自知堂集八卷

字子本，號白石。歸安人。嘉靖壬辰進士。官南京工部侍郎。唐荆川、楊升菴、侯二谷爲序。

唐樞瀲衷小擬一卷

字子鎮，號一菴。歸安人。嘉靖丙戌進士。刑部主事。卒年七十九。

吴(惟)[維]岳天目山齋集二十八卷

字峻伯，號霽寰。孝豐人。嘉靖戊戌進士。累官貴州巡撫、都御史。

吴稼竳北征集一卷

字翁晉。維岳之子。萬曆中太學生。官通判。

吴稼新鑒閣艸一卷山黛閣詩一卷

字翁升。維岳之子。萬曆中太學生。

茅坤鹿門先生集三十六卷耄年録□卷

字順甫。歸安人。嘉靖戊戌進士。官河南副使。卒年九十。又《詩選》八卷，孫元儀甲戌重刻。

茅國縉文集二十卷

字薦鄉，號二岑。坤之仲子。萬曆癸未進士。官南京御史。

茅維佩觿艸一卷菰園初集六卷閩遊集一卷十賚堂集十二卷丙集十四卷迂談二卷

字孝若。坤之子。萬曆中太學生。

茅元儀十五國風一卷文集□卷丁丑詩七卷

字止生。國縉之子。天啟中以薦官翰林待詔，遷遼東副總兵官。

徐中行天目集二十卷青蘿館集五卷

字子與，號龍灣。長興人。嘉靖庚戌進士。官福建按察使，終江西布政使。卒年六十三。

嵇鏛詩略一卷

字子佩，號少南。德清人。嘉靖庚子鄉舉。官如皋、安鄉、慶(湖)[符]三縣令。卒年六十四。

嵇汝漢遺集五卷

字伯朗。德清人。

駱文盛兩溪集十四卷

字質甫。武康人。嘉靖乙未進士。官翰林院編修。卒年五十九。

許孚遠敬和堂集八卷

字孟中，號敬菴。德清人。嘉靖壬戌進士。福建巡撫、副都御史，終兵部侍郎。

王良樞轂音四卷

字□□，號庚陽。歸安人。[一七]

章嘉禎姑(熟)[孰]集二卷南征集二卷

字元禮，號衡陽。德清人。萬曆庚辰進士。吏部郎中、通政使。

朱長春庚寅集一卷適越集二卷海牢騷一卷

字太復，號海瀛。烏程人。萬曆癸未進士。官刑部主事。

温博吳興歌一卷

字允文。烏程人。萬曆中布衣。

沈節甫奏議八卷

字以安，號鏡宇，又號耐菴。烏程人。嘉靖己未進士。官南京刑部侍郎。謚［端清］。

沈演真隱軒初稿十四卷

字敬孚，號何山。節甫之子。萬曆壬辰進士。累官刑部侍郎。

董嗣成青棠集八卷

字伯念，號梅林，一號青芝。烏程人。萬曆庚辰進士。累官禮部郎中，建言爲民。卒年三十二。書畫俱工，海内重之。謝肇淛爲序。

董斯張靜嘯齋集七卷

字遐周，初名嗣暲，字然明。嗣成之弟。萬曆中太學生。王穉登、陳繼儒爲序。

錢行道閩游草二卷

字叔達，號匡廬。長興人。萬曆中布衣，後薙髮爲僧。

臧煦如塞下曲一卷

字幼惺。長興人。萬曆中太學生。

吴衛璣落花詩一卷

字載伯。歸安人。萬曆中太學生。官南京兵部指揮。

閔如霖于塘集八卷

字師望。烏程人。嘉靖壬辰進士。禮部尚書。

徐彦登大雅堂遺集一卷

字允賢，號景雍。德清人。萬曆己丑進士。官廣西巡按御史。

陳頤吉風雨軒稿一卷

字貞甫，號來川。德清人。嘉靖中鄉貢。官貴溪教諭。

顧元慶閩游草一卷

字朗生，號韻弢。烏程人。萬曆己未進士。

官福建右布政。

臧懋循負苞堂集四卷

字晉叔，號顧渚。長興人。萬曆庚辰進士。官國子監博士。

范汭詩略一卷

字東生。烏程人。

淩震練溪集四卷

字時東。歸安人。嘉靖中歲貢。官黔陽訓導。子約言刊。

蔡善繼空有齋草四卷

字伯達。歸安人。號五岳。萬曆辛丑進士。官福建副使、湖廣右布政。

嘉興府

張寧方洲集二十六卷

字靖之。海鹽人。景泰甲戌進士。官禮科給事中。

朱翰石田清嘯六卷

字漢翔。嘉興人。成化中布衣。

董穀碧里四存四卷

字實用，號兩湖。海鹽人。正德丙子鄉舉。官漢陽知縣。

袁仁一螺集二卷

字良貴。嘉興人。正德中布衣。

屠應峻蘭暉堂集八卷

字文升，號漸山。平湖人。嘉靖丙戌進士。官春坊左諭德。

范言菁陽集選五卷

字孔嘉。秀水人。嘉靖丙戌進士。官大理府同知。卒年八十三。

錢薇承啟堂集二十八卷

字懋垣，號海石。海鹽人。嘉靖壬辰進士。官禮科給事中。卒年五十三。

沈懋孝文鈔二卷滴露軒稿一卷洛誦編四卷

字幼真，號晴峰。平湖人。嘉靖壬戌會試，戊辰進士。翰林院修撰，副都御史。

郭欽華汾游艸一卷長干社艸一卷

字張虛。崇德人。

周履靖諸集十卷

字逸之，號梅墟。嘉興人。

朱廷訓荔丹堂艸一卷

字弘之。嘉興人。萬曆中太學生。官福州照磨。

朱士遷詩二卷

字季長。嘉興人。

徐世華遠游篇一卷

字仲芳。秀水人。

黃洪憲鑾坡制草四卷

字懋忠，號葵陽。秀水人。隆慶戊辰進士。翰林院編修，少詹事。

倪鍾醇寧遠樓艸一卷

字完我。平湖人。

魏大中藏密齋集二十四卷

字孔時，號廓園。嘉善人。萬曆丙辰進士。官科都給事中，被逆閹之禍，贈□□。

魏學洢茅簷集八卷

字子敬。大中之子，死父之難。

周允武詩編香藻三卷

字仲烈。秀水人。

孫光裕廉善堂集二十卷

字子長，號瀟湘。嘉興人。萬曆辛丑進士。官南京光禄寺少卿。

陸埰篔壘集十二卷

字秀卿。平湖人。嘉靖丙戌進士。官巡撫河南，僉都御史。

王錫命葆光閣艸二卷

字予卿，號文泉。秀水人。嘉靖壬戌進士。官福建僉事，江西參議。

王路清客窗留一卷

字仲遵。平湖人。

孫璽峰溪集六卷

字朝信。平湖人。正德戊辰進士。官山西參議。卒年七十一。以子植貴，贈刑部尚書。

戚元佐青藜閣稿三卷

字希仲。嘉興人。嘉靖［壬戌］進士。官禮部郎中。

錢芹永州集八卷

字懋文。海鹽人。號泮泉。嘉靖丙戌進士。官永州知府。

項元淇少岳集四卷

字子瞻。嘉興人。隆、萬中布衣。皇甫汸序。

趙伊席芳園稿二卷

字子衡，號上萃。平湖人。嘉靖壬辰進士。官廣西副使。卒年六十二。外孫沈懋孝序。

王文禄王生藝草五卷

字世廉。海鹽人。嘉靖辛卯鄉舉。

胡其久語溪宗輔二卷

字懋敬，號龍賓。崇德人。嘉靖中鄉舉。

陸澄原詩集六卷

字嗣端，號芝芳。平湖人。錫恩之子。天啟

乙丑進士。工部主事。

趙漢漸齋詩艸二卷

字鴻逵。平湖人。正德辛未進士。官山西參政。

陸錫恩詩集四卷

字伯承，號九芝。平湖人。泓之玄孫。萬曆乙未進士。刑部員外。

沈麐琴嘯軒一集一卷花詞一卷桃水菴詩一卷

字天鹿。嘉善人。

王梅柘湖遺稿二卷

字時魁。平湖人。嘉靖壬辰進士。官庶吉士。

何園客託園詩二卷

字閬先。

姚士粦蒙吉堂稿五卷

字叔祥。海鹽人。

陸(泓)[淞]東濱先生逸稿一卷

字文東。平湖人。弘治己酉解元、庚戌進士。官南京光禄寺卿。

陸光祚湛菴先生遺稿一卷

字與培。平湖人。嘉靖己未進士。官陝西提學副使。

陸光祖莊簡公遺稿一卷

字與純，號五臺。平湖人。

馮汝弼祐山詩選一卷

字惟良。平湖人。嘉靖壬辰進士。官給事中。

趙維寰詩選一卷

字□□。

郁士俊爨餘草一卷

字爾揆。嘉善人。

祝以豳貽美堂集二十四卷

字耳薊，號惺存。海寧人。萬曆丙戌進士。官南京府丞。

温州府

黄淮省愆集二卷

字宗豫，號介菴。洪武丁丑進士。官户部尚書、武英殿大學士。楊榮、金幼孜、楊士奇爲序。

張孚敬奏議十卷

字茂恭，號羅峰。永嘉人。正德辛巳進士。累官太師、大學士。謚文忠。

侯一元諸集共三十卷

字舜舉，號二谷。樂清人。嘉靖戊戌進士。官江西布政使。

孫昭西行集二卷

字明德，號斗城，一號省菴。永嘉人。嘉靖甲辰進士。官陝西巡按御史。

張昭閩游艸一卷

字叔麟，號元海。萬曆初歲貢。官海州同知。

何白汲古堂集二十八卷

字无咎，號丹霞。萬曆中布衣。

黄國信拙遲艸一卷

字道元，號四如。永嘉人。

趙士禎東事剩言一卷續艸一卷

字後湖。永嘉人。萬曆中太學生。官中書舍人。

劉思祖之罘山房艸四卷

字長孫。永嘉人。官福建參將。

張遜業甌江集二卷

字有功。永嘉人。文忠孚敬之子。

吳元應雁蕩山樵詩集十五卷

一字順德，號曼亭。樂清人。成化乙未進士。官廣東右布政使。父章綸尚書，復姓吳。

台州府

方孝孺遜志齋集二十四卷

字希直。海寧人。洪武末官翰林院侍讀、直文淵閣。

王弼南郭集六卷

字存敬。黃巖人。成化乙未進士。官興化府知府。

王度石梁集九卷

字律生。天台人。嘉靖癸未進士。官建昌府知府。

王宗沐摘稿十二卷

字新甫，號敬所。臨海人。嘉靖甲辰進士。官〔江西〕提學副使、都御史、刑部侍郎。

吳時來橫槎集四卷

字惟修，號悟齋。仙居人。嘉靖癸丑進士。左都御史。謚忠恪。

王亮詩四卷文八卷

字穉玉，號婁峰。萬曆丁丑進士。官苑馬寺卿，謫福建轉運副使。

王士性五岳游艸十二卷

字恒叔，號太初。臨海人。萬曆丁丑進士。官太僕寺少卿。

王士昌三垣摘疏一卷

字永叔，號斗溟。士性之弟。萬曆丙戌進士。官福建巡撫、都御史。

夏鍭赤城集七卷

字德樹。天台人。成化丁未進士。官南京大理寺左評事。

秦懋德淮閫吏隱稿四卷

字□□。臨海人。嘉靖中經魁。官淮安通判、福建運同。王亮爲之序。

黄惟楫説仲詩草八卷

字説仲。天台人。萬曆中布衣。馮夢禎序。

王鉞世潛集八卷附子王緒葵草録一卷

字□□，號素菴。臨海人。弘治庚戌進士。官刑科給事中。

嚴州府

商輅文毅集十一卷

字弘載，號素菴。淳安人。正統乙丑狀元。景泰中官文淵閣大學士。卒年七十三，謚文毅。

徐貫餘力集十二卷

字原一。淳安人。天順丁丑進士。累官工部尚書。謚康懿。

姚夔文敏集十卷

字大章，號損菴。桐廬縣人。正統戊午解元，壬戌會元。官吏部尚書。卒年六十，謚文敏。

方寛嚴陵賦一卷

字敬敷，號楓麓。壽昌縣人。

吴世良雲塢山人稿十七卷

字□□。遂安人。嘉靖戊戌進士。

衢州府

方豪棠陵集八卷奉希集一卷

字思道。開化人。正德戊辰進士。官刑部主

事。諫武宗南巡，廷杖。嘉靖中，陞福建副使。未涖任卒。

詹萊招摇池館集十六卷

字時殷，號範川。常山人。嘉靖丁未進士。官[湖廣]僉事。

徐任道駐春園集三卷集虚堂遺稿二卷

字仁卿，號弘宇。西安人。萬曆丙戌進士。官固安知縣、監察御史。

徐霈東溪文集六卷

字□□，號東溪。江山人。嘉靖辛丑進士。

趙鏜留齋漫稿十三卷

字敦本，號方泉。江山人。嘉靖丁未進士。官副都御史。

徐嘉相聯輿合草一卷

字完赤。西安人。福建按察司幕官，與龍溪陳日炳倡和。

處州府

劉基誠意伯集二十卷

字伯温。青田人。元末舉進士。洪武初封誠意伯。謚文成。

劉薦盤谷集十卷

字閒閒。基之孫。

黄九斗鳳棲岡吟稿二卷

字元樞，號十峰。遂昌人。萬曆中布衣。

何鏜游名山記一卷

字□□，號賓岩。麗水人。嘉靖丁未進士。

黄養端黄兆山房稿一卷

字□□。嘉靖中歲貢。

江西

南昌府

李裕餘力集四卷

字咨德，號古澹。豐城人。景泰甲戌進士。累官吏部尚書。卒年八十有八。

張元禎東白文集三十四卷

字廷祥，初名元徵。南昌人。天順庚辰進士。累官吏部侍郎。卒年七十，謚文恪。

楊廉月湖淨稿六十二卷

字方震。豐城人。成化丁未進士。官終南京禮部尚書。謚文恪。

萬鏜治齋文集四卷

字仕鳴。進賢人。弘治乙丑進士。官順天府尹。

熊卓侍御詩選一卷

字士選，號東溪。豐城人。弘治丙辰進士。官平湖知縣、監察御史。

舒芬梓溪集十卷

字國裳，初字以時，號石灘。進賢人。正德丁丑狀元。官翰林修撰。上疏諫武宗南巡，廷杖，謫福建市舶司提舉。卒年四十四。

雷賀中丞詩選一卷

字時雍，號少郭。南昌人。嘉靖辛丑進士。官都御史。

萬虞凱楓潭集鈔二卷

字懋卿。南昌人。嘉靖戊戌進士。歷官都御史。同年吳維嶽爲序。

余曰德集十四卷

初名應舉，字德甫，號午渠。南昌人。嘉靖庚戌進士。官福建按察司副使。

徐南金永思堂文稿十二卷

字體乾，號華原。豐城人。嘉靖辛丑進士。官巡撫、都御史。

喻爕素軒吟稿三卷

字廷理。新建人。嘉靖中布衣。蘭溪胡應麟爲序。

喻均山居詩稿十卷蘭陰稿五卷仙都稿一卷虎林稿四卷

字邦相，號楓谷。爕之子。隆慶戊辰進士。官山東副使。

喻應夔落花詩一卷

字宣仲。均之子。崇禎初歲貢。

李材觀我堂書要三十卷正學堂稿二十四卷

字孟誠，號見羅。豐城人。嘉靖壬戌進士。累官雲南巡撫、都御史。

鄧以讚文潔佚稿八卷

字汝德，號定宇。新建人。隆慶辛未會元、探花。南京吏部侍郎。謚文潔。陶望齡、左宗郢序。

徐即登來益堂稿五卷正學堂稿二十六卷

字獻和，號匡岳。南昌人。萬曆癸未進士。官福建提學，陞參政。

鄧文明諸集共十卷

字泰素。南昌人。萬曆乙酉鄉舉。官連州。

李鼎長卿集二十八卷

字長卿。南昌人。萬曆□□鄉舉。

汪應婁棲約齋稿三卷

字魯望。南昌人。萬曆己酉鄉舉。

熊明遇緑雪齋集八卷

字良儒，號壇石。南昌人。萬曆辛丑進士。歷官兵部尚書。

魏廣國文集十卷

字辟疆。南昌人。萬曆中諸生。

彭會諸稿共六卷

字次嘉。南昌人。萬曆中太學生。翼之子。

張儲綠雨齋集一卷

字明用。南昌人。

李遷鶯谷山房稿四卷文三卷

字□□，號蟠峰。南昌人。嘉靖辛丑進士。刑部尚書。

李國祥松門山房稿二十二卷

字休徵。南昌人。萬曆中選貢。通判。

張超匡山社詩集二卷卮言二卷

字元逸。南昌人。福建遊擊將軍。

吳桂芳師暇裒言十二卷

字子實，號自湖。新建人。嘉靖甲辰進士。兵部侍郎。

彭翼聽雨齋集六卷

字稺修。南昌人。萬曆初歲貢。蘭溪教諭。

涂宗濬榆塞稿二卷

字及甫，號鏡源。南昌人。萬曆癸未進士。官[兵]部尚書。集中皆講學、問答書牘。

趙來亨江籬館集十卷

字修文。南昌人。(萬曆)[隆慶戊辰]進士。淮安知府。

李璣西野集十三卷

字邦在。豐城人。嘉靖乙未進士，二甲第一名。歷官翰林詹事，南京禮部尚書致仕。卒年六十八。

張燾水坡詩集六卷
字時贊。南昌人。嘉靖辛卯鄉薦。官南平令，終沁州守。

熊壇石則草十卷
字已見前。

李貴浣所集十二卷
字廷良。豐城人。嘉靖癸丑進士。裕之玄孫。官編修、四川副使。先中壬子解元。卒年五十。

南昌府　宗室

安恪王孤憤詩草一卷
諱宸浮，別號弘毅。正德中册封爲石城王。

弋陽王訓忠堂集四卷
諱拱樻，號洪泉。

朱多鮩刻鵠齋稿一卷落花詩一卷
字齊雲。石城府輔國將軍。

朱多炡游編六卷
字貞吉，號瀑泉。弋陽府輔國將軍。私謚清敏先生。

朱多昭默存自娛集二十卷
字孔陽，一字臨汝，號默菴，別號無私道人。弋陽王孫。

朱多燌詩集十二卷
字宗良。瑞昌王孫。

朱多炎新咏一卷
字啟明。樂安王孫。

朱多熲古雪齋集一卷
字以昭，號斗齋。石城府輔國將軍。

朱多賔謙益堂集十卷漫游草一卷

字敬甫。

朱謀垔匡山讀書草一卷移家詩一卷

字禹卿，號恒厓。建安府鎮國中尉。

朱謀剸斯陶社詩草二卷芳草詩一卷

字文翰，號藩章。宜春府鎮國中尉。

朱謀墾揚吾卜游稿二卷

字辟疆，號奎吾。石城府鎮國中尉。

朱謀⿱髟土落花詩一卷

字希之，號和宇。石城府鎮國中尉。

朱謀埻雄飛軒稿三卷

字伯隄。石城府鎮國中尉

朱謀晉西堂詩一卷初集四卷廬山詩一卷

字康侯。樂安府鎮國中尉。

朱謀堚入山詩三卷

字圖南，號天池。弋陽王孫。鎮國中尉。時或出遊，變名爲來鯤，字子魚。

朱謀(埠)[⿰土韋]枳園近稿八卷

字鬱儀，號海岳。石城王孫。鎮國中尉。

朱謀墻新咏二卷

字元長。石城王孫。

朱謀墷新咏一卷

字德操。石城王孫。

朱謀⿰土孛長安山房詩草一卷

字誠甫，號體源。石城府鎮國中尉。

朱謀堪西遊稿二卷

字元琳。

朱統鉐芝雲遊稿二卷吳越遊稿三卷

字堅白。弋陽府輔國中尉。

朱統⿰山金畫禪齋別稿二卷近稿二卷

字夷庚。弋陽府輔國中尉。

朱統鎬白門近草二卷白門遊草一卷

字景周，一字宗武。瑞昌王孫。

朱統銧挹秀軒詩一卷夢瀑齋稿一卷

字安仁。弋陽輔國中尉。

朱謀臹退翁稿六卷

字幼晉。弋陽鎮國中尉。

懶仙竹林集二卷〔二八〕

字□□。

撫州府

吳宣野菴先生集十六卷

字師尼。崇仁人。景泰癸酉鄉舉。官鎮遠太守。

吳道南巴山館草四卷綸扉奏草一卷南宮續草一卷

字會甫，號曙谷。宣之玄孫。萬曆己丑進士。累官太子太保、户部尚書、文淵閣大學士。卒年七十有四，謚文恪。

黃希憲閩中初稿二卷

字伯容，號毅所。金溪人。嘉靖癸丑進士。官福建參政。

帥機陽秋館集選十七卷

字惟審，號謙齋。臨川人。隆慶戊辰進士。官南京刑部郎中。

帥廷鉌秋水編四卷雙璧堂集二卷

字從升。機之子。

帥廷鏌詩選二卷

字從龍，一字赤堇。機之子。萬曆中貢士。

湯顯祖玉茗堂稿二十一卷尺牘六卷絕句二卷問棘游草一卷

字義仍，號海若。臨川人。萬曆癸未進士。官南京禮部主事。

張應雷也石林四卷

字思豫，號順齋。金谿人。隆慶辛未進士。湖州府推官。

周獻臣鶯林外編四十四卷別編二卷

字叡六，號青來。臨川人。萬曆丙戌進士。官太原知縣、刑部郎中，謫福建布政司檢校。

謝廷諒諸集共三十卷

字友可，號九紫。金溪人。萬曆乙未進士。官順慶知府。

謝廷讚綠屋遊草十五卷

字曰可，號山子。廷諒之子。萬曆戊戌進士。官刑部主事，建言爲民。龍溪張燮爲序。

周孔教西臺疏稿二卷江南疏稿九卷中州疏稿五卷

字明行，號懷魯。臨川人。萬曆庚辰進士。官北京提學、右副都御史。

鄭槐水心亭詩集一卷

字元圃。臨川人。天啟中布衣。

桂紹龍建南三咏一卷

字驤雲，號允虞。金溪人。萬曆丁未進士。福建右布政使。

袁履方點石壇初集七卷

字親上。臨川人。

丘兆麟學餘園集四卷

字毛伯，號太丘。臨川人。萬曆庚戌進士。御史、太僕少卿。

朱弘祖東皐舒嘯集九卷

字彥昌。臨川人。號東皐畊叟。元末國初逸士。景泰七年，弘祖孫朱紹徽刻，門人參政吳昌衍序。

鄒(猶)[胤]孝北征記一卷　宜川十景一卷

字恭甫。臨川人。天啟丁卯舉人。

揭重熙鶴玉齋集三卷

字君緝，號潛銘。臨川人。崇禎辛未進士。

曾旭退齋詩集六卷

字旦初。臨川人。

吉安府

劉崧槎翁集十二卷

字子高。太和人。洪武三年，以村學舉。官吏部尚書、國子監祭酒。

解縉學士集三十卷

字大紳，一字縉紳，號春雨。廬陵人。洪武戊戌進士。官翰林院右春坊大學士。宣德中謫交阯參議。以讒言下獄死，年四十七。

曾子永遼海詩略一卷

號遼海。太和人。洪武初處士。以執公役謫戍遼東，居數年。所著有詩集若干卷。五世孫曾子拱選刻之。

楊士奇東里全集八十四卷

原名寓，以字行。泰和人。建文初，徵辟爲翰林修撰。文皇即位，累官禮部尚書、華蓋殿大學士，進少師、柱國。歷仕三朝。卒年八十，謚文貞。

陳循芳洲集十卷

字德遵。太和人。永樂乙未狀元。累官户部尚書、少保、華蓋殿大學士。謫戍遼東。卒年七十八。

王直抑菴文集三十七卷

字行儉。太和人。永樂甲申進士。累官太子太師、吏部尚書。卒年八十四，謚文端。

羅倫一峯文集十四卷

字彝正，一字應魁。永豐人。成化丙戌狀元。官翰林院修撰，以諫謫福建提舉。卒年四十八，謚文毅。

徐威畸所漫稿二卷

字廣威。太和人。弘治壬子鄉舉。官鄖西教諭。

毛伯温東塘集十卷

字汝厲。吉水人。正德戊辰進士。累官太子太保、兵部尚書。卒年六十四。

羅洪先念菴文集十三卷

字達夫。吉水人。嘉靖己丑狀元。官左贊善、翰林院修撰。贈光禄寺少卿，謚文恭。

曾同亨泉湖山房稿三十卷

字于埜，號見臺。吉水人。嘉靖己未進士。官南京吏部尚書、兼太子少保。卒年七十五。

鄒元標南臯集選七卷太平山房詩選五卷奏疏四卷

字爾瞻。吉水人。萬曆丁丑進士。少年登第，疏劾輔臣江陵，廷杖，謫戍夜郎。泰昌改元，起自家居，累遷至左僉都御史。謚恭介。

郭子章(殯)[蠙]衣生粵草十卷蜀草十卷楚草十卷閩草三卷浙草七卷晉草九卷黔草六卷

字相奎，號青螺。太和人。隆慶辛未進士。官右副都御史，兼兵部侍郎。

劉日升慎修堂集二十三卷

字扶生，號明自。廬陵人。萬曆庚辰進士。

官南京太僕寺卿。

鄒德溥南薰吟一卷

字汝光，號四山。安福人。萬曆癸未進士。官翰林院編修。

劉應秋大司成集十六卷

字士和，號兑陽。吉水人。萬曆癸未探花。官國子監祭酒。卒年五十三，謚文節。

鄒匡明諸集共十卷

字子尹。安福人。

宋儀望華陽館集十二卷

字望之，號陽山。永豐人。嘉靖丁未進士。福建提學副使、都御史。卒年六十五。

劉九當喜聞集十二卷

字任之。安福人。萬曆壬辰進士。翰林院編修。辛亥年門生陳邦瞻刻于閩中。

周是修芻蕘集六卷

名德，以字行。太和人。國初以明經舉。高皇帝擢爲周府奉祠，改衡府紀善，預翰林纂修。文皇靖難至金川門，是修密留書於家，入應天府學自經死，年四十九。萬曆中刻集。王世貞、劉應秋、姜士昌序，末附楊士奇、解縉、王直墓志。

蕭鎡尚約居士集二十卷

字孟勤。太和人。宣德丁未進士。官至太子少師、户部尚書。丘濬、程敏政序。弘治七年刻。卒年七十有二。

郭汝霖石泉山房集十二卷

字時望，號一厓。永豐人。嘉靖癸丑進士。吏科給事中，奉使琉球，官至太常寺卿。卒年七十有一。

陳慶視軒集八卷

字履旋，號西塘。永豐人。嘉靖庚戌進士。南京太常寺卿。

鄒守益東郭集十一卷遺稿十二卷

字謙之。安福人。正德辛未會元、探花。南京國子監祭酒、禮部侍郎。卒年七十二，謚文莊。理學名臣。

李萬平飢豹存稿八卷

字惟衡，號芒湖。豐城人。嘉靖中諸生。以子遂貴，封刑部郎中。壽八十。孫材較梓。

聶豹雙江集十四卷

字文蔚。吉水人。正德丁丑進士。福建巡按御史、太子太保、兵部尚書。卒年七十七，謚貞襄。

魯鳳儀金簡集四卷

本姓彭，字舜徵。安福人，流寓衡陽。萬曆癸未進士。南京禮部郎中。

劉教正思齋遺稿十卷

字因吾。安福人。弱冠領弘治□□年鄉薦。卒年三十二。

劉玉執齋集十三卷

字咸栗。萬安人。弘治丙辰進士。建言劾劉瑾，廷杖。官至刑部左侍郎。卒年七十一，謚端毅。祖廣衡、父喬、子愨俱進士。是集爲楊慎所選。

張鼇山南松堂稿六卷

字汝立，號石磐。安福人。正德辛未進士。監察御史。卒年七十四。

尹臺洞山集八卷〔一九〕

字□□。永新人。嘉靖乙未進士。南京禮部尚書。

劉敔鳳巢小鳴稿六卷

字中和。盧陵人。成化丙午鄉舉。賓州知州。

劉迪簡尚賓文集五卷

字商卿。安福人。洪武初薦爲尚賓館副使，勅授將仕佐郎。使安南回，至南寧府卒。御選送行詩。

曾大奇治平言二卷

字端甫。太和人。萬曆中諸生。

曾文饒浣花居小品一卷

字堯臣。崇禎戊寅貢士。大奇之子。

彭時文憲公集四卷

字純道。正統戊辰狀元。文淵閣大學士。卒年六十。

彭華文思集四卷

字彦實，號素菴。安福人。景泰甲戌會元。禮部尚書。卒年六十五。

周佐北澗集十卷

字廷臣。永豐人。正德甲戌進士。山西僉事。

蕭雍酌齋遺集四卷

字宜用。萬安人。正德中歲貢。未仕卒，年六十有六。

廣信府

夏言賜閒堂稿八卷桂州詩餘一卷奏議廿卷

字公謹，號桂州。貴溪人。正德丁丑進士。累官吏部尚書、少師、華蓋殿大學士。坐法下獄，誅死，謚文愍。

汪佃東麓遺稿五卷

字有之。弋陽人。正德丁丑進士。福建僉

事、太僕寺少卿。

江以達午坡集四卷

字于順。貴溪人。嘉靖丙戌進士。官福建提學。莆田門人黄鑄官撫州知府，爲刻其集。

鄭邦福采真遊四卷

字羽夫，號鐵耕。上饒人。隆慶辛未進士。官南京太僕寺少卿。

程福生詩集八卷

字孟孺，初名應魁。玉山人。萬曆中諸生。

費懋謙詩草一卷

字民益。銘山人。萬曆中以父寀蔭，官福建運副。

費長年燕市稿一卷

字定之。銘山人。萬曆中太學生。官閩縣主簿。

費元禄甲秀園集四十七卷轉情集二卷

字無學，一字學卿。鉛山人。萬曆太學生。卒年四十七。屠隆、陳繼儒爲序。

胡居仁敬齋集三卷居業録六卷

字叔心，號敬齋。餘干人。弘治中布衣。主教白鹿洞書院。從祀孔子廟廷。

費寀文通集選四卷

字□□，號□□。鉛山人。正德辛未進士。禮部尚書。謚文通。子懋謙，萬曆甲申官福建運副，刻于三山。張煒所選也。王應鍾、林懋和爲之序。

費宏文憲集二十卷

字子充，號鵞湖。鉛山人。成化丁未狀元。少師、華蓋殿大學士。謚文憲。門人徐階序。

趙鏜留齋漫稿九卷

字敦本，號方泉。江山人。嘉靖丁未進士。副都御史。

詹兆垣北征初集一卷

字仲常，號月如。永豐人。［崇禎］辛巳進士。甌寧知縣。

王嗣經偶存詩一卷

字曰常。上饒人。

楊育秀玩易堂稿一卷

字原山。貴溪人。嘉靖丙戌進士。吏部郎中。

建昌府

何文淵東園文集四卷鈍菴先生奏稿一卷

字巨川。廣昌人。永樂戊戌進士。累官太子太保、吏部尚書。卒年七十三。

何喬新椒邱集三十四卷

字廷秀。文淵之子。景泰甲戌進士。累官刑部尚書。卒年七十六，謚文肅。

羅玘圭峰集十八卷續集九卷

字景鳴。南城人。成化丁未進士。累官南京吏部左侍郎致仕。卒年七十三，謚文肅。

鄧渼留夷館集四卷南中集四卷紅泉集四卷

字遠遊。南城人。萬曆戊戌進士。官御史、浙江副使、順天巡撫、副都御史。

程里春社詩一卷落花詩四卷湖上稿一卷

字子仁。南城人。

程鉉詩集八卷文集二卷方丹稿一卷

字鼎卿。里之子。

朱常淛防露館藁一卷

字肇鄣。南城王孫。

益王東館缶音四卷

號仙源。

張昇文僖詩集二十二卷

字啟昭，號柏崖。南城人。成化己丑進士。歷官禮部尚書。謚文僖。

黄立言攬茝齋集四卷爰書雜集六卷

字大次，號石函。廣昌人。萬曆[辛卯]鄉舉。先任嚴州司理，達州守，遵義同知、太守，福建運使。崇禎九年任□。

鄧澄東園詩二卷

字□□，號來沙。新城人。萬曆甲辰進士。官翰林庶吉士、御史、湖廣僉事。

萬文蛟粵遊草二卷

字印角。新城人。

饒州府

劉炳春雨軒集十卷

字彥昺，號懶雲。鄱陽人。洪武初官中書博士，咨議典籤，極承高帝寵遇。卒年六十九。嘉靖癸巳六世孫劉塾重梓。宋濂、危素、楊維禎俱序之。

桂萼文襄奏疏八卷

字子實，號尼山。安仁人。正德辛未進士。累官吏部尚書、少保、太子太傅、武英殿(太)[大]學(生)[士]。謚文襄。男載刻于應天府公署，饒州太守李易序。

余禕清流雜稿二卷

號方山。鄱陽人。嘉靖初任清流縣知縣，與葉古厓同時倡和。

桂華古山文集十二卷

字子朴。萼之兄。正德癸酉鄉舉。卒年四十七。

臨江府

練子寧金川玉屑集三卷中丞文集二卷

名安，以字行。新淦人。洪武乙丑榜眼。官左副都御史。

朱應文鍾陵社稿一卷

字國蔚。新淦人。萬曆中太學。

敖英心遠堂詩文草二卷雜著六卷

字子發，號東谷。清江人。正德辛巳進士。[官江西右]布政。

朱孟震郁木生吟稿二卷

字秉器，號明虹。新淦人。隆慶戊辰進士。官副都御史。

南康府

徐中素息機堂集八卷

字無染，號玉淵。建昌人。萬曆戊戌進士。官山東按察司僉事。

瑞州府

陳邦瞻荷華山房摘稿七卷

字德遠，號匡左。高安人。萬曆戊戌進士。官兵部左侍郎。

鄒維璉達觀樓集四卷理署草四卷友白草四卷樞曹奏疏二卷撫閩奏疏政稿十卷

字德輝，號匪石。新昌人。萬曆丁未進士。

官福建巡撫、都御史。崇禎癸酉去任。

戴國士蒨園草二卷

字初士。新昌人。

戴憲明閩遊草一卷

字叔度。新昌人。天啟丁卯鄉舉。

胡維霖黄檗山人稿八卷

字夢説，號檗山。新昌人。萬曆癸丑進士。官福建左布政使，分守建南道。

黄國錡和西極詩一卷

字石公。新昌人。崇禎丁丑進士。

袁州府

嚴嵩鈐山堂集四十卷南宮奏議三十卷

字惟中，號介溪。分宜人。弘治乙丑進士。累官少師、吏部尚書、華蓋殿大學士。

南安府

劉節梅國詩集二卷文集二卷

字介夫。大庾人。弘治乙丑進士。官終都察院御史。

贛州府

吕禎澗松遺稿十六卷

字□□。贛縣人。成化中歲貢。睢寧縣丞。

湖廣

武昌府

魏觀蒲山牧唱四卷

字杞山，號海初。蒲圻人。洪武初以文學薦，歷任浙江按察僉事、太常寺卿、翰林侍讀、國子祭酒。出知蘇州，因改蘇州郡治，與高啟同以罪棄市。卒年六十九。正德中，玄孫魏頌刻其遺集。

劉績蘆泉集四卷

字用熙。江夏人。弘治庚戌進士。吏部員外、鎮江知府。

廖道南元素子集三十卷采風集二卷

字鳴吾，號淩嵒。蒲圻人。正德辛巳進士。翰林侍講，爲權臣所忌，謫徽州推官。

汪必東南雋集二十卷

字希會。崇陽人。正德辛未進士。河南參政。

胡定二溪文論二卷

字明仲。崇陽人。嘉靖丙辰進士。萬曆初爲福建提學副使。

汪宗凱棠溪集二十卷

字子才，自號七十二峰山人。崇陽人。嘉靖乙未進士。(少)〔尚寶寺〕卿。

朱廷立兩崖文集六卷

字子禮。通山人。嘉靖癸未進士。禮部侍郎。

吳國倫甔甀洞稿五十四卷續稿二十七卷

字明卿，號川樓。興國州人。嘉靖庚戌進士。河南參政。前集王世貞、許國序。續集李維禎、鄧原岳序。

吳士良定閣詩選四卷吳季子八卷

字皐倩。國倫仲子。萬曆中太學生。李維禎、謝肇淛序。

馬天錦楚語二卷石囷新語一卷

字澹希，一字聚生，號石囷。蒲圻人。萬曆乙未進士。南京兵部郎中。

李承芳東嶠集二卷

字□□，號東嶠。嘉魚人。弘治庚戌進士。

董大政詩集八卷

字元父，號文(獄)[嶽]。江夏人。

郭正域黃離草十卷

字美命，號明龍。江夏人。萬曆癸未進士。翰林院庶子、祭酒、禮部侍郎。

汪桂武夷閒集一卷

字仙友。崇陽人。天啟乙丑進士。兵部主事。

張鍾靈白湖遺稿四卷

字一卿。武昌人。弘治中解元。高尚不仕。

承天府

魯鐸蓮北先生集選一卷

字振之。景陵人。弘治壬戌會元。國子祭酒。羞與(送)[劉]瑾同朝，拂衣歸。卒年六十七，謚文恪。同鄉譚元春所删者也。

陳柏蘇山集五卷

字憲卿。沔陽州人。嘉靖庚戌進士。官山西副使。卒年七十五。

陳文燭二酉園詩集十二卷文集二十三卷

字玉叔，號五岳。柏之子。嘉靖乙丑進士。官福建布政使、南京大理寺卿。汪道昆、王世貞序。

劉侃新陽詩草十一卷

字正言，號均河。京山人。嘉靖癸丑進士。

福建左布政使。都憲周滿序，刻于閩中。

王格少泉集十卷

字汝化。京山人。嘉靖丙戌進士。河南僉事。崔(鐃)〔銑〕、顧璘爲序。

鍾惺隱秀軒集八卷遺稿四卷

字伯敬，號退谷。景陵人。萬曆庚戌進士。官福建提學副使。

譚元春雙樹齋草二卷

字友夏。景陵人。天啟丁卯解元。

高岱居鄖稿一卷樵論一卷

字伯宗，號鹿城。京山縣人。嘉靖庚戌進士。景府長史。

高啓叔崇遺稿一卷

字叔崇，號鶴池。岱之弟。嘉靖乙卯省試第二人，丙辰進士。兵部武庫司郎中。卒年三十八。

高壆季安遺稿一卷

字季安，號厓山。岱之弟。嘉靖辛酉鄉舉。時年十九，次年卒。岱收其遺稿梓之。

陳所學鴻濛館集八卷

字正甫，號松石。景陵人。萬曆癸未進士。官福建右布政使、户部侍郎。

柴一德涉泗草一卷洪江集一卷

字吉民。潛江人。崇禎癸酉遊閩，招之入社，多所倡和。

王應翼采山樓集六卷

字天樂。京山人。萬曆中鄉舉。

黄州府

王廷陳夢澤集十七卷

字穉欽。黄岡人。正德丁丑進士。由翰林庶

吉士，改吏科給事中。以建言廷杖，謫知裕州。卒年五十有八。

湯之相金陵集二卷

字惟尹，號樗存。廣濟人。萬曆中鄉舉。官南京刑部郎中，陞太守。

石崑玉石居士詩删二卷

字□□，號楚陽。黄梅人。萬曆庚辰進士。福建參政、大同巡撫、僉都御史。年八十餘。子孫俱科甲。董其昌序。

樊維甫霞西集十卷

字山圖。黄岡人。

耿汝愚江汝社稿八卷

字元通。黄安人。一字克明。定向之子。

耿定向廓如編二卷奏疏一卷

字在倫，號天臺。嘉靖丙辰進士。户部尚書。謚恭簡。〔二〇〕

耿定力疏略一卷

字子健，號叔臺。嘉靖辛未進士。官南京兵部侍郎，贈尚書。

長沙府

李東陽懷麓堂續稿十三卷擬古樂府一卷

字賓之，號西涯。茶陵州人。四歲舉神童。天順甲申進士。華蓋殿大學士。卒年七十，謚文正。《續稿》邵寶序，《樂府》自爲註。

張治龍湖文集十四卷

字文邦。茶陵州人。正德辛巳會元。文淵閣大學士。初謚文隱，改謚文毅。尚書雷禮序。

廖希顔東雩存稿四卷

字叔愚。茶陵州人。嘉靖壬辰進士。山西提

學副使。

張超楚歸草一卷

字伯迴。湘潭人。

周之龍西曹草一卷 附曹覞

字左卿。

常德府

陳洪謨靜芳亭摘稿十二卷

字宗禹，號高吾。武陵人。弘治丙辰進士。兵部侍郎致仕。顧應祥、顧璘爲序。

江盈科雪濤閣集十四卷

字進之，號渌蘿。桃源人。萬曆壬辰進士。長洲知縣、吏部主事、大理評事。予以己未過桃源，進之之子禹疏留宿閣中，見貽此集。更見有《續集》三十卷，未刻也。擢四川提學僉事，未任卒。

龍膺太玉洞稿一卷漁仙雜著一卷

字君善，一字君御，號一所。武陵人。萬曆庚辰進士。官禮部主事、按察使、南京太常寺卿。

龍膺淪灦集選八卷

見前。李維禎、張鶴鳴、馮時可序。

岳州府

劉大夏東山詩集二卷

字時雍。華容人。天順甲申進士。爲閩省參政，官至兵部尚書、太子太保。謚忠宣。仲子祖修得其詩三百三十首。都憲李立卿刻傳。

孫繼芳石磯集二卷

字世其。華容人。正德辛未進士。兵部員外，上疏諫武宗南巡，廷杖。補雲南提學副使。卒年五十有九。

孫宜洞庭漁人集五十三卷

字仲可，號洞庭漁人。繼芳之子。嘉靖戊子鄉試。隱居不仕。喬世寧序，王世貞爲之傳。

孫斯億雲夢詩二卷

字兆孺。宜之子。嘉靖中布衣。以子羽侯貴，封給事中。屠本畯選。

謝上箴南湖詩集二卷

字以善。華容人。嘉靖壬辰進士。建寧知府。天游山人楊應詔序，刻于建寧。

孫羽侯遂初堂集選一卷

字鵬初，號湘山。斯億之子。萬曆己丑進士。禮科給事中。

華容孫氏集選四卷

繼芳、宜、斯億、羽侯。

寶慶府

車大任合劍篇一卷

字子仁，號春涵。邵陽人。萬曆庚辰進士。福建知府，與同知南海温景明倡和，刻是集。後擢河南憲副去。

武岡王少鶴山人續稿八卷

諱顯槐。嘉靖中受封。

曹一夔虛白齋集二十卷

字子韶。武岡州人。萬曆甲戌進士。御史。

衡州府

曾朝節紫園續集四卷

字□□，號植齋。臨武人。萬曆丁丑進士。禮部尚書，掌翰林院事。

荆州府

袁宗道白蘇齋[集]二十二卷

字伯修，號玉蟠。公安人。萬曆丙戌會元。翰林編修、洗馬、右庶子。卒年四十二。以唐白居易無兒，宋蘇軾躁吻，雅似二公，用「白蘇」名齋以自況云。

袁宏道錦帆集四卷瓶花齋集十卷華嵩遊草二卷桃源詠一卷廣陵集一卷敝篋集二卷破硯齋集二卷解脱集二卷

字中郎，號石公。宗道之弟。萬曆壬辰進士。官吏部郎中。

雷思霈歲星堂集四卷

字何思。夷陵州人。萬曆辛丑進士。翰林簡討。〔二一〕

崔表長松齋稿一卷

字公超。江陵人。

德安府

劉伯燮鶴鳴集二十七卷

字元甫，號小鶴。孝感人。隆慶戊辰進士。兵科給事中、福建參政、廣東按察使。閩門人鄭懋洵爲之序。〔二二〕

[直隸]〔二三〕

石(瑶)[珤]熊峰集四卷

字邦彦。真定藁城人。成化丁未進士。文淵閣大學士。謚文隱，改謚文介。

蕭顯海釣遺風四卷

字文明，號履菴。山海衛籍，江西龍泉人。成化壬辰進士。官兵科給事中，爲權幸所嫉，遷鎮寧州同知，擢福建按察僉事。卒年七十六。

宋登春布衣詩集二卷

字應元，自號海翁，又號鵞池生。真定府新河縣人。嘉靖中布衣。徐學謨爲作《鵞池生傳》。

王尚文蓋心堂稿十卷

號寶岡。真定縣人。嘉靖壬戌武進士第二人。萬曆初，福建都督總兵官。

魏允中仲子集十卷

字懋權，號崑溟。大名府南樂縣人。萬曆庚辰進士。吏部主事。卒年四十三。

張維兩芝山房稿三卷

字四維，號範吾。順天府永清人。嘉、隆朝內監。

米萬鍾北征吟一卷

字仲詔，號友石。錦衣衛人。萬曆乙未進士。官江西按察使。

宋訥西隱文集十卷

字仲敏。大名府滑縣人。洪武初徵爲國子祭酒，文淵閣大學士。卒年八十，謚文恪。

魏允貞伯子集四卷

字懋忠，號見泉。南樂人。萬曆丁丑進士。山西巡撫、都御史。

宋光烈遠遊篇八卷

字季玉，號山君。定遠人。西寧侯之子。崇禎十年官福建都司斷事。

蘇志皐寒村集四卷

字德明。順天固安人。嘉靖壬辰進士。副都御史。

河南

王鈍野莊集六卷

字士魯。開封府太康縣人。元至正登進士。洪武初詔徵爲福建參政，建文初爲户部尚書。卒年七十有一。

何景明文集二十六卷

字仲默，號大復。汝寧府信陽州人。年十九登弘治壬戌進士。陝西提學副使。卒年三十九。

崔銑洹詞十二卷

字子鍾，一字仲鳧，號後渠。彰德府安陽人。弘治乙丑進士。南京禮部侍郎。謚文敏。

王廷相家藏集五十四卷

字子衡，號浚川。開封府儀封人。弘治壬戌進士。累官兵部尚書、太子少師。

何瑭柏齋集十卷

字粹夫。懷慶衛籍，南直隸如皋人。弘治壬戌進士。禮部侍郎、南京右都御史。卒年七十，謚文定。

李濂春遊王屋稿五卷

字川父，號嵩渚。開封府祥符人。正德癸酉解元、甲戌進士。山西按察僉事。三十餘即懸車。

高叔嗣蘇門集八卷

字子業。開封府祥符人。嘉靖癸未進士。湖廣按察使。卒年三十七。詩三百十一首，文五十一首。四明陳束、古鄮劉訒序。

楊本仁少室山人集二十四卷

字次山，號少室。開封府杞縣人。嘉靖己丑進士。刑部主事。

王惟儉損仲集二卷

字損仲，號符禺。開封祥符縣人。萬曆乙未

進士。都御史、工部左侍郎。

朱睦㮮聚樂堂甲辰集一卷

字灌甫，號西亭，一號東坡居士。開封人。嘉靖中周府王孫。

喻時海上老人別集二卷正集九卷

字吳臯。汝寧光州人。嘉靖戊戌進士。

劉忠野亭遺稿八卷

字司直。陳留人。成化戊戌進士。官少傅、武英殿大學士。卒年七十二，謚文肅。門生鄒守益序。

張宿次快宜堂集四卷

字元休，號夢菴。汝寧府汝陽縣人。天啟中鄉舉。

高拱獻忱集五卷

字□□，號中元。新鄭人。

楊四知游閩集一卷

字□□，號廉峰。開封祥符人。萬曆[甲戌]進士。福建巡按御史。

王尚絅蒼谷集十二卷

字錦夫，號蒼谷。汝州郟縣人。弘治壬戌進士。歷官浙江右布政使。私謚貞孝。尚書王崇慶序。

馬文升奏議二卷

字負圖，號三峰。禹州人。正德辛未進士。吏部尚書。謚端肅。卒年八十一。

劉訒春岡集六卷

字□□，號春岡。鄢陵人。正德丁丑進士。刑部尚書。

李士允山藏集七卷

字子中。祥符人。正德丁丑進士。

安世鳳環玉亭抄二卷

字鳳來，號舜廷。歸德衛人。萬曆癸未進士。處州府同知。

陝西

李夢陽崆峒集六十六卷

字獻吉。慶陽衛籍，河南扶溝人。弘治癸丑進士。江西提學副使。

田登偶山集四卷

字有年。西安府長安人。弘治乙丑進士。官刑部時，抗疏諫武宗南巡。湖廣參政。累薦不起。子田部令內鄉時刻也。

李河彭村集二卷

字□□。西安府長安人。弘治中官衛輝教授。

韓邦靖五泉集四卷

字汝度。西安府朝邑人。與弟邦奇同舉正德戊辰進士。山西參議。卒年三十六。康海爲序。

馬汝驥西元集一卷

字仲房。延安府綏德州人。正德丁丑進士。官翰林編修。上疏諫武宗南巡，廷杖，跪闕下五日。調澤州知州，終禮部侍郎。卒年五十九，謚文簡。

胡纘宗鳥鼠山人詩集七卷

字世甫，號可泉。鞏昌府秦安人。正德戊辰進士。官蘇州知府、副都御史。詩皆蒞蘇時所作，門人袁[衮]爲刻其集，相臺崔銑序。

王謳彭衙集四卷

字舜夫。西安府白水人。正德丁丑進士。刑部郎中、山西僉事。卒年三十六。集不書名第，曰《彭衙集》。詩以年月爲次序，自正德戊辰至丙戌止。

張治道太微山人集十二卷後集四卷

字孟獨。西安府長安人。正德甲戌進士。刑部主事。

喬世寧丘隅集十九卷

字景叔，號三石。西安府耀州人。嘉靖戊戌進士。四川按察使。

王維楨存笥稿二十卷

字允寧，號槐野。西安府華州人。嘉靖乙未進士。南京國子監祭酒，便道過家，會關中地震，自殞於家。

南憲仲廣川集四卷

字子章，號次源。西安府渭南縣人。萬曆甲戌進士。棗强知縣。卒年三十餘。子居益巡撫閩中時所刻。

文翔鳳金陵賦草一卷

字天瑞，號太清。西安府三水人。萬曆庚戌進士。南京吏部主事、光禄寺少卿。

馮從吾西臺疏草一卷

字仲好，號少墟。西安府長安人。萬曆己丑進士。左副都御史。

李朴啟札二卷

字□□，號繼白。西安府朝邑人。萬曆辛丑進士。高唐知州、户部郎中。

張問仁河右集八卷

字以元，號春谷。西安府西寧人。嘉靖丙辰進士。

山東

楊光溥沂川集六卷

字文卿。青州府沂水縣人。成化己丑進士。山西按察司副使。

邊貢華泉集八卷

字廷實。濟南歷城人。弘治丙辰進士。南京户部尚書。卒年五十七。郡人劉天民彙次。

穆孔暉元菴集二卷遺書二卷

字伯潛。東昌府堂邑人。弘治甲子解元、乙丑進士。太常寺卿。卒年六十，贈禮部侍郎，謚文簡。朱延禧刻于金陵，焦竑爲序。

王道文定公文録十二卷

字純甫，號順渠。東昌府武城人。正德辛未進士。南京國子祭酒、吏部侍郎。謚文定。

黄卿編茗集八卷

字時庸，號海亭。青州府益都人。正德戊辰進士。江西布政使。

李攀龍滄溟全集三十二卷白雪樓稿十卷

字于鱗，號滄溟。濟南府歷城縣人。嘉靖甲辰進士。河南按察使。《滄溟遺稿》二卷，江都陸弼刻。

謝榛四溟旅人集十卷

字茂秦，號四溟。東昌府臨清人。嘉靖中布衣，與李攀龍、王世貞、徐中行、梁有譽、宗臣、吴國倫，稱中原七子。

邢侗來禽館草二卷又全集二十八卷

字子愿，號知吾。濟南府臨邑人。萬曆甲戌進士。御史，行太僕寺少卿。

于若瀛落花詩一卷弗告堂集四卷

字文若，號念東。濟寧衛人。萬曆癸未進士。太僕寺卿、陝西巡撫、副都御史。

于慎行穀城山館詩集二十卷文集四十卷

字可遠，號穀峰。兖州東阿人。隆慶戊辰進士。大學士。謚文定。

邢有怍烟水亭倡和篇一卷

字□□，號怡亭。萊州昌邑縣人。萬曆丙戌進士。九江知府。倡和諸篇，與九江同僚所作也。官至四川副使。

周顯宗自適稿四卷

字□□，號洞虛。東昌濮州人。嘉靖乙丑進士。漢中知府。

程(瑶)[珤]右丞稿八卷

字□□。濟南府德州衛人，(液)[掖]縣籍。嘉靖壬辰進士。江西布政使。

耿橘銕笛子一卷

字庭懷。

周如砥太史集三十二卷

字季平，號礪齋。萊州即墨縣人。萬曆己丑進士。檢討。

馮琦北海集

字用韞，號琢菴。萬曆丁丑進士。青州人。官少詹。

陳鼎大竹文集四卷

字□□。登州衛人。弘治乙丑進士。浙江按察使、順天府尹。

董楠詩集四卷

字孟材。青州人。嘉靖中□□。

陳明鵲湖稿二卷

字□□。濟南府人。嘉靖[癸未]進士。工部主事。

山西

薛瑄河汾詩集八卷文清全集四十卷

字德温，號敬軒。平陽府蒲州人。永樂辛丑進士。禮部侍郎。謚文清。從祀孔子廟庭。詩一千一百三十首。孫禥官刑部主事彙次，門人閻禹錫序。

趙訥歸田稿十卷

字孟敏，號陽溪。汾州孝義縣人。嘉靖己未進士。保寧知府。

裴邦奇詩選一卷

字庸甫。平陽聞喜人。晉公之裔。正德中布衣。詩附《晉詩選雅》中。

呂陽岫雲詩選一卷

字仲和。其先山東曹縣人。景泰初世，官平陽，因家焉。嘉靖庚戌進士。任中書舍人。丁巳即歸田，與裴邦奇倡和。詩附《晉詩選雅》中。

張道濬詩集詞曲六卷

字深之。沁水人。官山西都督。

四川

席書元山文選五卷

字文同。濂川州遂寧人。弘治庚戌進士。武英殿大學士。謚文襄。

曾璵少岷存稿四卷

字東玉。瀘州人。正德戊辰進士。户部郎中，因忤逆瑾，出爲建昌知府。〔二四〕

楊慎升菴全集八十一卷

字用修。成都縣人。正德辛未狀元。翰林修撰。以伏闕事下獄，廷杖，流戍雲南永昌三十餘年。謚文憲。

王棻愧陶集一卷

字□□，號懷鶴。卭州人。嘉靖癸卯鄉舉。崇安知縣。

來知德瞿唐日録三十卷

字矣鮮。夔州府梁山人。萬曆壬子鄉舉。隱居不仕。邃于《易》學。年七十八以薦辟，官翰林院待詔。越二年卒。

黄輝怡春堂集七卷銕菴詩選一卷

字平倩，號慎軒。順慶府南充縣人。萬曆己丑進士。翰林院中允。《銕菴詩選》者，乃晚年遺稿，閬中邵捷春蜀中參藩時所刻。

熊敦朴比部近草一卷駕部謫居稿一卷

字茂初，號陸海。叙州府富順縣人。萬曆丁丑進士。翰林庶吉士、福建按察僉事。

黄似華浣花堂草二卷

字二甫，號鄰初。成都府内江人。萬曆己丑進士。福州知府。刻于郡齋，居隆爲序。

趙貞吉文肅集二十三卷

字孟靜，號太洲。成都内江人。嘉靖乙未進士。大學士。謚文肅。

尹伸和雪亭續集一卷

字恒屈，號惺麓。叙州府宜賓人。萬曆戊戌進士。雲南右布政使。

李應元六臺山人集六卷

字幼貞，號□□。雅州人。嘉靖壬午鄉舉。真定同知。

李敬可烟雲録一卷

字懋若。成都縣人。萬曆中鄉舉。桂林通判。

張大齡知希園詩文集三十卷

字元羽。眉州人。萬曆辛卯歲貢。官臨湘知

縣。著作甚富，更有《讀史隨筆》、《説史雋言》、《蕭寺談吟》、《勝蹟紀略》、《唐藩鎮指掌》諸雜著，皆屬説部別載。

劉道貞人華齋稿十六卷

字長倩，號墨仙。邛州人。

張佳(犭胤)[胤]居來集□卷

字肖甫。銅梁人。

張拱機磚砆集二卷

字群玉。成都内江人。崇禎辛未進士。莆田知縣。

廣東

廣州府

陳獻章白沙先生集二十一卷

字公甫，一號石齋。南海人。成化中鄉舉。授翰林檢討，辭歸。從祀孔子廟庭。

湛若水甘泉先生文録二十一卷

字元明。增城人。弘治乙丑進士。南京兵部尚書。卒年八十一，謚文簡。

盧夢賜勝奕稿一卷

字少明，號星野。南海人。嘉靖戊戌進士。福建提學副使。

何維柏天山草堂集二十卷

字喬仲，號古林。南海人。嘉靖乙未進士。福建巡按御史。首劾嚴嵩，逮下錦衣獄。隆慶改元，詔起，至吏部侍郎。

黃衷矩洲集九卷

字子和。南海人。弘治丙辰進士。福建運使、兵部侍郎。

梁有譽詩選一卷

字公實，號蘭汀。順德人。嘉靖庚戌進士。刑部主事。

歐大任西署集二卷北轅集一卷蘧園集一卷離襄漫紀一卷又選集十四卷

字楨伯，號崙山。南海人。嘉靖中歲貢。官工部郎中。

温舊聞繹齋稿一卷

字恒新。南海人。嘉靖中廣文。

温景明闇中稿二卷

字永叔，號春野。舊聞之子。隆慶中鄉舉。福州同知，陞南寧知府。

盧龍雲四留堂稿三十卷

字少從，號起溟。南海人。萬曆癸未進士。南京户部郎中。

曾士鑑慶歷集二卷公車集一卷

字人倩，號洞庭。南海人。萬曆乙酉鄉舉。中書舍人。

區大相前後使集八卷

字用孺，號海目。肇慶府高明人。萬曆己丑進士。翰林檢討、右中允。

區懷年楚薌亭稿

字叔永。大相之子。萬曆中太學生。

袁學貞游燕稿一卷

字懋吉。南海人。萬曆中歲貢。中書舍人。

龐尚鴻戇言一卷學訓一卷

字混成。南海人。萬曆中鄉貢。鉛山知縣。初候選訓導，上疏言天壽山陵寢。

梁民相烏止軒稿三卷

字井卿。南海人。萬曆壬辰進士。零陵

知縣。

吳道昭史溪集一卷

字懋中，號清宇。南海人。萬曆中廣西鄉舉。沙縣知縣。

劉克治緑綺堂集六卷端州稿一卷曹溪稿一卷

字季德，號群玉。南海人。萬曆中貢士。未仕卒。

劉克平端州稿一卷羅浮稿一卷曹溪稿一卷

字道子。克治之弟。萬曆中諸生。

萬國楨梅遊詩一卷

字伯文，號六庚。南海人。諸生。

歐必元羅浮稿一卷

字子建。南海人。

謝詔訥鍾陵社稿一卷

字易之。南海人。社稿乃遊太學時，同姑蘇葛一龍、豫章朱國蔚、閩中王元直唱和。

胡麗明壬癸小紀一卷趨閩稿一卷遵委近草二卷

字紹進。南海人。萬曆乙酉鄉舉。襄陽知縣，謫福建運司知事。

麥鳴春浪遊草二卷

字幼良。南海人。以歲貢爲福安縣丞。

張繼纓雲來軒草六卷呋音草一卷

字文弱。南海人。天啟辛酉廣西鄉舉。授寧德教諭。

郭用賓適適吟四卷

字于王，號星陽。南海人。萬曆中鄉舉。寧德知縣。

張舜敘啟稿二卷

字慎倫。南海人。萬曆中歲貢，任候官儒學教諭。

方從相藏暉館詩二卷

字郎仲，號海崕。南海人。閩清教諭，福州教授。

霍滔渭厓集十卷

字□□，號渭厓。南海人。正德甲戌進士。太子太保、禮部尚書。謚文敏。

孫蕡西菴詩選一卷

字仲衍。南海人。洪武初選入翰林，以梅都帥思祖黨禍誅，年五十六。

王佐聽雨詩選一卷

字彥舉。南海人。洪武初薦爲給事中，居二載，乞歸，賜鈔五十千，士林美之。

黃哲雪篷詩選一卷

字庸之。番禺人。洪武初薦爲漢陽教諭，改廣西義寧知縣。歸卒於家。

梁柱彥國存稿五卷

字彥國。順德人。嘉靖□□鄉舉。刑部主事。

黎民表瑶石先生集十六卷

字惟敬。南海人。

惠州府

葉春及應詔書一卷絅齋全集二十卷

字化甫，號絅齋。歸善人。嘉靖中鄉舉。授閩清教諭。隆慶初，詔求直言之士，春及上書二十五篇，三萬餘言，倣賈誼《治安策》。官終工部郎中。

張萱西園全集三十卷

字孟奇，號九岳。博羅人。萬曆壬午鄉舉。中書舍人、户部郎中、雲南知府。著作甚富。崇禎庚午寄予此集，尚未竣工也。

姚子莊祖香廚集一卷

字瞻子。歸善人。崇禎癸酉鄉舉。

楊起元太史家藏集八卷

字復所。歸善人。萬曆丁丑進士。改庶吉士，官至南京吏部右侍郎。謚文懿。

高州［府］

李一迪我山集十卷

字君哲。茂名人。嘉靖乙丑進士。浙江副使。

李元暢北征篇一卷吹劍篇一卷

字惟實。一迪之子。萬曆鄉舉，未仕卒。

李學曾鶴林詩選二卷

字宗魯。茂名人。弘治壬戌進士。吏科都給事中。

李元若小山稿三卷

字惟順。一迪之子。萬曆中選貢。古田縣丞、龍南知縣。年八十卒。

李爲相迂園草一卷

字曰藩。元暢之子。太學生。

瓊州府

丘濬瓊臺吟稿十二卷遺稿二卷

字仲深。瓊山人。景泰甲戌進士。禮部尚書、武英殿大學士。謚文莊。更著《大學衍義補》，别見。

唐秩蕭艾子詩一卷

字景夷，號存吾。瓊山人。嘉靖初諸生。

潮州府

吴仕訓東山稿四卷長溪草五卷龍城草四卷

又三山小草二卷

字光卿，號六負。潮陽人。萬曆丁酉鄉舉。福州同知，致仕歸。

林大春井丹集十五卷

字邦陽。夢漢人井丹，因改字曰井丹。嘉靖庚戌進士。浙江提學僉事。門人周篤棐序。

李齡宫詹遺稿六卷

字景齡。潮陽人。宣德己酉鄉舉，年十八。歷官江西提學僉事、詹事府丞。五世孫古田教諭一軒刻之。

郭廷序循夫先生集□卷

字循夫。潮陽人。

蕭端蒙同野集五卷

字曰啟。潮陽人。嘉靖辛丑進士。御史。

周光鎬明農山堂草文三十四卷詩十五卷

字國雍，號耿西。潮陽人。

廣西

蔣冕湘皐集三十二卷

字敬之，號敬所。全州人。成化丁未進士。謹身殿大學士。謚文定。

蔣希禹謾遊草二卷

字國平，號祗吾。全州人。萬曆中鄉舉。福建運使。

蕭鴻靖咏物詩二卷

字君平。宣化籍南昌人。

張鳴鳳浮萍集十卷東漕集一卷

字羽王，號□□。臨桂人。

張自謌三北草一卷南吟一卷

字直之。慶遠宜山人。鄉舉。

張翀鶴樓集四卷

字子儀。馬平人。嘉靖癸丑進士。官刑部主事，疏劾嚴嵩，謫戍都勻。嚴敗，起用，歷官都御史、巡撫南贛。

舒國華蘿月山房集

字木生，號再航，初名洪慈。全州［人］。繁昌令。

蔣曙竹堂遺稿八卷

字景明。全州人。弘治丙辰進士。工部右侍郎。

雲南

張含禺山七言律選一卷

字愈光。永昌府人。正德中鄉舉，屢試不第，遂絶仕。與楊升菴友善。七言律乃升菴所選。曾璵爲序。

梁佐有本亭集四卷

字應台，號心泉。大理衛籍河南蘭陽人。嘉靖丁未進士。福建僉事。

唐堯官三秀亭近草二卷

字廷俊。雲南府昆明人。萬曆中鄉舉。焦竑爲序。

馬烒如落花咏一卷

字彀叔，號蒼麓。雲南府昆明人。萬曆中鄉舉。南京刑部郎中。

覃紹雷舟興一卷

字子春。

貴州

孫應鰲學孔精舍彙稿十六卷

字山甫，號淮海。都勻府清平人，祖貫如皋。嘉靖癸未進士。南京工部尚書。謚文恭。

丘禾實循陔園文集八卷詩集四卷

字有秋，號雈峯。普安州新添衛籍山東即墨人。萬曆戊戌進士。翰林院檢討、右庶子。

謝三秀萍隱編一卷

字君采。貴陽府新貴人。萬曆中貢士。三仕廣文，避亂居武陵。李維楨、楊鶴爲序。

熊文燦撫閩奏疏文移十卷

字□□，號心開。瀘州人。萬曆丁未進士。福建巡撫、都御史。

越其杰屢非草一卷

字自興。貴陽人。

覃紹雷舟興一卷

字子春，號龍從。□□人。政和知縣。

覃紹霑洗墨亭集二卷

字子曙。貴州人。

費道用集

字闇如，號筆山。石阡人。崇禎辛未進士。福清知縣。

校注

〔一〕「翰林檢討」，崇禎朝因避朱由檢諱，改爲「翰林簡討」。此處或爲徐𤊹追改。

〔二〕「原名倬，號聞溪」，原書置于書名之下，現移入著者小傳中。《徐氏家藏書目》卷七中，此類情況頗多，或亦有著者字號置于小傳末者，如「文森中丞集」條「號白湖」，原書置于著者小傳「官終右僉都御史」句下。此次整理均依小傳體例調整，不再出校。

〔三〕「龐源職守」，據丁元薦《徐隱君聲遠白毫集序》：「吳郡司馬龐高聲遠之義……共爲梓其集行于世。」（《尊拙堂文集》卷三）

〔四〕「重出」，當爲後人校注。皇甫汸，前見，在皇甫涍後，文字不盡同。

〔五〕魏學禮，以歲貢累官廣平府同知，非進士。

〔六〕原書小傳上有後人批注：「《千頃堂》作崑山人。」

〔七〕原書書名下有後人批注：「此種見下『常州府』。此作『崑山人』，訛。」

〔八〕潘潢，號樸溪。婺源人。正德十六年進士。明清兩代，歙、婺源，皆屬徽州府。

〔九〕張從律，嘉靖三十一年舉人，四十一年進士。見《萬曆青浦縣志》卷四。

〔一〇〕管訥，官楚府左長史。見《乾隆華亭縣志》卷十二。

〔一一〕《同治上海縣志》卷十六：朱曜，正德間歲貢。

〔一二〕朱曰藩，官終九江知府，未嘗爲副使。

〔一三〕原書小傳末有後人批注：「此作丹徒人，誤。」

〔一四〕呂高，曾任山東提學副使，及太僕少卿。疑未嘗爲僉都御史。

〔一五〕吳大山未嘗爲貴州按察使。

〔一六〕原書小傳上有後人批注：「《千頃堂》作海寧人。」

〔一七〕原書此條又重見「湖州府」末（即「蔡善繼」條後），今删。

〔一八〕原書書名下有注「天順中」。本書著者爲朱奠培，寧獻王朱權嫡孫，正統十四年襲封，弘治四年卒。《明史》有傳。傳世作品有《懶仙竹林漫録》三卷，卷上《仙謠序》署「天順十年之八月」，疑即注文所本。

〔一九〕原書書名下有後人批注：「《千頃堂》作三十八卷，『山』作『麓』。」

〔二〇〕原書小傳下有後人批注「麻城人」。誤。耿定向及其子汝愚皆黃安人。

〔二一〕 見注〔一〕。《書目》他處仍有作「檢討」者。

〔二二〕 原稿此後又重出「台州府」以下「方孝孺、王弼、王度、王宗沐、吳時來、王亮、王士性、王士昌、夏鍭、秦懋德、黃惟楫」各條目。按「台州府」已前見「浙江·温州府」後，此處誤植，删。

〔二三〕 自「石（瑶）〔珤〕」迄「蘇志臯」各條目，應屬今已散佚之「直隸」幸存部分。

〔二四〕 原書小傳下有後人批注：「『瀘州』，《千頃堂》作『忠州』。」

附録：現存徐家舊藏書目

白榆集詩八卷文二十卷 明屠隆撰 明萬曆刊本

藏館：美國國會圖書館

印記：「閩中徐惟起藏書印」

辨惑續編七卷 明顧亮撰 明刊本

藏館：福建省圖書館

印記：「鼇峰徐氏宛羽樓藏」

步天歌一卷 唐王希明注 明嘉靖陳暹抄本

藏館：福建省圖書館

印記：「閩中徐惟起藏書印」，「晉安徐興公家藏書」，「義谿方伯陳公暹，精於讖緯抄奇篇。厥後散佚如雲煙，末學徐𤊹收得焉。重加裝飾師前賢，是爲崇禎甲戌年」

題記：徐𤊹

蔡中郎集六卷　漢蔡邕撰　明嘉靖二十七年楊賢刊本

藏館：福建省圖書館

印記：「徐𤊹私印」，「晉安徐興公家藏書」

滄浪詩集四卷滄浪詩話一卷　宋嚴羽撰　明何望海編　明刊本

藏館：臺灣傅斯年圖書館

印記：「閩中徐惟起藏書印」，「雪峰樵」，「器之」

茶解一卷　明羅廩撰　明萬曆刊本

藏館：北京大學圖書館

印記：「徐氏興公」，「徐氏惟起」

鼂采館清課一卷　明費元禄撰　明萬曆刊本

藏館：中國國家圖書館

印記：「興公父」（倒蓋）

題記：徐𤊹

吹劍録一卷　宋俞文豹撰　明嘉靖二十六年百川高氏抄本

藏館：福建省圖書館

印記：「晉安徐興公家藏書」

重刊革象新書二卷　元趙友欽撰　明正德刊本

藏館：日本靜嘉堂文庫

題記：徐𤊹

詞品六卷　明楊慎撰　明嘉靖玥江書屋刊本

藏館：臺灣「中央圖書館」

印記：「晉安徐興公家藏書」

大學述一卷答問一卷附大學古本一卷　明許孚遠撰　明萬曆福建刊本

藏館：原北平圖書館（現寄存臺灣故宮博物院）

印記：「徐𤊹之印」，「徐興公」（倒蓋）

題記：徐𤊹

丹鉛餘録十七卷　明楊慎撰　明刊本

藏館：臺灣「中央圖書館」

印記：「閩中徐惟起藏書印」

彈雅十六卷　明趙宧光撰　明天啟二年刊本

藏館：山東大學圖書館

印記：「閩中徐惟起藏書印」

澄懷録二卷　宋周密撰　明嘉靖二十六年百川高氏抄本

藏館：中國國家圖書館

印記：「晉安徐興公家藏書」

獨斷二卷　漢蔡邕撰　明弘治十六年刊本

藏館：臺灣傅斯年圖書館

印記：「徐𤏡」，「徐氏惟起」，「晉安徐興公家藏書」，「徐興公」，「緑玉山房」

讀易紀聞六卷　明張獻翼撰　明萬曆九年張一鯤刊本

藏館：寧波天一閣博物館

印記：「徐𤏡之印」，「徐印惟起」

樊川文集二十卷外集一卷别集一卷　唐杜牧撰　明刊本

藏館：北京師範大學圖書館

印記：「閩中徐惟起藏書印」

題記：徐𤊹

(正德)福州府志四十卷　明葉溥修　張孟敬纂　明正德福州刊本

藏館：福建師範大學圖書館

印記：「徐棉之印」，「鼇峰清嘯」，「閩中徐𤊹惟起藏書」

新編分類夷堅志五十一卷　宋洪邁紀述　明葉祖榮類編　明嘉靖清平山堂刊本

藏館：臺灣傅斯年圖書館

印記：「閩中徐惟起藏書印」

傅與礪詩集八卷　元傅若金撰　明洪武十五年傅若川建溪精舍刊本

藏館：中國國家圖書館

印記：「徐𤊹之印」，「閩中徐𤊹惟起藏書」，「閩中徐惟起藏書印」，「惟」「起」，「徐𤊹」

題記：徐𤊹

高東溪先生文集二卷　宋高登撰　明嘉靖五年黄直刊本

藏館：南京圖書館

印記：「徐氏興公」，「徐氏惟起」，「鼇峰學者」，「閩中徐惟起藏書印」，「徐興公」

題記：徐㶿

古樂府十卷　元左克明輯　明嘉靖二十六年汪尚磨刊本

藏館：日本國立公文書館

題記：徐㶿

貢文靖公雲林詩集六卷　元貢奎撰　明弘治三年范吉刊本

藏館：中國社會科學院文學研究所圖書館

印記：「徐㶿之印」，「徐氏惟起」，「晉安徐興公家藏書」

檜亭藁九卷　元丁復撰　元至正十年集慶學宫刊本

藏館：日本靜嘉堂文庫

附録：現存徐家舊藏書目

印記：「徐興公」，「晉安徐興公家藏書」，「閩中徐惟起藏書印」，「鼇峰徐氏宛羽樓藏」

韓五泉詩四卷　明韓邦靖撰　明嘉靖十九年樊得仁刊本

藏館：福建省圖書館

印記：「徐𤊹之印」，「徐興公」

題記：徐𤊹

鶴年詩集三卷　元丁鶴年撰　明正統刊本

藏館：日本靜嘉堂文庫

印記：「閩中徐惟起藏書印」，「徐𤊹之印」，「徐氏興公」

題記：徐𤊹

洪芳洲先生摘稿四卷　明洪朝選撰　明嘉靖四十年華復初刊本

藏館：美國普林斯頓大學東亞圖書館

印記：「晉安徐興公家藏書」

淮海集四十卷後集六卷長短句三卷　宋秦觀撰　明嘉靖二十四年刊本

藏館：天津圖書館

題記：「徐熥真賞」，「緑玉山房」，「晉安徐興公家藏書」

皇極經世書十二卷觀物外篇二卷　宋邵雍撰　明刊本

藏館：福建省圖書館

印記：「徐熥真賞」，「緑玉山房」

洪武正韻十六卷　明樂韶鳳宋濂等撰　明萬曆三年司禮監刊本（？）

藏館：福建省圖書館

印記：「徐氏惟龢」，「緑玉山房」

揭文安公文粹一卷　元揭傒斯撰　明天順五年廣州府學刊本

藏館：福建省圖書館

印記：「徐印惟起」

金精風月二卷　元蘇天一輯　明嘉靖葉天與刊本

藏館：日本國立公文書館

印記：「徐興公」，「晉安徐興公家藏書」，「徐𤊹之印」，「鼇峰清嘯」，「徐㮾之印」

題記：徐𤊹

菊徑漫談十四卷　明石磐撰　明萬曆十九年刊本

藏館：河南省圖書館

印記：「興公父」，「徐興公」

題記：徐𤊹

橘山四六　十八卷　宋李廷忠撰　明抄本

藏館：中國國家圖書館

印記：「閩中徐惟起藏書記」

孔子家語八卷　明何孟春注　明嘉靖二年高應禎刊本

藏館：中國國家圖書館

印記：「晉安徐興公家藏書」，「徐興公」

題記：徐𤒹

梨岳集一卷　唐李頻撰　明萬曆龔道立刊本

藏館：中國國家圖書館

印記：「晉安徐興公家藏書」，「徐熥之印」

兩漢詔令存二十二卷　宋林虙編　宋樓昉續編　元至正九年蘇天爵刊明印本

藏館：臺灣「中央圖書館」

印記：「晉安徐興公家藏書」

臨川王先生荆公文集一百卷　宋王安石撰　明刊本

藏館：日本國立公文書館

題記：徐𤊹

龍江集十四卷　明唐錦撰　明隆慶三年唐氏聽雨山房刊本

藏館：原北平圖書館（現寄存臺灣故宫博物院）

印記：「徐孺子」，「徐印惟起」，「徐𤊹私印」

吕氏家塾讀詩記三十卷　宋吕祖謙撰　明嘉靖十年傅鳳翶刊本

藏館：天津圖書館

印記：「閩中徐惟起藏書印」

茅潔溪集二十四卷　明茅維撰　明崇禎茅氏凌霞閣刊本

藏館：臺灣「中央圖書館」

印記：「閩中徐惟起藏書印」

閩書抄　明刊本

藏館：福建省圖書館

印記：「晉安徐興公家藏書」

牛首山志二卷　明盛時泰撰　明萬曆七年刊後人增補本

藏館：臺灣「中央圖書館」

印記：「興公」，「徐氏興公」，「徐𤊹之印」

題記：徐𤊹

偶記二卷　明佘翹撰　明抄本

藏館：中國國家圖書館

印記：「徐氏興公」，「徐𤊹私印」，「徐氏惟起」

題記：徐𤊹

歐陽行周文集十卷　唐歐陽詹撰　明正德刊本

藏館：臺灣「中央圖書館」

印記：「閩中徐惟起藏書印」

清庵先生中和集六卷　元李道純撰　明謝朝元抄本

藏館：北京大學圖書館

題記：徐𤊹

三山志四十二卷　宋梁克家撰　明崇禎十一年林弘衍重刊本

藏館：臺灣「中央圖書館」

印記：「晉安徐興公家藏書」

（嘉靖）沙縣志十卷　明葉聯芳撰　明嘉靖刊本

藏館：日本國會圖書館

印記：「晉安徐興公家藏書」

（嘉靖）山陰縣志十二卷　明許東望撰　明嘉靖刊本

藏館：日本宮内廳書陵部

印記：「閩中徐惟起藏書印」

商文毅公集十卷　明商輅撰　明萬曆三十年劉體元刊本

藏館：原北平圖書館（現寄存臺灣故宫博物院）

印記：「閩中徐惟起藏書印」

少谷山房雜著不分卷　明鄭善夫撰　明崇禎徐氏抄本

藏館：上海圖書館

印記：「徐𤊹之印」，「徐興公」

題記：徐𤊹

升庵詩集九卷文集十二卷　明楊慎撰　明嘉靖三十六年刊本

藏館：福建省圖書館

印記：「晉安徐興公家藏書」，「徐興公」，「徐熥之印」，「徐印惟和」

題記：徐熥，徐𤊹

石湖居士文集三十四卷　宋范成大撰　明抄本

藏館：山東省圖書館

印記：「閩中徐惟起藏書印」

題記：徐𤊹（殘缺甚）

詩經質疑十四卷　明曹學佺撰　明活字本

藏館：北京大學圖書館

印記：「晉安徐興公家藏書」

石田清嘯集　明朱翰撰　明成化十七年周瑾刊本

藏館：福建省圖書館

印記：「徐印惟起」

事物紀原集類十卷　宋高承輯　明成化八年李果刊本

藏館：福建省圖書館

印記：「徐𤊹之印」，「徐興公」

題記：徐𤊹

壽寧待志二卷　明馮夢龍撰　明崇禎刊本

藏館：日本國會圖書館

印記：「興公父」

蜀郡縣釋名一卷　明佚名撰　明刊本

藏館：臺灣傅斯年圖書館

印記：「徐氏興公」

書林外集七卷　元袁士元撰　明正統刊本

藏館：福建省圖書館

附録：現存徐家舊藏書目

印記：「徐𤊹之印」，「興公氏」

題記：徐延壽

庶物異名疏三十卷　明陳懋仁著　明崇禎刊本

藏館：美國國會圖書館

印記：「晉安徐興公家藏書」

宋紀受終考三卷　明程敏政撰　明崇禎徐氏緑玉齋抄本

藏館：韋力芷蘭齋

印記：「晉安徐興公家藏書」，「徐𤊹之印」，「徐興公」

題記：徐𤊹

四如黄先生文稿六卷　宋黄仲元撰　明刊本

藏館：南京圖書館、黄裳分藏

印記：「閩中徐惟起藏書印」

題記：徐𤊹

蘇州三刺史詩集三卷　明錢穀編　明隆萬間龍氏蘇州刊本

藏館：臺灣「中央圖書館」

印記：「晉安徐興公家藏書」，「徐氏興公」

太白山人詩集五卷　明孫一元撰　明萬曆刊本

藏館：原北平圖書館（現寄存臺灣故宫博物院）

印記：「徐熥真賞」

題記：徐𤊹

唐甫里先生集二十卷　唐陸龜蒙撰　明萬曆許自昌刊本

藏館：日本靜嘉堂文庫

題記：徐𤊹

陶靖節集十卷　晉陶淵明撰　明何孟春注　明嘉靖六年羅輅刊本

藏館：廈門大學圖書館

印記：「子瞻」，「徐棉私印」，「徐氏興公」，「徐𤊹之印」

題記：徐𤊹

（萬曆）通州志八卷　明沈明臣撰　明萬曆刊本

藏館：日本宫内廳書陵部

印記：「晉安徐興公家藏書」

王忠文公文集二十四卷　明王褘撰　明嘉靖元年張齊刊萬曆補修本

藏館：日本國立公文書館

印記：「閩中徐𤊹惟起藏書」

題記：徐𤊹

文心雕龍十卷　梁劉勰撰　明嘉靖十九年汪一元私淑軒刊本

藏館：北京大學圖書館

印記：「徐𤊹之印」，「南州高士孺子之家」，「鼇峰清嘯」，「閩中徐惟起藏書印」，「閩中徐𤊹惟起藏書」，「徐印惟起」，「風雅堂印」，「晉安徐興公家藏書」，「徐氏興公」，「緑玉山房」

題記：徐𤊹

閩一齋詩稿不分卷　明鄭賜撰　明崇禎六年徐氏抄本

藏館：中國科學院圖書館

印記：「鼇峰」，「閩中徐惟起藏書印」，「徐𤊹之印」，「興公父」

題記：徐𤊹

武經摘要六卷　明吴相輯　明嘉靖二十七年張玭刊藍印本

藏館：廣東省中山圖書館

印記：「子瞻」，「南州高士孺子之家」，「徐氏藏書」，「閩中徐惟起藏書印」

武林舊事六卷　宋周密撰　明正德十三年宋廷佐刊本

藏館：北京大學圖書館

印記：「閩中徐惟起藏書印」，「晉安徐興公家藏書」，「徐𤊹之印」，「興公」

題記：徐𤊹

吴興掌故集十七卷　明徐獻忠撰　明嘉靖三十九年湖州刊本

藏館：臺灣「中央圖書館」

印記：「閩中徐惟起藏書印」

晞髮集十卷　宋謝翱撰　明徐𤊹編　明萬曆四十六年張維誠刊本

藏館：中國國家圖書館

印記：「徐惟起印」，「風雅堂印」

下雉纂一卷　明馬欻撰　明天啟四年徐𤊹抄本

藏館：福建省圖書館

印記：「徐熥之印」，「徐興公」，「閩中徐惟起藏書印」

題記：徐熥

謝先生雜記不分卷　明謝啟元輯稿本

藏館：中國國家圖書館

題記：徐熥

心印紺珠經二卷　明李湯卿撰　明嘉靖二十六年趙瀛刊本

藏館：福建省圖書館

印記：「閩中徐惟起藏書印」

續刻蔀齋公文集十五卷　明林誌撰　明萬曆福州林氏活字本

藏館：原北平圖書館（現寄存臺灣故宮博物院）

印記：「閩中徐惟起藏書印」

（嘉靖）徐州志十二卷　明梅守德撰　明嘉靖刊本

藏館：日本宮内廳書陵部

印記：「閩中徐惟起藏書印」，「緑玉山房」

晏子春秋八卷　明刊本

藏館：日本靜嘉堂文庫

題記：徐𤊹

遺山先生文集四十卷　金元好問撰　明弘治十一年李瀚刊本

藏館：福建省圖書館

題記：徐𤊹

寓軒詩集九卷拾遺一卷　明朱潤祖撰　明刊本

藏館：中國國家圖書館

題記：徐𤊹

閲史約書五卷　明王光魯撰　明刊本

藏館：美國國會圖書館

印記：「晉安徐興公家藏書」

自警編九卷　宋趙善璙輯　明嘉靖十九年陳光哲刊本

藏館：福建省圖書館

印記：「子瞻」、「南州高士孺子之家」、「晉安徐興公家藏書」

趙清獻公文集十卷附録一卷　宋趙抃撰　明嘉靖四十一年汪旦刊本

藏館：常熟博物館

印記：「晉安徐興公家藏書」

致身録一卷　明史仲彬撰　明天啟徐氏荔奴軒抄本

藏館：福建省圖書館

印記：「徐𤊹之印」，「徐興公」

題記：徐㶿

祝氏集略三十卷　明祝允明撰　明嘉靖三十六年張景賢刊本

藏館：浙江大學圖書館

印記：「閩中徐惟起藏書印」

中和集六卷　元李道純撰　明謝朝元抄本

藏館：北京大學圖書館

印記：「徐㶿之印」

題記：徐㶿

（正德）涿州志十二卷　明張遜撰　明萬曆三十七年增補刊本

藏館：日本國會圖書館

印記：「閩中徐惟起藏書印」

子彙二十二種　明周子義編　明萬曆五年南京國子監刊本

藏館：福建省圖書館

印記：「晉安徐興公家藏書」，「閩中徐惟起藏書印」，「緑玉山房」

右徐家藏書九十種，現散存海内外公私書藏二十九處。編者或親睹目驗，或據各家書影、目録及其他著録。其中《茶解》、《讀易紀聞》、《詩經質疑》三書，前乏著録，端賴友人相告並提供書影。文字記載，失誤難免，如傅增湘「明萬曆本《梨岳集》跋」，謂所見龔道立本有「晉安徐興公家藏書」和「徐𤊹之印」印記。此書現存中國國家圖書館，有「傅沅叔藏書印」、「晉安徐興公家藏書」及「徐熥之印」印記，而無「徐𤊹之印」。未悉此爲傅氏筆誤，抑或出於手民之失。又吉林省圖書館藏明天啟元年凌性德刻朱墨套印本《曹子建集》，書上「徐興公」手書題記及藏書印記並僞，考證見《文獻》二〇一四年第一期。本目待補訂處不少，如湖南師範大學圖書館稱存紅雨樓舊藏多種，惜多次去函，皆無回音。二〇一三年歲暮馬泰來識於美東普林斯頓大學。

書名索引

0022_2 廖

0022_3 齊

0022_7 方

帝

席

商

高

0028_6 廣

0040_1　辛

0040_6　章

0040_8　交

0464_1 詩

1010_4　王

至

1010_7　五

1060_0 石

西

2591_7　純

2592_7　繡

2598_6　積

2599_6　綀

2600_0　白

自

2604_0　牌

2610_4　皇

3092_7 竊

3111_0 江

太

4073_2 袁

4080_1 真

4080_6 黄

4090_0 木

4090_3 索

4090_8 來

4480_9　焚

4490_1　蔡

4490_4　茶

4712_7　鄞

4722_7　郁

鶴

7210_1 丘

7221_7 卮

人

入

8010_4 全

8010_7 盆

益

8010_9 金

8011_6　鏡

8012_7　翁

8020_7　今

8022_1　俞